Hubert Seipel

PUTIN

Innenansichten der Macht

Hoffmann und Campe

1. Auflage 2015
Copyright © 2015 by Hoffmann und Campe Verlag, Hamburg
www.hoca.de
Satz: Dörlemann Satz, Lemförde
Gesetzt aus der Sabon und Helvetica Neue LT
Druck und Bindung: CPI books GmbH, Leck
Printed in Germany
ISBN 978-3-455-50303-6

Ein Unternehmen der
GANSKE VERLAGSGRUPPE

Inhalt

Das Reich des Bösen und die Guten
Ein Prolog... 11

1 **Der übliche Verdächtige**
Die Frage der Schuld nach dem Abschuss
der Passagiermaschine MH17..................... 25

2 **Herkunft und Handlung**
Wie die Vergangenheit das Verhältnis von Putin
und Merkel bestimmt 33

3 **Neue Regeln oder keine Regeln**
Putin und der Weltmachtanspruch der USA....... 45

4 **Soll und Haben – eine vorläufige Rechnung**
Russland und die Geopolitik des Westens......... 50

5 **Wunsch und Wirklichkeit**
Der neue alte Präsident und die Protestbewegung 2012 62

6 **Die Macht und ihr Preis – oder: Kirche und Staat**
Die Renaissance der russisch-orthodoxen Kirche
als politische Kraft 80

7 ***God's own country* auf Russisch – oder:**
Die Suche nach der eigenen Geschichte
Wie die Vergangenheit das kollektive Selbstbewusstsein fördern soll 87

8 **Spione oder Agenten der Zivilgesellschaft**
Putin und die Rolle ausländischer Hilfsorganisationen in Russland 96

9 **Moral als politische Waffe**
Homosexualität und Pussy Riots 107

10 **Beresowskis Brief – oder:**
Grüße aus der Vergangenheit
Putins Petersburger Jahre 114

11 **Der Kreml – oder: Russisch Roulette**
Wie der russische Staat in den neunziger Jahren geplündert wurde................................ 127

12 **Das Scheitern als Chance und die Verhältnisse**
Putins Wechsel von St. Petersburg nach Moskau................................... 136

13 **Ankunft im Kreml**
Der Aufstieg – oder: *Learning by doing* 143

14 **Die Ausweitung der Kampfzone**
Der Krieg in Tschetschenien und die Offensive gegen die Oligarchen 155

15 **Macht und Medien**
Der Untergang der *Kursk* und die Folgen 175

16 **Die Schatten der Vergangenheit**
Der Fall Michail Chodorkowski 183

17	**Der Probelauf**
	Die NATO und der Krieg in Georgien 203

18	**Sotschi und *Soft Power***
	Wie Syrien und ein Whistleblower die Spannungen zwischen Moskau und Washington anheizen 227

19	**Frust und Freiheit**
	Das zähe Tauziehen um die Ukraine 253

20	**Vertrag und Vertrauen**
	Der Umsturz in Kiew und Putins Antwort auf der Krim 276

21	**Krieg und Frieden**
	Wie Tausende von Toten die Verhandlungen von Minsk erzwangen 294

Der kalte Frieden
Ein Epilog 311

Anhang
Zeittafel 323
Literatur 329
Endnoten 331
Personenregister 359

»Nun haben wir uns genug durch Schwärmereien fortreißen lassen; es wird Zeit, dass wir auf die Stimme der Vernunft hören. Und all das, dieses ganze Ausland und dieses euer ganzes Westeuropa, das ist alles bloße Phantasie, und wir selbst sind im Ausland auch nur Phantasie … denken Sie an mein Wort; Sie werden selbst sehen, dass es so ist!«

Fjodor M. Dostojewski, *Der Idiot*

Das Reich des Bösen und die Guten

Ein Prolog

Anfang März 2015 beschäftigten sich die Medien weltweit und über Tage mit einer Frage, die aus nur drei Worten bestand: Wo ist Putin? Wladimir Wladimirowitsch Putin war seit Tagen nicht mehr öffentlich gesehen worden. Einen geplanten Kurztrip nach Kasachstan hatte er abgesagt. Und noch viel ungewöhnlicher: Er war nicht einmal auf der jährlichen Feier des FSB, des russischen Inlandsgeheimdienstes, in Moskau zu finden, die in jener Woche stattfand. Die Logik der öffentlichen Schlussfolgerungen kam nur zu einer Erklärung. Wenn der Präsident, der vor Jahrzehnten sein Berufsleben als Agent der Auslandsaufklärung begonnen hatte, bei einer solchen Familienfeier nicht auftrat, musste offenkundig etwas ziemlich Außergewöhnliches passiert sein. Die Frage war nur: was?

Zuerst machte eine harmlose Variante die Runde. Der Mann, hieß es, habe eine Erkältung oder Grippe, die derzeit in Moskau grassierte. Aber spätestens, als sein Pressesprecher Dmitri Peskow rund um die Uhr in jedes Mikrophon sprach, der Präsident habe wegen der Ukrainekrise einfach so viel und so viel Wichtiges zu tun, dass er nicht ständig im Fernsehen auftreten könne, lief die Gerüchteküche auf Hochtouren. Wladimir Putin trat nicht im Fernsehen auf, wo der Kreml doch sonst tagaus, tagein keine Gelegenheit ausließ, den ersten Mann des Landes ins rechte Bild zu rücken?

Und spätestens, als Peskow hinzufügte, Putin habe nach wie vor einen noch so kräftigen Händedruck, dass er einem die Finger brechen könnte, war nichts mehr ausgeschlossen. Die Wortwahl ist eine bekannte Floskel aus der Jelzin-Zeit, die immer dann zum Besten gegeben wurde, wenn der damalige Präsident zu krank oder sein Alkoholspiegel zu hoch war, um öffentlich gerade zu stehen. Eine Formel aus alten Zeiten, die nichts Gutes verriet.

Was war passiert? Ein Schlaganfall? Ein Coup d'État? Eine Palastrevolution? War Putin irgendwo im Keller des Kreml festgesetzt worden? Oder war das Ganze einfach nur ein raffinierter PR-Coup, um von den politischen und wirtschaftlichen Schwierigkeiten abzulenken?

Ein früherer Präsidentenberater schrieb in seinem Blog, der Präsident sei von Hardlinern gestürzt worden und stehe unter Hausarrest. Drahtzieher sei die russisch-orthodoxe Kirche. Es werde bald eine Ankündigung im Fernsehen geben – bester *Kreml speak* –, dass Putin eine wohlverdiente Auszeit nehme, um sich von den Strapazen des vergangenen Jahres zu erholen. Ein eindeutiger Hinweis, dachten manche, dass die Diadochenkämpfe um die Nachfolge offenkundig noch nicht zugunsten eines Siegers ausgegangen waren.

Sogar der Sprecher des Weißen Hauses wurde von Journalisten gefragt, ob Washington denn wisse, wo Putin stecke, und ob Barack Obama von seinem Verschwinden in Kenntnis gesetzt worden sei, damit es nicht zu unkalkulierbaren Reaktionen komme. Der genervte Sprecher gab allerdings nur eine unbefriedigende Antwort. Er habe schon mehr als genug mit dem amerikanischen Präsidenten zu tun, um auf dem laufenden zu sein, wo dieser sich nun jeweils gerade befinde. Man möge bitte bei den einschlägigen russischen Stellen nachfragen.

Gleich, ob Facebook, Twitter oder welche Social Media auch immer – die Verschwörungstheorien wucherten von Stunde zu Stunde. Manche Vermutungen waren auch ausgesprochen einfacher Natur. Seine neue Freundin oder Frau habe ein Kind in der Schweiz bekommen, berichtete die *Neue Zürcher Zeitung*, und deswegen habe sich der Mann ein paar Tage freigenommen.

Die Aufregung, die uns im Frühjahr 2015 entgegenschlug, ist typisch, sobald es um Wladimir Putin geht. Kein Tag vergeht, ohne dass wir in der Zeitung nicht irgendetwas über ihn lesen, und es ist in der Regel nichts Positives. Und falls es ausnahmsweise nichts Böses ist, hat sich der Präsident zumindest wieder einmal maßlos überschätzt oder danebenbenommen. Einer, der die Zeichen der Zeit offenkundig nicht verstanden hat, aber doch irgendwie so bedeutend ist, dass man nicht umhin kann, über ihn zu schreiben, und unsere Politiker zähneknirschend mit ihm reden müssen. Kein anderer ausländischer Politiker wird so oft beschrieben wie Wladimir Wladimirowitsch Putin. Und dennoch ist es wie einst in der alten Sowjetunion: Extrem viel Kaffeesatzleserei. Kremlinologen, die jeden Tag neue Theorien aufstellen, ohne eigenen Zugang zum Machtzirkel zu haben. Was, zugegebenermaßen, auch nicht einfach ist.

Für sein plötzliches Verschwinden im März 2015 präsentierte Wladimir Putin eine banale Erklärung. »Ich hatte eine schwere Erkältung und Fieber. Deswegen bin ich ein paar Tage kürzer getreten«, antwortete er einige Wochen später im Gespräch auf die Frage nach der überraschenden Abwesenheit. »Ich hatte offenkundig das Interesse an meiner Person unterschätzt«, merkte er noch im nachhinein mit sichtlicher Freude spöttisch an. »Von all den Spekulationen, was denn mit mir sei, hat mir die mit der Schweiz und meinem neuen Sprössling am besten gefallen – ist doch nicht das Schlechteste für einen Mann in meinem Alter.« Er weiß um seine Wirkung. Und er bedient sie gern. Dass sich sein Image im Ausland noch einmal zu Lebzeiten verändern wird, hat er sich schon seit langem abgeschminkt.

Putin gehört nicht nur in Deutschland zu den ausländischen Politikern, die fast noch mehr im Visier der Journalisten sind als heimische Spitzenkräfte der Politik. Er steht im Westen unter Generalverdacht, nur Übles im Schilde zu führen. Die deutschen Leitmedien arbeiten sich seit Jahren an ihm ab, um gelegentlich einzuflechten, dass sein oder seine Nachfolger möglicherweise dann doch noch schlimmer sein könnten. Kurz, dass aus dieser Ecke der Welt kaum Gutes kommen wird. Sie vergessen dabei meistens, dass er durchaus von der Mehrheit der Russen mehrmals gewählt wurde. Und wenn nicht, dann oft nur mit dem Zusatz, die Wahlen in Russland würden regelmäßig gefälscht. Umfragen in Russland vermitteln ein anderes Bild: Putins Popularitätswerte haben zu Hause derzeit die Rekordhöhe von über 80 Prozent erklommen.

In anderen Worten: Wladimir Putin ist bei uns nicht nur im Gerede. Er ist seit über einem Jahrzehnt auch im Gespräch. Eine feste Größe, kontrovers und als Projektionsfläche unersetzlich. Ein alter Bekannter, den man sich gar nicht mehr wegdenken kann, auch wenn ständig sein Rücktritt gefordert wird.

Die Auseinandersetzung um die Ukraine hat das Phänomen Wladimir Putin noch weiter zur Inkarnation des Bösen gesteigert. Der Ukrainekonflikt ist von Beginn an die stilisierte Erzählung von Gut gegen Böse, von dem heroischen Kampf der demokratischen Weltgemeinschaft gegen die finsteren Machenschaften eines russischen Despoten. Es ist die Fortsetzung einer Vorstellung, deren populäres Copyright Ronald Reagan für sich in Anspruch nehmen kann, seit der US-Präsident die Sowjetunion erstmals 1983 vor einer Versammlung fundamentalistischer Evangelikaler publikumswirksam als »evil empire«, als »Reich des Bösen«, abstempelte.

Nach dem Abschuss der malaysischen Passagiermaschine MH17 über der Ostukraine verkörperte Wladimir Putin monatelang für viele Medien die Rolle des Alleinerben jener dunklen Ära, den es zu bekämpfen galt. Sinister, aber bedauerlicherweise auch gerissen und intelligent zugleich. Der einfach nicht aufhören will, Böses zu tun, obwohl Bundeskanzlerin Angela Merkel sich viel Mühe gibt und mit ihm redet. Und sie hat oft mit ihm geredet. So, als wäre der Konflikt auf der Ebene einer Gesprächstherapie zu lösen und nicht durch den handfesten Ausgleich politischer Interessen. In der westlichen Berichterstattung steht er da als einer, der nichts anderes will, als die ehemalige Sowjetunion wieder aufzubauen – auf Kosten des Baltikums und Polens. Dabei zählt nicht, dass dieses Szenario mehr als unwahrscheinlich ist, da diese Staaten längst NATO-Mitglieder sind und ein solcher Versuch nach dem NATO-Vertrag sofort den nächsten Weltkrieg auslösen würde.

Inzwischen hat sich die Hysterie etwas gelegt. Die Ukraine hat Mühe, auch nur annähernd die demokratischen Verhältnisse einzuführen, für deren Verwirklichung viele Medien auf die Barrikaden gegangen sind und viele Menschen ermordet wurden. Und die Wissenschaftler streiten sich zunehmend, ob die pathetische These des Westens stimmt, die Europäische Union als großartigen freiheitlichen Gegenentwurf zu dem Kolonialstaat Russland zu feiern, das als untergehendes Imperium die Ukraine nur nicht loslassen will.

Macht und Meinung

Der Fall Wladimir Putin und die Ukraine hat auch eine Debatte um die Glaubwürdigkeit der Medien losgetreten. Nicht alle teilen die Meinung gestandener Zeitungsmacher und Fernsehkorrespondenten, Russland trage die alleinige Schuld an dem Konflikt. ZDF und ARD werden seit Beginn der Krise mit Programmbeschwerden überschwemmt, die über eine einseitige Berichterstattung in Sachen Putin und der Ukraine klagen. Nicht ohne Grund. Der Programmbeirat der ARD etwa kritisierte den eigenen Sender wegen der Berichterstattung heftig. Wegen der Klagen hatten die Programmwächter selbst eine Reihe von Sendungen unter die Lupe genommen und waren zu ähnlichen Ergebnissen gekommen. Die ARD habe undifferenziert und »tendenziös« berichtet, monierten sie im Juni 2014 und präsentierten eine lange Liste von eklatanten Fehlleistungen. Weder seien die »strategischen Absichten der NATO bei der Osterweiterung« beleuchtet worden, noch hätten die Berichterstatter bei dem Umsturz in Kiew die Rolle des

Majdanrats oder der »radikal nationalistischen Kräfte, insbesondere Swoboda« genauer betrachtet. Das offizielle Resümee des ARD-Gremiums: »Der Programmbeirat kam aufgrund seiner Beobachtungen zu dem Schluss, dass die Berichterstattung im Ersten über die Krise in der Ukraine teilweise den Eindruck der Voreingenommenheit erweckt hat und tendenziell gegen Russland und die russischen Positionen gerichtet war.«[1]

Den großen Tageszeitungen ging es ähnlich. Bei der *Frankfurter Allgemeinen Zeitung*, der *Zeit* oder der *Süddeutschen Zeitung* trafen Tausende von Beschwerden mit kritischen Kommentaren ein. Leser erklären, sie hielten die Sicht der Blätter für voreingenommen, drohen damit, ihre Abonnements abzubestellen. Allerdings zweifeln viele Journalisten seither noch weniger an der eigenen Berichterstattung als am Urteilsvermögen ihrer Kundschaft. Sie sehen in der schwindenden Interpretationshoheit nur einen weiteren Beleg dafür, wie effektiv in Deutschland russische Propaganda wirkt.

Die Vorstellung, dass bei dieser Debatte nicht nur Putin-Trolle am Werk sind, setzt sich bei den etablierten Medien nur langsam durch. Die Deutungshoheit von Journalisten ist schon seit längerem gebrochen. Daran ändern die »täglichen Abrechnungen mit dummen ignoranten Politikern« wenig, wie Frank-Walter Steinmeier im November 2014 in einer Grundsatzrede das Verhältnis von Politik und Journalismus süffisant kritisierte. Die Distanz müsse gewahrt werden, und das gehe nur, »wenn auch Journalisten sich vor der Versuchung schützen, Politiker zu sein. (…) Das sind sie nicht. Politiker sind keine Journalisten, und Jornalisten sind keine Politiker.« Der eher bedächtige Außenminister schrieb den Medien noch ein paar weitere

Sätze ins Stammbuch: »Wenn ich morgens manchmal durch den Pressespiegel meines Hauses blättere, habe ich das Gefühl: Der Meinungskorridor war schon mal breiter«, so Steinmeier. »Der Konformitätsdruck in den Köpfen der Journalisten scheint mir ziemlich hoch.«[2]

Die lautstarke Diskussion über Wladimir Putin stützt sich nicht zuletzt überwiegend auf Argumente der *political correctness*. Diese politische Korrektheit hat allerdings mit vielem, aber nur wenig mit analytischer Betrachtung von Außenpolitik zu tun. Es geht um den Versuch, die persönliche Überzeugung für alle überall verbindlich zu machen. Ohne Rücksicht auf lästige Rangfolgen und Prioritäten. Sondern jetzt, sofort. Vornehmlich nach dem Lifestyle-Rezept der persönlichen Befindlichkeit: Wo esse ich heute Abend am besten vegetarisch? Was ziehe ich an, und warum setzt Wladimir Putin in Russland nicht endlich die Homo-Ehe durch?

Unsere journalistischen Beziehungen zum neuen Russland sind ein emotionaler Cocktail aus Sympathie und eigener Größenvorstellung. Bereits nach dem Kollaps der Sowjetunion produzierten deutsche Journalisten im neuen Wir-Gefühl Tausende von Artikeln mit gutgemeinten Ratschlägen und strengen Warnungen vor Irrwegen. Wir haben nie damit aufgehört, Kopfnoten für korrektes Verhalten zu verteilen, und glauben stets genau zu wissen, wie der »failed state« Russland auf dem Weg in den Westen weiter vorankommen könnte. Die russische Politik zeigt sich für das Engagement deutscher Reformpädagogik allerdings nur bedingt empfänglich. Auch die Richtung der Marschroute war keineswegs abgesprochen. Und so endete die Beziehung bald dort, wo unerwiderte Leidenschaft in der Regel immer endet: im gegenseitigen Frust.

Die Chronik der Erwartungen in Deutschland über Putins Russland ist die Folge einer lange gepflegten Illusion. »Nach dem Ende des Kommunismus herrschte die Annahme, Russland und Europa seien gleichen Werten verpflichtet«, schrieb nicht nur ein Leitartikler der Wochenzeitung *Die Zeit* enttäuscht.³ Nur hatte diese selbst gesetzte Annahme gleicher Werte, die da »herrschte« und als unstrittig vorausgesetzt wurde und wird, wenig mit der gesellschaftlichen Realität jener Zeit zu tun.

Das Ende der Sowjetunion beruhte nicht auf einer gemeinsamen Vereinbarung von Ost und West mit dem Ziel, anschließend auf der Grundlage westlicher Menschenrechte den neuen russischen Menschen zu schaffen. Der Kollaps der früheren Sowjetunion war das Ergebnis einer gigantischen wirtschaftlichen Pleite und der Unfähigkeit einer politisch-bürokratischen Machtelite, das vorauszusehen und abzuwenden. Es war Gorbatschow, der den Anfang vom Ende der Sowjetunion einleitete – und nicht die deutschen Leitartikler. Schon 2008 beschwerte sich Michail Gorbatschow in einem offenen Brief an die deutschen Journalisten über das Russland-Bashing: »Beim aufmerksamen Blick auf die Flut von Veröffentlichungen in Deutschland wird man jedoch schwer den Eindruck wieder los, als ob man es mit einer gezielten Kampagne zu tun hat, als ob alle aus einer einzigen Quelle schöpften, die eine Handvoll Thesen enthält (in Russland gebe es keine Demokratie; die Meinungsfreiheit werde unterdrückt; eine arglistige Energiepolitik werde durchgesetzt; die Machthaber drifteten immer weiter in Richtung Diktatur ab – und so weiter und so fort.)«⁴

»Der Russe als solcher« kommt dagegen bei uns besser weg. Immerhin, so die Hoffnung, sei die russische Bevölkerung irgendwie lernwillig. Auch wenn die Menschen nach der Einschätzung vieler Berichterstatter bedauerlicherweise nicht wissen, wie sie ihren Präsidenten Wladimir Putin loswerden können. Sie wählen ihn einfach immer wieder.

Wer also ist Wladimir Putin? Was bewegt ihn, hat ihn geprägt? Dieses Buch ist eine Annäherung an die Welt des Wladimir Wladimirowitsch Putin. Es ist weder eine wissenschaftliche Habilitation, noch erhebt es den Anspruch auf Vollständigkeit. Ich habe den russischen Präsidenten zum ersten Mal im Januar 2010 in Moskau zu einem Interview über Energiefragen getroffen. Damals absolvierte er gerade eine politische Abklingphase als Ministerpräsident zwischen seiner zweiten und dritten Präsidentenzeit, weil die russische Verfassung nur zwei Amtsperioden hintereinander als Präsident erlaubt. Wir sprachen über eine Fernsehdokumentation. Er akzeptierte die Bedingungen, dass er weder den Film noch die Interviews, die wir im Laufe der monatelangen Dreharbeiten geführt haben, vor der Ausstrahlung im Deutschen Fernsehen 2012 zu sehen bekam, um sie zu autorisieren. Eine Regelung, die auch für dieses Buch gilt. Der Film *Ich, Putin – ein Porträt* für die ARD[5] war der Auftakt zu einer Reihe weiterer Begegnungen und Gespräche, die wir seither regelmäßig in Moskau, Sotschi, Petersburg, Wladiwostok oder auch auf Auslandsreisen geführt haben. Der Film war der Beginn meiner Beziehung zum russischen Präsidenten. Die Währung zwischen Politikern und Journalisten setzt sich zusammen aus Information *und* Vertrauen. Sie funktioniert nur, wenn beide ihr Gegenüber ernst nehmen. Politiker-Bashing ist populär, bringt allerdings wenige Erkenntnisse. Die Methoden der Politik und der Medien sind durchaus ähnlich.

Politiker versuchen, Journalisten zu instrumentalisieren, und Journalisten instrumentalisieren Politiker. Das ist in Berlin genauso wie in Washington und Moskau, ob die Politiker nun Merkel, Obama oder Putin heißen. Es geht um Öffentlichkeit, die Geschäftsgrundlage für beide Professionen.

Nähe ist die Voraussetzung für Informationen, die über die Inszenierung hinausgehen. Den Rest regelt das Handwerk. Ich habe neben den Gesprächen mit Putin zahlreiche seiner Weggefährten in Moskau gesprochen, und auch mit Politikern in Berlin, Brüssel oder Washington. Manche haben kein Problem damit, zitiert zu werden, andere wollen nicht namentlich genannt werden. Auch das gehört zum Gewerbe.

Wladimir Putin nimmt als Politiker wie seine Kollegen im Westen fast jedes Rollenspiel an, das ihm nützt. Er pocht allerdings auf den Unterschied zwischen Amt und Privatleben. Zum Selbstschutz wie auch zum Schutz seiner Familie. Keine Homestories, keine Geschichten à la *Gala* oder *Bunte* über die Familie oder andere private Beziehungen. »Ich bin für Medien interessant, weil ich Politiker bin und russischer Präsident«, erklärt er. »Meine Töchter haben kein politisches Amt, und meine persönlichen Beziehungen sind keine Frage der Politik, sondern meine private Angelegenheit.« Daran habe ich mich gehalten. Auch deswegen, weil ich die Ansicht teile.

Es geht um Politik. Politik wird von der Geschichte bestimmt, von konkreten Interessen und der kollektiven Erfahrung eines Landes – und sie wird natürlich von aktuellen Ereignissen getrieben. Was nicht zuletzt der Abschuss der malaysischen Passagiermaschine MH17 im Osten der Ukraine 2014 zeigte, der die Temperatur zwischen West und Ost gänzlich unter null sinken ließ. Bei Wladimir Putin ist dies nicht anders als bei Barack Obama oder Angela Merkel. Und jedes Land kultiviert seine eigene Erzählung über die eigene Geschichte. Der russische Präsident hätte sich nicht über 15 Jahre in höchsten politischen Ämtern gehalten, würde er seine Entscheidungen nach persönlichen Vorlieben fällen, isoliert von russischer Geschichte, internen Konflikten und globalen Machtkämpfen.

Wichtige Stationen seines Lebens verlaufen parallel zu den Bruchlinien seines Landes. Seine Kindheit verbrachte er in der Ära einer stabilen sowjetischen Normalität in St. Petersburg. Der Zusammenbruch des Landes erreicht ihn, als der einstige Auslandsspion nach fünfjähriger Dienstzeit in Dresden gerade wieder im zivilen Leben als Jurist in der Verwaltung seiner Heimatstadt Fuß fasst. Als Beamter in der Administration des Kreml beobachtet er ein paar Jahre später den Verfall der staatlichen Ordnung und lernt sehr schnell, wie die Mechanismen der Macht während der chaotischen Jelzin-Jahre funktionieren.

Seither versucht er als Präsident das strapazierte Selbstbewusstsein seiner Nation wieder aufzubauen und greift auf die eigene Geschichte und Erfahrung zurück, vom Zarenreich über die Verhältnisse in der einstigen Sowjetunion bis hin zur orthodoxen Kirche – ob es dem Westen gefällt oder nicht. Für Putin ist die NATO-Erweiterung in Richtung russischer Grenze seit 1999 – gepaart mit den ständigen Ratschlägen aus Washington und Berlin, deren politische Vorstellungen doch gefälligst auch für Russland zu übernehmen – eine bewusste Ausweitung der Kampfzone aus dem Kalten Krieg. Mit Einschätzungen, die oft genug Fehleinschätzungen sind und auch das Verhältnis zwischen der ostdeutschen Kanzlerin Angela Merkel und Wladimir Putin belasten.

In diesem Buch geht es um die Zusammenhänge der konkurrierenden Interessen und um den genuinen Blickwinkel Wladimir Putins, wie er ihn bei unseren Treffen geschildert hat. Es ist die Chronik einer angekündigten Konfrontation, die 2014 einen vorläufig letzten Höhepunkt erreicht. Während Russland im Februar 2014 die Olympischen Winterspiele in Sotschi als nationales Großereignis feiert, stürzen in Kiew Demonstranten nach einem jahrelangen Tauziehen des Westens mit Russland vom Majdan aus die Regierung in der Ukraine. Wladimir Putins Antwort ist die Annexion der Krim. »Die Dämonisierung von Wladimir Putin ist keine Strategie; sie ist ein Alibi für die Abwesenheit einer Strategie«, diagnostizierte der einstige Machtpolitiker Henry Kissinger.[6] Aber dieses Alibi ist zugleich auch eine Waffe, und auch darum geht es in diesem Buch.

1 Der übliche Verdächtige

Die Frage der Schuld nach dem Abschuss der Passagiermaschine MH17

Das monotone Fluggeräusch der Präsidentenmaschine vom Typ Iljuschin II-96 hat die meisten der Passagiere eingeschläfert. Der Flug von Rio de Janeiro nach Moskau dauert über zwölf Stunden. Die vergangenen Tage waren der übliche Parforce-Ritt, den ein sechs Tage dauernder Staatsbesuch in vier Ländern mit sich bringt.

Aber Wladimir Wladimirowitsch Putin ist an diesem 17. Juli 2014 alles in allem zufrieden mit dem Trip nach Südamerika. Der Empfang in Kuba, Nicaragua, Argentinien oder Brasilien war ausgesprochen freundlich, und die Verträge für künftige Kooperationen in Sachen Energie und Rüstung sind unter Dach und Fach. Auch das Treffen der BRICS-Staaten – so nennt sich das Wirtschaftsbündnis von Brasilien, Russland, Indien, China und Südafrika –, das dieses Jahr wegen der Fußballweltmeisterschaft in Brasilien stattfand, hat die Erwartungen erfüllt.

Zwei Jahre lang hat sich der russische Präsident dafür stark gemacht, zusammen mit dem chinesischen Staatschef Xi Jinping, der brasilianischen Gastgeberin Dilma Rousseff, dem indischen Premierminister Narendra Modi und dem südafrikanischen Präsidenten Jacob Zuma einen Plan für zwei Banken Wirklichkeit werden zu lassen. Jetzt haben alle unterschrieben und für den Start 100 Milliarden Dollar bereitgestellt. Das Ziel: Die BRICS wollen damit in Zukunft der Weltbank und dem Internationalen Währungsfonds Paroli bieten. Denn dort haben vorrangig Industriestaaten wie die USA und die EU das Sagen. Das angloamerikanische Finanzmodell ist den Vertretern von drei Milliarden Menschen – immerhin rund 40 Prozent der Weltbevölkerung – ein Dorn im Auge. Die Bankengründung soll für mehr politische Beinfreiheit sorgen.

Kurzum, eigentlich ist alles gut gelaufen, wenn Wladimir Putin einmal von dem Tête-à-Tête mit der deutschen Bundeskanzlerin in Rio de Janeiro absieht. Das Gespräch mit Angela Merkel – am 13. Juli auf der Ehrentribüne im Stadion von Maracanã vor dem Endspiel um die Fußballweltmeisterschaft – hat wenig gebracht. Die kurze Begegnung hat die angespannten deutsch-russischen Beziehungen im Zeichen der Ukrainekrise nicht verbessert. Bundeskanzlerin Merkel und Putin hatten schon vorher vereinbart, dass die prorussischen Separatisten und die ukrainische Regierung Gespräche aufnehmen sollten. Angela Merkel hat zugesagt, mit dem ukrainischen Präsidenten darüber zu reden.

Sie tue dies, beteuert sie Putin gegenüber, doch immer wieder. Nur geändert habe sich bislang nicht viel. Der Konflikt steckt fest. Bislang ist jede Vereinbarung, die von den vier Außenministern Deutschlands, Frankreichs, der Ukraine und Russlands getroffen wurde, um die Lage zu entschärfen, binnen 48 Stunden wieder gebrochen worden. Immerhin, das Endspiel war spannend. Die Deutschen siegten erst in der Verlängerung gegen Argentinien.

Die verbleibende Flugzeit nach Moskau beträgt noch 40 Minuten. Putins Pressesprecher Dmitri Peskow bringt die Unterlagen für anstehende Termine. Nichts Besonderes, Routine. Bis auf das Telefongespräch mit dem amerikanischen Präsidenten nach der Landung. Es ist schon seit längerem vereinbart. Nicht, dass Wladimir Putin gesteigerten Wert auf Unterredungen mit Barack Obama legen würde. Die beiderseitige Abneigung ist über die Jahre gewachsen. Die Pose der moralischen Überlegenheit, die der US-Präsident in öffentlichen Auftritten zum Thema Russland an den Tag legt, nervt Putin. Wie zuletzt jene Attacke, als Obama Russland als Regionalmacht und den russischen Präsidenten als unkonzentrierten Schuljungen in der letzten Schulbank verspottete.[1] Wladimir Putin hat sich bislang mit persönlichen Angriffen zurückgehalten. Er attackiert dafür regelmäßig den alleinigen Großmachtanspruch der USA.

Die öffentlichen Statements aus Washington vor Putins Wiederwahl 2012 – Obama ziehe den abgehenden Präsidenten Medwedew einem Präsidenten Putin vor – haben ebenfalls nicht dazu beigetragen, den angekündigten Reset amerikanisch-russischer Beziehungen in eine entspannte Arbeitsatmosphäre zu verwandeln. Seit dem Umsturz auf dem Majdan in Kiew herrscht politischer Dauerfrost mit guten Aussichten auf eine neue Ost-West-Eiszeit.

Den Inhalt des anstehenden Telefongespräches kann Putin sich ausmalen. Sein außenpolitischer Berater Juri Uschakow hat ihn über die neuen Strafmaßnahmen aus Washington bereits informiert. Die USA wollen große russische Kreditinstitute wie Gazprombank oder VEB gezielt vom internationalen Finanzmarkt abschneiden.

Die russische Präsidentenmaschine ist nicht das einzige Flugzeug, das in dem osteuropäischen Luftraum in gut 11 000 Metern Höhe unterwegs ist. Er ist trotz der heftigen Bodenkämpfe in der Ostukraine nicht gesperrt. Viele Fluggesellschaften benutzen die traditionelle Flugroute nach Fernost nach wie vor, um teure Umwege zu vermeiden. Minuten später wird die ukrainische Luftüberwachung Dnipropetrowsk mit ihren russischen Kollegen in Rostow Kontakt aufnehmen. Dnipro Control kann das Passagierflugzeug MH17 nicht mehr auf dem Radarschirm finden. Der Linienflug der Malaysia Air mit 298 Menschen an Bord auf dem Weg von Amsterdam nach Kuala Lumpur meldet sich nicht mehr. Der letzte Kontakt liegt zwei Minuten zurück.

Der lakonische Dialog der ukrainischen und russischen Fluglotsen um 16.22 Uhr Lokalzeit ist das nüchterne Dokument der schwersten Krise zwischen Ost und West seit dem Ende des Kalten Krieges.[2]

Flugüberwachung Dnipro an Rostow »Rostow, sehen Sie Malaysian auf dem Radar?«
Flugüberwachung Rostow an Dnipro »Nein, es sah aus, als ob sie auseinanderbrach.«
Dnipro an Rostow »Sie antwortet auch nicht auf unseren Ruf. Sie erhielten eine Weisung zur Kursänderung, sie bestätigten und ...«
Rostow an Dnipro »Und das ist alles, oder?«
Dnipro an Rostow »Ja, sie ist verschwunden. Sehen Sie nicht irgendetwas?«
Rostow an Dnipro »Wir sehen nichts.«

Der Absturz des Flugzeugs MH17 ist die erste Nachricht, die der Chef der russischen Air Traffic Control Wladimir Putin gleich nach der Landung in Wnukowo, Moskaus ältestem Flughafen, vorträgt. Der abgeschirmte Bereich Wnukowo 3 ist für Regierungsmaschinen reserviert. Dann greift der Kreml-Chef zum Hörer.

Das Gespräch mit Barack Obama verläuft wie erwartet. Die neuen Maßnahmen seien die Quittung dafür, dass Russland die Rebellen in der Ostukraine mit Waffen versorgt, argumentiert der amerikanische Präsident. Vier große russische Banken haben von nun an keinen Zugang mehr zu langfristigen Krediten auf dem internationalen Finanzmarkt, anderen Firmen würden ebenfalls Geschäfte im Westen untersagt. Wladimir Putins Antwort ist gleichfalls nicht neu. Sanktionen dieser Art würden die USA selbst treffen und langfristig nur den nationalen Interessen der Amerikaner schaden. Dann berichtet Putin Obama vom Absturz der malaysischen Passagiermaschine in der Ukraine, über den dieser offenbar noch nicht informiert ist. Der Vorfall wird kein Thema. Es sei schnell wieder um die Sanktionen gegangen, erinnert sich Putin, als wir kurze Zeit später die tragischen Ereignisse dieses Tages durchgehen.

Wenig später unterrichtet Obamas Berater Dan Pfeiffer den Präsidenten auf dem Flug zum Luftwaffenstützpunkt Andrews Air Force Base von den neuesten Nachrichten, die der ukrainische Präsident Petro Poroschenko als Schuldzuweisung weltweit auf allen Kanälen verbreiten lässt. Eine russische Rakete sei für den Abschuss verantwortlich. Binnen Minuten überschlagen sich die Meldungen. Washington schaltet auf Alarmbereitschaft. Im Weißen Haus entwerfen Redenschreiber Texte für die anstehende Medienschlacht der nächsten Tage. Josh Earnest, Obamas Pressesprecher, koordiniert die Kampagne, hält den Präsidenten auf dem laufenden. Vizepräsident Joe Biden lässt sich telefonisch vom ukrainischen Präsidenten Poroschenko auf den aktuellen Stand der Erkenntnisse bringen, die Kiew vorliegen. Auch die Maschinerie des Kreml läuft auf Hochtouren. Dmitri Peskow überfliegt noch einmal den Text für das Statement, das seine Kollegen in den Büros der Präsidialverwaltung am Alten Platz, gleich gegenüber dem Roten Platz, geschrieben haben, bevor der russische Präsident kurz nach Mitternacht in seiner Regierungsdatscha Nowo-Ogarjowo vor den Toren Moskaus in die Fernsehkameras spricht.[3] Nach ein paar Worten des Beileids und einer Schweigeminute verspricht Wladimir Putin, alles für eine Aufklärung der Tragödie zu tun. Er macht allerdings auch klar, was für ihn die eigentliche Ursache des Unglücks ist. Dies wäre nicht passiert, sagt er, »wenn es die Feindseligkeiten in der Ostukraine nicht geben würde. Und zweifellos trägt der Staat, auf dessen Hoheitsgebiet dies passiert ist, die Verantwortung für diese schreckliche Tragödie.« Die Antwort aus Washington lässt nicht lange auf sich warten. Stunden später erklärt Barack Obama im Weißen Haus: »Beweise belegen, dass das Flugzeug mit einer Boden-Luft-Rakete abgeschossen wurde, die aus dem Gebiet kam, das von den von Russland unterstützten Separatisten kontrolliert wird.«

Die Wucht der Explosion hat die Trümmer der Boeing 777-200ER nahe der Stadt Tores in der Ostukraine über 35 Quadratkilometer verstreut. Die ersten Bilder zeigen rauchende Wrackteile, verstümmelte Leichen, bewaffnete bärtige Kämpfer. Ein Bild, das um die Welt geht, zeigt einen prorussischen Milizionär, der vermeintlich triumphierend das Stofftier eines toten Kindes in die Luft reckt. Die Geste wird als Beleg für die Skrupellosigkeit der Separatisten

Schlagzeilen machen. Es ist in Wirklichkeit nicht mehr als ein Standbild einer längeren Videoszene, die tatsächlich das Gegenteil belegt. Nachdem der Mann das Kuscheltier der Presse gezeigt hat, legt er es behutsam nieder und bekreuzigt sich.[4]

Einen Ausschnitt wie diesen als die ganze Wahrheit zu präsentieren ist symptomatisch für den Konflikt um die Ukraine. Seit Beginn der Auseinandersetzung geht es darum, den eigenen Blickwinkel als den allein richtigen zu präsentieren, ohne Rücksicht auf Geschichte, Ereignisse und Interessen. Sowohl die ukrainische Armee als auch die prorussischen Separatisten verfügen in der Nähe zur Absturzstelle über Flugabwehrraketen *Made in Russia* vom Typ Buk-M1, die Flugzeuge wie die MH17 in großer Höhe treffen können.

Dass es eine solche Boden-Luft-Rakete gewesen ist, die auf dieser hochfrequenten Flugstrecke zwischen Ost und West das Leben von 298 unbeteiligten Menschen auf einen Schlag auslöschte, hält auch Fred Westerbeke für die bislang plausibelste Arbeitshypothese. Der niederländische Staatsanwalt leitet ein internationales Team, das die Tragödie untersucht und auch russischen Hinweisen nachgeht, denen zufolge möglicherweise ein ukrainischer Kampfjet die Passagiermaschine abgeschossen habe. Westerbeke weiß um die Brisanz seiner Untersuchungen.[5] Er und sein Team werden noch Monate brauchen, um sich durch die Tausende von Fotos, Videos und Zeugenaussagen zu arbeiten. Die USA haben auch ein Jahr nach der Katastrophe noch keine Bilder ihrer Weltraumsatelliten zur Verfügung gestellt, die helfen könnten, den Abschuss eindeutig zuzuordnen.

Als Schuldiger für den Abschuss gilt wieder einmal jener Mann, der seit Jahren die Phantasie beflügelt: Wladimir Wladimirowitsch Putin, Jahrgang 1952 und zum dritten Mal Präsident Russlands.»Stoppt Putin jetzt!«, titelte *Der Spiegel* nach dem Crash und suggerierte, der Mann im Kreml habe gleichsam selbst die Rakete gezündet.»Hier, in der ostukrainischen Einöde, hat sich Putins wahres Gesicht gezeigt. Der russische Präsident steht enttarnt da, nicht mehr als Staatsmann, sondern als Paria der Weltgemeinschaft.«[6]

Ein verunglückter Titel, räumt der heutige Chefredakteur des Blattes Klaus Brinkbäumer Monate später selbstkritisch ein.»Russlands Schuld«, kommentiert die *Süddeutsche Zeitung* ohne den Anflug eines Zweifels bis heute.[7] »Stärke zeigen«, kommentiert die *FAZ* und fordert Aufrüstung.»Der Westen muss seine wirtschaftliche, politische und militärische Abwehrbereitschaft stärken und auch demonstrieren.«[8] Diese Sätze, befindet Gabor Steingart, der Herausgeber des *Handelsblatts*, einen Tag später,»lesen sich wie geistige Einberufungsbescheide«.[9]

2 Herkunft und Handlung

Wie die Vergangenheit das Verhältnis von
Putin und Merkel bestimmt

Die Stimmung auf dem Roten Platz vor dem Kreml ist entspannt, auch wenn es die größte Militärparade der russischen Nachkriegsgeschichte ist, die an diesem Morgen des 9. Mai 2015 auffährt. Der Himmel ist strahlend blau, das Lenin-Mausoleum aus dunkelrotem Granit ist gleichfalls mit blauen Stellwänden verhüllt. Die Demonstration aus historischer Erinnerung und präsenter militärischer Macht, die nach dem Glockenschlag des Erlöserturms Punkt 10.00 Uhr beginnt, ist exakt choreographiert. 16 000 Soldaten, Panzer und Raketen paradieren an ordensgeschmückten Veteranen und Ehrengästen vorbei, bevor die neuesten Maschinen der Luftwaffe traditionsgemäß die russischen Nationalfarben in den Himmel malen.

Die Gesichter auf der Ehrentribüne sind andere als in den Jahren zuvor. Der Westen hat seine Teilnahme an der Feier des 70. Jahrestages des Sieges über Hitler-Deutschland wegen der Auseinandersetzung um die Ukraine abgesagt. Dafür hat Wladimir Putin neue Freunde eingeladen, die sich das Spektakel anschauen. Chinas Staatschef Xi Jinping und Indiens Präsident Pranab Mukherjee, Präsidenten ehemaliger Sowjetrepubliken und aus Ägypten und Südafrika sind gekommen. Auch UN-Generalsekretär Ban Ki-moon ist mit von der Partie.

Die Tonlage, die der russische Präsident in der Eröffnungsrede anschlägt, ist mild. Er würdigt den »grandiosen Sieg« der Roten Armee 1945 und erinnert daran, dass die Sowjetunion mit 27 Millionen Toten die meisten Opfer des Zweiten Weltkriegs zu beklagen hatte. Putin vergisst die abwesenden Verbündeten nicht, dankt den Alliierten von einst ausdrücklich. »Wir sind den Menschen in England, Frankreich und den USA dankbar für ihren Beitrag zu dem Sieg. Wir danken den Antifaschisten aus unterschiedlichen Ländern, die selbstlos im Untergrund gekämpft haben, auch in Deutschland.«[1]

Weder den Namen Lenin noch den des obersten Kriegsherrn der damaligen Zeit, Josef Stalin, erwähnt er. Den homöopathischen Teil zur Aufarbeitung dieser Geschichte übernimmt an diesem Tag ein Reporter des russischen Fernsehens, der in der Live-Übertragung darauf hinweist, man dürfe nicht vergessen, dass der Name Josef Stalin untrennbar mit dem Gulag, den Straflagern, verbunden sei. Im übrigen sei Patriotismus nicht die Liebe zur Macht, sondern die »Liebe zur Heimat«.

Und dann marschiert Wladimir Putin mit mehreren Hunderttausend Menschen ein Stück durch Moskau mit, viele tragen Bilder ihrer Eltern oder Großeltern bei sich, die vom »Großen Vaterländischen Krieg« betroffen waren. Auch er trägt das Bild seines Vaters. Es geht um die eigene Identität und Geschichtsschreibung, mit oder ohne den Westen. Die Stimmung ist gelassen. Dass Russland die Krim einverleibt hat, kümmert die meisten wenig. Dass die weltpolitische Lage bei aller unterschiedlichen Auffassung nun keine gemeinsame Feier des Sieges über Nazideutschland mehr zulässt, löst nur mildes Kopfschütteln aus.

Zum Eklat kommt es am Tag darauf. Angela Merkel legt zusammen mit dem russischen Präsidenten an der Kreml-Mauer Blumen am Grab des unbekannten Soldaten nieder. Die Trauerroutine der Kanzlerin ist als politische Kompensation gedacht, da sie wegen der Annexion der Krim ihre Teilnahme an der Siegesparade abgesagt hat. Am Anfang läuft noch alles wie geplant. Militärmusik und Kinder, die ein Foto mit der Bundeskanzlerin und dem Präsidenten wollen. Der Besuch, der als öffentliche Inszenierung und Zeichen des guten deutschen Willens in schwierigen Zeiten gedacht ist, um Gesprächsbereitschaft zu signalisieren, entgleist Stunden später auf der gemeinsamen Pressekonferenz, die live im Fernsehen übertragen wird. Die Körpersprache der Kanzlerin signalisiert größtmögliche Distanz zum Gastgeber. Angela Merkel blickt mit besorgter Miene routiniert in die Kameras und demonstriert nach der Kranzniederlegung verbal Abscheu vor den Taten des Gastgebers.

»Durch die verbrecherische und völkerrechtswidrige Annexion der Krim und die militärischen Auseinandersetzungen in der Ostukraine hat die Zusammenarbeit einen schweren Rückschlag erlitten.« Das Wort Verbrechen hat sie in Moskau nur noch in einem anderen Zusammenhang auf ihrem Sprechzettel stehen: als sie auf das »Verbrechen des Holocaust« eingeht. Wladimir Putin hat die Gleichsetzung an diesem nationalen Feiertag registriert. Er übergeht die undiplomatische Breitseite unkommentiert. Die Situation ist schwierig. Er hat diesen Vergleich gerade an diesem Tag allerdings nicht vergessen.[2]

Er hat ihn getroffen, auch wenn er auf seine typische Art und Weise rationalisiert, den Eklat als gewöhnliches politisches Geschäftsmuster herunterspielt. »Sie war als die einzige Regierungschefin der G7-Runde da. Und alles, was mit Krieg zusammenhängt, sorgt natürlich für emotionale und politische Erregung«, formuliert er einen Monat später bei unserem Gespräch über die neue deutsch-russische Befindlichkeit zurückhaltend. Dass Merkel in der Situation eine Geste für die Ukraine setzen muss, betrachte er als kalkulierte Profibotschaft, mit der immer zu rechnen sei, und natürlich stimmt er ihrer Einschätzung nicht zu. Dann müsse man doch wohl zumindest auch den kriminellen Umsturz in Kiew mit seinen Toten erwähnen. Oder die Veränderung der Nachkriegsordnung in Jugoslawien oder im Irak, zählt er routiniert eine lange Liste westlicher Verstöße auf, um dann doch nach all den Relativierungen und Aufzählungen eher abrupt mit einer klaren Feststellung zu enden: »Die Bundeskanzlerin vertritt nicht irgendein europäisches Land, sondern Deutschland. Deswegen war das ein Übergriff von ihrer Seite. Aber sie war Gast, und deshalb habe ich es vorgezogen zu schweigen. Es wäre nicht angebracht gewesen, Streit anzufangen.«

Die Gleichsetzung zwischen der Annexion der Krim und dem Holocaust sei ein Versehen gewesen, sagt ein Vertrauter Merkels. Noch auf dem Flug nach Moskau sei man mit ihr den Sprechzettel für den heiklen Besuch durchgegangen. Während der Pressekonferenz sei die Kanzlerin dann bei ihrem Blick auf den Sprechzettel in die falsche Spalte geraten. In jenen Absatz, wo vom Verbrechen des Holocaust die Rede gewesen sei. Die Version ist nicht auszuschließen.

Das Problem von Angela Merkel ist nur, dass ihr Wladimir Putin den vermeintlichen Ausrutscher durchaus als gezielten Affront zugetraut hat. Für den russischen Präsidenten ist es im Kontext dieses nationalen Feiertags zu Ehren des Großen Vaterländischen Krieges schwieriger als sonst, zu schweigen, weil Merkels Fauxpas kein Einzelfall ist. Die kompromittierende Gleichsetzung schließt sich nahtlos an die Attacke des polnischen Außenministers Grzegorz Schetyna an, der in einem Radiointerview zum 70. Jahrestag der Befreiung des Konzentrationslagers Auschwitz zuvor behauptete, es seien ukrainische, nicht sowjetische Soldaten gewesen, die Auschwitz befreit hätten. Polen hatte den russischen Präsidenten als Repräsentanten der Befreier nicht zu der Feier eingeladen, wohl aber den Vertreter der Täter, Bundespräsident Joachim Gauck.

»So viel steht fest«, kommentierte der renommierte Historiker Götz Aly das Geschehen in der *Berliner Zeitung*, »weder Polen noch ›der Westen‹, ›die Zivilgesellschaft‹ oder die Nato haben Auschwitz befreit, sondern allein die sowjetischen Streitkräfte. Deswegen ist es gedankenlos, gefühlsroh und politisch fahrlässig, den 70. Jahrestag der Befreiung von Auschwitz zu begehen, ohne die Vertreter Russlands einzuladen. Äußerlich ist die polnische Regierung für diesen Missgriff verantwortlich; die Bundeskanzlerin mimt die Unbeteiligte.« Götz Aly nennt auch die militärische Einheit: »Rotarmisten der 60. Armee der I. Ukrainischen Front. 213 ihrer Kameraden waren bei den Kämpfen um Auschwitz gefallen.«[3]

Political correctness statt Analyse

»Ich muss so sein, wie mein Volk will«, war die knappe Antwort Putins in einem der ersten Interviews, als ich fragte, ob die Werte des Westens für ihn keine Rolle spielten. Was die Mehrheit seines Volks will, lässt Wladimir Putin penibel, wie andere Regierungschefs auch, durch Umfragen ermitteln – ähnlich wie die deutsche Bundeskanzlerin. Angela Merkels ausgeprägter Sinn für die Stimmungen der Deutschen ist keine prophetische Gabe, sondern angewandte Demoskopie. In der Legislaturperiode 2009 bis 2013 gab das Bundespresseamt rund 600 vertrauliche Umfragen in Auftrag – über die Beliebtheit einzelner Minister bis zur Akzeptanz möglicher Regierungsprojekte. Putin hält es ähnlich.

Glaubt man den regelmäßigen Umfragen der im Regierungsauftrag tätigen Institute und dem angesehenen Lewada-Zentrum in Moskau, das der Opposition nahesteht, besteht für die meisten Menschen in Russland die Welt aus vielen Feinden und wenigen Verbündeten. Die Rechte von Minderheiten und Menschenrechte stehen nicht besonders hoch im Kurs, und nur ein kleiner Teil der Jüngeren träumt von einem EU-Beitritt.

Viele fühlen sich nach dem Kollaps der einstigen Weltmacht Sowjetunion noch immer minderwertig. Und nach wie vor will der größte Teil einen vorrangig russisch-demokratischen Staat ohne Hilfe oder gute Ratschläge von außen – wie auch immer diese Demokratie genau aussehen mag. Der Wunsch nach Sicherheit ist groß, und die territoriale Integrität des Landes hat Vorrang. Gleichzeitig wächst die Angst vor Fremden und dem Islam. Daten wie diese sind die Blaupause, mit der Wladimir Putin und die politische Elite Russlands Politik machen.[4] Das Ergebnis der Studie kann man mögen oder ablehnen. Man muss es allerdings zur Kenntnis nehmen.

Wer, wie es auch oft Angela Merkel praktiziert, politische Korrektheit predigt, statt zu analysieren, wer welche Interessen hat, vergibt die Chance, konkret Politik zu machen und Kompromisse zu erreichen, und präsentiert bestenfalls eine Wunschliste für die persönliche Selbstverwirklichung. Das kann im Einzelfall durchaus glücklich machen. Als politisches Konzept funktioniert es auf Dauer genauso wenig wie als journalistisches Handwerksprinzip. Kein anderes Land oder Staatsoberhaupt wird bei uns derart nach Kriterien persönlicher Wellness betrachtet.

Dass nun ausgerechnet eine ehemalige FDJ-Funktionärin aus Ostdeutschland und ein einstiger russischer Geheimagent, der fünf Jahre in Dresden gelebt hat, über den Frieden in Europa verhandeln, ist ein ironischer Schlenker der Geschichte. Dass beide die Sprache des anderen sprechen, ein weiterer Zufall. Nur leichter wird es deswegen nicht unbedingt. Berichte über Angela Merkels DDR-Erfahrungen mit der russischen Besatzung gipfelten zu Beginn ihrer Politkarriere im Westen stets in der kolportierten Geschichte, russische Soldaten hätten ihr im einstigen Arbeiter-und-Bauern-Staat das Fahrrad geklaut. Und dass sie stattdessen heimlich für die polnische Gewerkschaftsbewegung Solidarność geschwärmt habe, die dem Land die Freiheit brachte, ist für jemanden mit ihrem Hintergrund offenkundig prägend.[5]

So setzt sie sich als Oppositionsführerin der Union im Bundestag selbstverständlich für den Irakkrieg an der Seite Amerikas ein und wirft dem damaligen Bundeskanzler Gerhard Schröder mangelndes Demokratieverständnis vor, als dieser zusammen mit dem französischen Präsidenten Jacques Chirac und Wladimir Putin den Einsatz ablehnt. Die angeblichen Belege für die Massenvernichtungsmittel Saddam Husseins, die Amerika der Weltöffentlichkeit in einer spektakulären Pressekonferenz als Kriegsgrund präsentierte, erwiesen sich als Kriegspropaganda. Sie waren gefälscht.

Trotzdem gilt die USA der pragmatischen Pfarrerstochter als der Garant für Freiheit und Frieden auf der Welt, Irakkrieg oder weltweiter Drohnenkrieg hin oder her. Die NSA-Affäre, die offenlegt, wie die USA ein weltweites Überwachungssystem etabliert haben und ohne Rücksicht auf Freunde oder Verbündete etwa Merkels Handy abhören oder systematisch Daten deutscher Unternehmen klauen lassen, ist kein Grund für sie, auf Distanz zu gehen. Dass der Bundesnachrichtendienst seit seiner Gründung durch die USA eine Außenstelle amerikanischer Geheimdienste war und es auch im souveränen Deutschland weiter bleibt, ist eben die andere Seite der Macht, ohne die nach der Merkel'schen Logik nichts geht. Das Leben hat Schattenseiten, und man muss auch mal fünf gerade sein lassen, wenn man auf der richtigen Seite steht. Angela Merkel steht wie kaum jemand anderes stets auf der richtigen Seite, auch wenn sie ständig nachjustieren muss.

»Freiheit, das ist für sie Amerika. Der Standfestigkeit dieses Landes verdankt sie am Ende auch ihre Freiheit«, schreibt ihr Biograph, der Auslandschef der *Süddeutschen Zeitung* Stefan Kornelius, gleichfalls bekennender Transatlantiker, in seinem Buch *Angela Merkel. Die Kanzlerin und ihre Welt*. Kornelius' Kommentare sind ziemlich deckungsgleich mit dem Dogma der Kanzlerin, wenn er Angela Merkel zitiert: »Was uns Europäer zusammenführt und zusammenhält, ist die gemeinsame Wertebasis (...) Es ist ein gemeinsames Verständnis von Freiheit in Verantwortung.« Niemals dürfe Deutschland Politik gegen die Interessen der USA machen, erklärt Kornelius ein wesentliches Prinzip der Kanzlerin.[6]

Es ist ein gesamtdeutsches Erbe, das in Angela Merkel seinen ganz speziellen Ausdruck findet. Ihre Vorliebe für Osteuropa, für das sich die ostdeutsche Kanzlerin in einer Art persönlicher Wiedergutmachung engagiert, schafft ein Problem. Merkels Bestrebung, als Leihmutter Europas die historischen Konflikte Polens und der baltischen Staaten mit Russland stellvertretend auszutragen, kann politisch nicht funktionieren. Nationale Traumata lassen sich nur mit der eigenen Identität und im direkten Kontakt der Betroffenen bewältigen, nicht durch Vermittlung einer gefühlten Vertreterin des Leids anderer. Zudem beschädigt der Versuch auf Dauer das Verhältnis von Deutschland und Russland.

Die Vorliebe für Macht und Taktik, die Putin und Merkel teilen, erleichtert die Kommunikation gleichfalls nicht. Beide treibt die gleiche Sorge um, der andere könnte ihr oder ihm jenseits öffentlicher Erklärungen in die Karten blicken und womöglich feststellen, dass es gar keinen Masterplan gibt.

Niemand aus der Riege der westlichen Politiker telefoniert mehr mit dem Mann im Kreml als Angela Merkel. Doch der Griff nach dem Hörer heißt nicht, automatisch die Interessen des anderen zu kennen, geschweige denn anzuerkennen. Für die deutsche Kanzlerin lebt »Putin in einer anderen Welt«, wie sie Barack Obama vertraulich erzählte, sie sei sich nicht sicher, ob er noch einen Bezug zur Realität habe. Die Aussage konnte Angela Merkel am nächsten Morgen in der *New York Times* nachlesen.⁷ Dass diese andere Welt auch uns konkret betrifft, ist ein mühevoller Lernprozess, den nicht nur das Kanzleramt durchmacht.

Zu Merkels unerschütterlichem Vertrauen in die USA kommt die mangelnde Sensibilität für den richtigen Zeitpunkt und die Geschichte des anderen, die mehr als einmal nur schwer wieder einzufangende Irritationen ausgelöst hat. Von dem neuen Konzept der *Cultural Intelligence*, jener proklamierten Rücksichtnahme der deutschen Politik auf die Erfahrungen eines Landes, die die Außenpolitik der Bundesrepublik bestimmen soll, ist im Verhältnis zu Moskau wenig zu spüren.

Wie etwa im Juni 2013 in St. Petersburg. Der Termin ist Routine. Eine Delegation deutscher Vorstandsvorsitzender und Angela Merkel wollen mit dem Gastgeber über weitere Projekte der »Modernisierungspartnerschaft« sprechen, wie die wirtschaftliche Zusammenarbeit beider Länder heißt. Am Abend sollen Wladimir Putin und die deutsche Kanzlerin als öffentliches Zeichen guten Willens gemeinsam eine Ausstellung in der Eremitage eröffnen. Das Thema verlangt Fingerspitzengefühl, es geht um Beutekunst. Das renommierte Museum an der Newa hat mit deutschen und russischen Experten den Goldschatz von Eberswalde aufbereitet, den einst sowjetische Soldaten am Ende des Krieges mit nach Hause genommen hatten. Angela Merkel möchte bei dieser Gelegenheit eine Rede halten, streut das Kanzleramt. Der Tenor der Botschaft: Der Schatz solle doch wieder dahin, wo er hingehört, zurück nach Deutschland. Der Streit darüber geht schon lange. Russlands Argument, das Gold sei mit dem Tod von Millionen russischer Menschen bereits mehr als bezahlt, ist in Berlin bekannt und abgelehnt.

Die Differenzen sind exzellentes Material für das gängige Spiel zwischen Politik und Journalismus, ein Thema hochzukochen. Am Morgen des Abflugs in Berlin informiert der Pressesprecher die versammelten Journalisten über massive Unstimmigkeiten zwischen Kreml und Kanzleramt. Die Russen wollten nicht, dass Merkel redet, aber die deutsche Kanzlerin lasse sich nicht einfach den Mund verbieten. Der vermeintliche Skandal läuft schnell auf Hochtouren. »Beutekunst in Sankt Petersburg: Merkel lässt Ausstellungseröffnung mit Putin platzen«, steht Stunden später auf *Spiegel online* zu lesen.[8] Und nicht nur *Die Welt* titelt: »Merkel lässt Termin mit Putin platzen«.[9] Auch andere Medien ziehen nach.

Der angebliche Konflikt zwischen freier Rede und diktatorischem Gehabe à la Putin entwickelt sich zum Aufreger des Tages. Doch der Termin platzt dennoch nicht. Wladimir Putin führt in St. Petersburg an diesem Nachmittag des 21. Juni ein vertrauliches Gespräch mit Angela Merkel, erinnert an das Datum des nächsten Tages, an dem die Ausstellung für die Bevölkerung freigegeben werden soll.

Für Russland ist es ein ganz besonderes Datum: Am 22. Juni 1941 hat Deutschland die Sowjetunion überfallen. Als der deutsche Botschafter in Moskau Graf von der Schulenburg an diesem Morgen den sowjetischen Außenminister Molotow aus dem Bett klingelte, lief der Angriff unter dem Codenamen »Unternehmen Barbarossa« schon auf vollen Touren. Möglich, dass dies der Berater der Kanzlerin im Kanzleramt nicht wusste, für einen außenpolitischen Experten wie Christoph Heusgen allerdings nicht unbedingt wahrscheinlich. Für den russischen Präsidenten ist die Ansage, der Goldschatz solle zurück nach Deutschland, an diesem Tag ein innenpolitischer Affront. In der deutschen Presse war zu der geschichtsträchtigen Bedeutung des Tages nichts zu finden.

Für Wladimir Putin sind die vergangenen Jahre die Geschichte einer Entfremdung. Nicht so sehr von Amerika, sondern von Europa und Deutschland. Es ist eine Verbindung mit Bindungen. Seine beiden Töchter sprechen deutsch und gingen zeitweise hier zur Schule. Kein russischer Präsident ist von Deutschland so geprägt wie er. Anfang der neunziger Jahre war er als stellvertretender Bürgermeister seiner Heimatstadt St. Petersburg die treibende Kraft für die Städtepartnerschaft mit Hamburg. Während der ersten Amtsperiode als Präsident reiste Henning Voscherau, Jurist und einstiger Erster Bürgermeister Hamburgs, über Jahre mit einer kleinen Gruppe von Juristen regelmäßig nach Russland, um bei der Neufassung des Verfassungsrechtes zu beraten. Nicht zu reden von Gerhard Schröder, dem einstigen SPD-Kanzler, der sich zum Duzfreund wandelte, nachdem ihm sein außenpolitischer Berater noch vor dem ersten Treffen mit Wladimir Putin eindringlich geraten hatte, diesem nicht die Hand zu geben. Das besondere deutsch-russische Verhältnis auf der politischen Ebene hat sich heute erledigt. Im Bundeskanzleramt macht schon des längeren der Begriff *regime change* die Runde.

3 Neue Regeln oder keine Regeln

Putin und der Weltmachtanspruch der USA

Das Titelthema der Waldai-Konferenz ist prägnant, der Kreis der Teilnehmer überschaubar. Die meisten der Russland-Experten, Exdiplomaten, Politiker, Journalisten und Historiker aus den USA, Europa, Russland und China, die am Flughafen in Sotschi in die bereitgestellten Minibusse steigen, um die nächsten drei Tage in einem abgelegenen Hotel zu diskutieren, kennen sich. Die Runde trifft sich einmal im Jahr, seitdem der Kreml den Debattierclub 2004 aus der Taufe gehoben hat.

»New rules or no rules« – »Neue Regeln oder keine Regeln« heißt das Motto für die Tagung im Oktober 2014. Auf der Tagesordnung stehen die Themen des Jahres: Der Konflikt in der Ostukraine, die Annexion der Krim, die Sanktionen des Westens und die Folgen für Russland. Und die zentrale Frage, wer denn wann und wo die Spielregeln für eine internationale Straßenverkehrsordnung der Politik bestimmt. Dafür reisen auch die politischen Schwergewichte aus Moskau nach Krasnaja Poljana, dem Skigebiet in den kaukasischen Bergen oberhalb der Olympiastadt

Sotschi. Außenminister Sergej Lawrow und Sergej Iwanow, der einstige Verteidigungsminister und starke Mann der Kreml-Administration. Oder einflussreiche Technokraten wie Igor Schuwalow, in der Regierung für Haushalt und Wirtschaftspolitik zuständig.

Im Konferenzsaal des üppigen Glaspalastes mit Blick auf das neue Biathlonstadion, wo im Februar 2014 Skifahrer ihre Runden drehten und auf Scheiben schossen, um olympisches Gold oder Silber zu gewinnen, müht sich jetzt die Politprominenz, eine angemessene Haltung für die gegenwärtig kritische Lage zu finden. Die Stimmung ist betont entspannt, die versammelte Führung demonstriert Geschlossenheit und Optimismus. Allgemein wird zugegeben, die Sanktionen, die der Westen verhängt hat, seien durchaus schmerzlich. Aber sie böten auch die Möglichkeit, dass Russland sich endlich daransetze, die fälligen Hausaufgaben zu machen und wirtschaftliche Reformen durchzuziehen.

Die abgestimmte Devise der Regierungsmannschaft heißt: Verdrängung als Programm. Die Krise als unerwartete Chance mit viel Luft nach oben. Vor allem staatliche Konzerne wie der Gigant Gazprom hätten noch immer nicht das vorhandene Potential ausgeschöpft. Mit anderen Worten: Die Lage ist unter Kontrolle und bei weitem noch nicht so schlimm wie 1998 – jenem wirtschaftlichen Katastrophenjahr, das sich im kollektiven Gedächtnis Russlands als eines der schlimmsten in der jüngeren Geschichte des Landes eingebrannt hat. Der gegenwärtige Haushalt, keine Frage, sei Makulatur und müsse massiv gekürzt werden. Aber ansonsten ist Russland ein starkes Land und Wladimir Putin sein Präsident.

Der Auftritt des politischen Personals ist nur der Auftakt für die zentrale Botschaft, die Wladimir Putin zum

Abschluss der Veranstaltung dem Westen schickt. Acht Monate nach den Ereignissen auf dem Majdan in Kiew benutzt der russische Präsident die Konferenz als Bühne für eine Grundsatzrede. Und es wird die bislang härteste, die er öffentlich vor der übersichtlichen Schar von Konferenzbesuchern hält. Eine Mischung aus politischer Abrechnung und persönlicher Enttäuschung. Wem die Warnung gilt, daran lässt er gleichfalls keinen Zweifel. »Die USA haben ihren Verbündeten immer gesagt: Wir haben einen gemeinsamen Feind, einen fürchterlichen Widersacher, das Reich des Bösen. Aber wir, die USA, verteidigen euch dagegen. Und deswegen haben wir auch das Recht, euch herumzukommandieren, von euch politische und wirtschaftliche Opfer zu verlangen und euren Anteil für diese gemeinsame Verteidigung zu fordern. Aber wir haben natürlich die Oberaufsicht.«[1]

Zwar sei der Kalte Krieg vor Jahrzehnten offiziell zu Ende gegangen, aber bedauerlicherweise ohne Friedensvertrag und die klaren Regeln, die längst nötig seien, so der erste Mann Russlands weiter. Die Folgen für den Rest der Welt seien mehr als problematisch und ein Risiko für den Frieden: Die USA als selbsternannte Sieger handelten nur nach eigenen Interessen. Sie versuchten wie Neureiche, die plötzlich ein riesiges Vermögen gemacht haben, die Welt ohne Rücksicht auf Verluste zu beherrschen.

»Vielleicht ist ja die Art und Weise, wie Amerika Führung praktiziert – mit dieser ganz besonderen Selbsteinschätzung –, tatsächlich ein Segen für uns«, merkt Putin sarkastisch an und fährt fort: »Vielleicht bringt ja diese weltweite Einmischung Frieden, Fortschritt, Wachstum und Demokratie, und wir sollten uns einfach entspannen?« Er beantwortet die Frage gleich im nächsten Satz. »Ein einseitiges Diktat, das Bestreben, jemandem sein Modell aufzuzwingen, bewirkt das Gegenteil.«

Für Russland, so viel wird unmissverständlich klar, geht es nicht mehr um völkerrechtliche Feinheiten. Die Sanktionen des Westens sieht die politische Klasse in Moskau nicht bloß als ein politisches Rechenexempel zur Disziplinierung des Landes, sondern als den strategischen Teil eines offiziell nicht erklärten Krieges. Das Ziel: die weitere Ausdehnung von EU und NATO an die Grenze Russlands. Was offiziell als moralischer Kreuzzug des Westens im Namen von Selbstbestimmung und mehr Demokratie verkündet wurde, ist für Putins Wirklichkeit der fortgesetzte Versuch, den Einfluss Russlands zu kappen. Ein Beweis für jene Doppelmoral, die im selben Atemzug dem russischen Präsidenten vorwirft, die alte Sowjetunion wiederherzustellen zu wollen.

Wladimir Putin wird weiter dagegen angehen. »Sie kennen sicher das alte Sprichwort: Was Jupiter darf, darf ein Ochse noch lange nicht. Wir teilen diese Vorstellung nicht. Sie mag für einen Ochsen gelten. Aber ein Bär wird sich nicht danach richten. Für uns ist er der Herr der Taiga. Und er wird nicht in eine andere Klimazone wandern. Das bekommt ihm nicht. Aber er wird die Taiga auch nicht anderen überlassen.« Die Ansage ist deutlich. Die versammelte Mannschaft der Experten hat kaum Fragen. Lediglich die Lobbyistin einer großen Washingtoner Anwaltsfirma, die früher im Sicherheitsbereich der Vereinigten Staaten arbeitete, bemüht noch kurz und heftig das Völkerrecht und das, was sie unter Demokratie aus amerikanischer Sicht versteht. Es ist mehr ein Beleg für ihre protokollarische Anwesenheit als eine wirkliche Entgegnung.

Später, im kleinen Kreis beim Abendessen mit ein paar westlichen Expremierministern und einer Handvoll Akademikern, präsentiert Wladimir Putin für diesen Tag noch einmal zentrale Punkte einer Sündenliste des Westens, die sich tief in sein Bewusstsein eingegraben haben. »Sie haben im UN-Sicherheitsrat beantragt, Libyen zu bombardieren, um Gaddafi davon abzuhalten, das Gleiche mit Teilen der Bevölkerung zu tun, und wir haben dem zugestimmt. Aber am Ende nutzte der Westen die Intervention nur, um Gaddafi zu stürzen. Und was habt ihr erreicht? Gar nichts. Chaos. Das Gleiche im Irak. Ihr seid damals einmarschiert. Was habt ihr dort erreicht? Auch nichts Gutes. Jetzt versuchen dort die Islamisten des IS zusammen mit Tausenden von frustrierten Exsoldaten des einstigen Saddam-Regimes, einen Gottesstaat zu errichten.«

Dann, auf einen Wodka zum Abschied, ein kurzer Rekurs zum Thema des Tages, der Ukraine. Die zentrale Frage der Tagung: *new rules or no rules* – neue Regeln oder keine Regeln.

»Wir haben nicht angefangen. Wir haben den Europäern sehr früh gesagt, dass dieses Abkommen der EU mit der Ukraine, entweder kommt ihr zu uns oder geht nach Russland, für uns oder gegen uns, riskant ist. Dieser Schritt berührt direkt unsere Interessen«, fasst der Gastgeber seine Sicht der Dinge zusammen. »Aber die haben uns in Brüssel einfach gesagt, das geht euch nichts an. Punkt. Ende der Diskussion. Das Ergebnis ist ein Umsturz. Der wirtschaftliche und soziale Kollaps eines Landes. Und ein Bürgerkrieg mit Tausenden von Toten.«

Über die Krim redet Wladimir Wladimirowitsch an diesem späten Oktoberabend in den kaukasischen Bergen nicht mehr. Die Krim ist seit dem 18. März 2014 wieder russisch, und sie wird es wohl bleiben, solange er im Amt ist. Daran lässt er keinen Zweifel.

4 Soll und Haben – eine vorläufige Rechnung

Russland und die Geopolitik des Westens

Es ist kurz nach Mitternacht, als Putin in seinem Büro in Moskau eintrifft. Wir sind an diesem Abend im Dezember 2011 zu einem unserer ersten langen Interviews verabredet. Wladimir Putin ist wie immer spät dran – und dieses Mal besonders spät. Die junge Dame aus dem Stab telefoniert die vergangenen Stunden alle paar Minuten mit ihrem Smartphone, um ungefähre Schätzungen über die Ankunftszeit Wladimir Putins herauszubekommen, vorrangig zu ihrer eigenen Beruhigung, und das Personal fragt zum wiederholten Mal nach, ob es denn Kaffee, Tee oder doch lieber ein Glas Wein sein dürfe.

Die Sitzungen hätten länger gedauert als gedacht, sagt er der Form halber und lacht erst einmal über die Frage, ob sich der Raketenschild, den die NATO an den Grenzen aufstellt, denn doch nicht nur gegen den Iran richtet, wie das Militärbündnis behauptet. Dann holt er zu einer längeren Antwort aus: »Diese Raketensysteme decken unser Territorium bis zum Ural ab. Sie neutralisieren einen Teil unserer landgestützten Nuklearwaffen, die wiederum die

Grundlage unseres Abwehrpotentials ausmachen. Allen Fachleuten ist das klar. Dann kommen sie zu uns und sagen: Keine Angst, Jungs. Wir bauen das zwar auf, aber wir werden das nicht gegen euch einsetzen. Wir sind doch die Guten. Schaut uns in die ehrlichen Augen.«

Für Wladimir Putin ist der Raketenschild nur ein Beispiel dafür, dass der Westen die Leistung Russlands nicht gewürdigt hat, den Zusammenbruch der Sowjetunion mit weitgehend friedlichen Mitteln zu bewältigen. Dass die Geschichte ihr Urteil über den real existierenden Sozialismus gesprochen hatte, hat er früh akzeptiert. Nur nicht, dass der Konkurs vom eigenen Führungspersonal so unprofessionell abgewickelt wurde. Wie innerhalb von nur zwei Wochen im Dezember 1991 die Sowjetunion aufhörte zu existieren, als die Präsidenten Russlands, der Ukraine und Weißrusslands auf einer Regierungsdatscha im Wald von Belowesch bei Minsk ihr Ende verkündeten. Einige Tage später wurde im Kreml die Fahne mit den Symbolen Hammer und Sichel eingerollt und durch den doppelköpfigen Adler aus der Zarenzeit ersetzt.

Damit trat über Nacht Russland mit knapp 145 Millionen überwiegend russischen Menschen die Nachfolge des einstigen Riesenreiches an. Der andere Teil mit ebenso vielen Menschen, die einstigen Sowjetrepubliken, versuchte nach Jahrzehnten der Abhängigkeit plötzlich auf eigenen Beinen zu stehen. Und über Nacht fanden sich über 20 Millionen Russen in einem anderen Staat wieder, mussten versuchen, sich jetzt als Ausländer zurechtzufinden. Eine Auseinandersetzung, die bis heute noch nicht abgeschlossen ist. Diese Umstände seien der Grund gewesen, warum er vor Jahren von »einer der großen geopolitischen Katastrophen des 20. Jahrhunderts« gesprochen habe.[1]

In seiner Zeit als Dezernent für Wirtschaft in St. Petersburg hat er schnell gelernt, dass Kapital in Zeiten der Globalisierung vorrangig nur in die Gegenden reist, in denen sich Investoren wohlfühlen. Die besten Voraussetzungen finden sich dort, wo die Steuersätze so niedrig sind wie die Löhne und die Menschen trotz miserabler Umstände ruhig bleiben. Es ist ihm damals, bei dem Crashkurs in Kapitalismus, klar geworden, wie wichtig es ist, dass auch Milliardäre im eigenen Land Steuern zahlen und den Staat respektieren.

Nicht nur das Gefühl, über den Tisch gezogen worden zu sein, treibt Putin um. Der mangelnde Respekt gegenüber den nationalen Interessen Russlands, auch wenn es schwächelt, ist für ihn mindestens ebenso verletzend. Für die nächsten Stunden ist er nicht zu bremsen, holt kaum Atem und erklärt zwischen Pelmeni und Tee im Detail, wie sich die militärische Landschaft in Europa verändert hat, ohne auf Russlands Befindlichkeiten Rücksicht zu nehmen. Wie sich der Warschauer Pakt, das sowjetische Militärbündnis, mit dem Ende der Sowjetunion aufgelöst, die NATO sich aber rasant erweitert hat. Wie 1999 erst Polen, Tschechien und Ungarn dem Militärbündnis beigetreten sind. Dann, 2004, kamen die baltischen Staaten zusammen mit Rumänien und der Slowakei dazu. Und schließlich 2008 Kroatien und Albanien – »obwohl uns bei der Wiedervereinigung Deutschlands versprochen wurde, keine Erweiterung der NATO zu betreiben«.

Über das Versprechen gibt es seit Jahren heftigen Streit. Es ist eine Kernfrage des neuen Ost-West-Konfliktes. Sicher ist, dass es darüber keinen schriftlichen Vertrag gibt. Aber ebenso sicher ist auch, dass darüber detailliert geredet wurde. In einem Vermerk des Auswärtigen Amtes heißt es über ein Gespräch des deutschen Außenministers

Hans-Dietrich Genscher mit seinem russischen Kollegen Eduard Schewardnadse vom 10. Februar 1990: »BM [Bundesminister]: Uns sei bewusst, dass die Zugehörigkeit eines vereinten Deutschlands zur NATO komplizierte Fragen aufwerfe. Für uns stehe aber fest: Die NATO werde sich nicht nach Osten ausdehnen.«[2]

Unstrittig ist auch, dass die Amerikaner diesen Standpunkt teilten, zumindest für den Moment. Die NATO werde ihren Einflussbereich »nicht einen Inch weiter nach Osten ausdehnen«, erklärte der US-Außenminister James Baker am 9. Februar 1990 im Katharinensaal des Kreml.[3]

»Das wurde alles gesagt. Dass dies nicht in einem internationalen Abkommen schriftlich festgehalten wurde, geht auf das Konto der damaligen sowjetischen Führung«, sagt Wladimir Putin und macht damit die eigenen Politiker für den folgenschweren Fehler verantwortlich. »Sie haben es verschlafen, und es gibt nun mal das geflügelte Wort, Gespräche kann man nicht zu den Akten nehmen.« Für Putin, so viel wird in dieser Nacht klar, ist dies aber auch ohne unterzeichnete Dokumente Nachweis genug, dass der Westen von Anfang an nicht viel mit einer versprochenen Partnerschaft am Hut hatte. »Wie es dann weiterging, das können Sie alles nachlesen«, empfiehlt mir der russische Präsident zum Abschied in den frühen Morgenstunden. »Lesen Sie Zbigniew Brzezinski.«

Zufall oder Strategie

Der einstige amerikanische Sicherheitsberater Zbigniew Brzezinski, geboren 1928 in Warschau, hat bereits die amerikanischen Präsidenten Lyndon B. Johnson und Jimmy

Carter beraten, später auch Bill Clinton und Barack Obama. Er war, wie sein Gegenpart Henry Kissinger auf Seiten der Republikaner, einer der einflussreichsten Geopolitiker auf Seiten der Demokraten. Der Sohn eines polnischen Diplomaten, den es in den Wirren des Zweiten Weltkriegs über Kanada in die USA verschlagen hatte, beschrieb die geplante NATO-Erweiterung schon 1997 in seinem Buch *Die einzige Weltmacht. Amerikas Strategie der Vorherrschaft* präzise – auch wenn er damals wohl selbst nicht glaubte, dass sich dieses Szenario eins zu eins durchsetzen würde. So heißt es bei Brzezinski: »Ein wirklich geeintes Europa ohne einen gemeinsamen Sicherheitspakt mit den USA ist in praxi schwer vorstellbar. Daraus folgt, dass Staaten, die Beitrittsgespräche mit der EU aufnehmen wollen, und dazu eingeladen werden, in Zukunft automatisch unter den Schutz der NATO gestellt werden sollten.«[4]

Auch der Zeitplan, den er für die künftige Geostrategie vorhersagt, stimmt ziemlich genau mit dem realen Geschehen überein. Was die US-Regierung der Demokraten unter Bill Clinton in den neunziger Jahren beginnt, setzt dessen republikanischer Nachfolger George W. Bush ebenso nahtlos fort wie Barack Obama. Brzezinski: »In der Zwischenzeit wird die EU Beitrittsverhandlungen mit den baltischen Republiken aufnehmen, und auch die NATO wird sich in der Frage einer Mitgliedschaft dieser Staaten sowie Rumäniens vorwärtsbewegen, deren Beitritt mutmaßlich 2005 abgeschlossen sein dürfte. Irgendwann in diesem Stadium werden wohl die anderen Balkanstaaten die für Beitrittskandidaten erforderlichen Voraussetzungen ebenfalls erfüllen. (…) Irgendwann zwischen 2005 und 2010 sollte die Ukraine für ernsthafte Verhandlungen sowohl mit der EU als auch mit der NATO bereit sein, insbesondere wenn das

Land in der Zwischenzeit bedeutende Fortschritte bei seinen innenpolitischen Reformen vorzuweisen und sich deutlicher als ein mitteleuropäischer Staat ausgewiesen hat.«[5]

Frank-Walter Steinmeier weiß aus eigener Erfahrung, warum es zu diesem erneuten Showdown zwischen Ost und West gekommen ist. Schließlich war der Sozialdemokrat zu Beginn des Jahrhunderts zuerst Kanzleramtschef und dann Außenminister in der Ära der großen Koalition von 2005 bis 2009, als die Krise zu eskalieren begann. Sein Unbehagen über den Lauf der Dinge im Ukrainekonflikt ist deutlich zu spüren, auch wenn ein Diplomat wie er Kritik und Selbstkritik öffentlich gern in Frageform präsentiert wie in seiner Antrittsrede im Auswärtigen Amt, als er dort nach den Jahren der schwarz-gelben Koalition Ende 2013 wieder die Amtsgeschäfte übernimmt und die Fragen, die er stellt, längst beantwortet sind. »Wir müssen uns fragen, ob wir unterschätzt haben, wie zerrissen und schwach dieses Land [die Ukraine] ist; ob wir nicht gesehen haben, dass es dieses Land überfordert, wenn es sich zwischen Europa und Russland entscheiden muss; ob wir die Entschlossenheit Russlands unterschätzt haben, das mit der Ukraine wirtschaftlich, aber auch historisch emotional eng verbunden ist.«[6]

Die Ära Guido Westerwelle, Steinmeiers Vorgänger, war jene Zeit in der jüngeren deutschen Geschichte, in der das Außenministerium kaum eine Rolle spielte. Der einstige amerikanische Botschafter Philip Murphy in Deutschland schrieb seinen Kollegen zu Hause im State Department in Washington schon beim Amtsantritt Westerwelles, der neue Außenminister sei, eine »unbekannte Größe« und habe »ganz klar ein zwiespältiges Verhältnis zu den USA«. In wichtigen Fällen wendet sich das amerikanische Außenministerium deshalb lieber gleich an das Kanzleramt. Merkels außenpolitischer Berater Christoph Heusgen wird »zu einer Art Nebenaußenminister«, schreibt der *Spiegel*.[7]

Es war – wie sich noch zeigen wird – das Bundeskanzleramt, das selbstverständlich zustimmte, als die USA entschieden, was in der Ukraine geht und was nicht. Und es war nicht zuletzt die Bürokratie in Brüssel, vor allem der einstige Präsident der Europäischen Kommission José Manuel Barroso, die mit ihrer Entweder-oder-Politik der Ukraine massiven Druck machte, sich zwischen Ost und West zu entscheiden. Die EU-Kommissare mischten »sich zu sehr in die Weltpolitik ein, obwohl die meisten Kommissare davon gar nichts verstehen«, wie bei dem »Versuch, die Ukraine anzugliedern«, zu sehen sei, attackierte Altkanzler Helmut Schmidt 2014 die Kommission. Der Konflikt erinnere ihn an die Situation 1914 vor dem Ersten Weltkrieg. Beides sei »zunehmend vergleichbar«. Er wolle keinen Dritten Weltkrieg herbeireden. »Aber die Gefahr, dass sich die Situation verschärft wie im August 1914, wächst von Tag zu Tag.«[8]

Die Scheidungsurkunde zwischen der Ukraine und Russland, die das offizielle Amtsblatt der Europäischen Union Ende Mai 2014 veröffentlichte, ist über tausend Seiten dick. Das Werk besteht aus einer Präambel, sieben Kapiteln, 486 Artikeln, 43 Anhängen und diversen Protokollen, die mit aberwitziger Pedanterie die Beziehungen Kiews zum neuen Partner, der Europäischen Union, reglementieren.[9] Dafür sind über Jahre Heerscharen von Beamten und Politikern von Kiew nach Brüssel und von Brüssel nach Kiew gereist, haben öffentliche Statements entworfen, gefordert, gedroht oder mit Versprechungen gelockt.

Jedes Detail ist genau aufgelistet. Es geht um Finanzen und verbindliche Industriestandards. Wie viel Zollaufschlag für was und wie lange in den nächsten Jahren zu bezahlen ist. Penibel regeln Hunderte von Seiten unter anderem den »Handel von lebenden Tieren und Waren tierischen Ursprungs«. Dass etwa »Sauen mit einem Gewicht von 160 Kilo oder mehr, die mindestens einmal geferkelt haben« im Falle des Exports nach Europa mit 8 Prozent Aufschlag belegt werden, »Hühner lebend« aber zollfrei nach Brüssel exportiert werden können. »Gerupft, ausgenommen, ohne Kopf, aber mit Hals, Herz und Leber« wird es teurer. Dann werden 15 Prozent Zoll fällig.

Das *Assoziierungsabkommen zwischen der Europäischen Union und ihren Mitgliedstaaten einerseits und der Ukraine andererseits*, wie der offizielle Namen der Vereinbarung lautet, schreibt genau vor, welche einzelnen Fischsorten mit einem Aufschlag rechnen müssen und welche nicht, sollten sie in den Westen exportiert werden. Was mit Miesmuscheln und unterschiedlichen Tintenfischarten passiert und dass auf ukrainischen Weizen pro Tonne 168 Euro aufgeschlagen werden, um EU-Bauern vor der Konkurrenz aus der Ukraine zu beschützen.

Über Regelungen, die Menschen betreffen, geben die Paragraphen weniger genau Auskunft. Irgendwann sollen die Ukrainer ohne Visum in die neue schöne Welt der EU einreisen dürfen. Vorausgesetzt allerdings, es sind bestimmte rechtliche, organisatorische und politische Bedingungen erfüllt. Der Zeitpunkt bleibt offen. Die Hoffnung vieler Demonstranten wird in einen Absatz des Vertrages aufgenommen: »In der Erkenntnis, wie wichtig es ist, dass zu gegebener Zeit eine Regelung für visumfreies Reisen für die Staatsbürger der Ukraine eingeführt wird, sofern die Voraussetzungen für eine gut gesteuerte und gesicherte Mobilität erfüllt sind«, werde darüber in den nächsten Jahren en détail verhandelt »im Rahmen regelmäßiger Treffen auf Ebene der hohen Beamten und der Experten der Vertragsparteien«.[10]

Die öffentliche Bilanz des Trennungsprozesses zwischen der Ukraine und Russland, dem Partner von einst, ist im Herbst 2015 katastrophal: Über 6000 Menschen sind gewaltsam ums Leben gekommen. Das Land ist bankrott und gespalten, und es wird über Jahre in diesem Zustand bleiben. In Europa herrscht seit dem Umsturz in Kiew im Februar 2014 wieder Eiszeit. Der Kalte Krieg hat offenkundig nur eine kurze Pause gemacht. Für die Europäische Union ist diese Form der osteuropäischen Partnerschaft extrem teuer. Experten schätzen die Folgekosten für den Waffengang auf mehrere Hundert Milliarden Euro, die weiträumige Zerstörung im Osten des Landes nicht mit eingerechnet. Auch Wladimir Putin zahlt einen hohen Preis. Der russische Nationalismus wächst. Die russische Wirtschaft steckt in ihrer tiefsten Krise seit 2008. Nicht nur wegen der Sanktionen, sondern auch wegen des Verfalls des Ölpreises. Allerdings ist der Kreml-Chef nach der Annexion der Krim zu Hause so populär wie noch nie.

»Alles auf der Krim ist von unserer gemeinsamen Geschichte, unserem gemeinsamen Stolz durchdrungen«, begründet Putin in der feierlichen Zeremonie, sichtlich gerührt von dem Moment und sich selbst, die nationalen Motive für den Anschluss der Halbinsel und der Stadt Sewastopol an Russland. Nicht nur die politische Spitze Russlands feiert die Rede Putins am 18. März 2014 im großen Georgssaal des Kreml als historischen Moment mit stehenden Ovationen. Der Präsident trifft auch den Nerv der russischen Bevölkerung, die ansonsten am Schwarzen Meer gewöhnlich gern Urlaub macht.

»Die Krim – das ist Sewastopol, eine Legende von einer Stadt, eine Stadt mit einem großartigen Schicksal und die Heimat der Schwarzmeerflotte.« Und natürlich sei er davon ausgegangen, »dass die Ukraine unser guter Nachbar« sein würde. »Allerdings begann sich die Lage anders zu entwickeln«, und die »Russen wie auch andere Bürger der Ukraine litten unter der permanenten politischen Krise, welche die Ukraine bereits seit mehr als zwanzig Jahren erschütterte«.[11]

Die Regierungen in Europa sind perplex. Sie haben mit der Reaktion nicht gerechnet und rätseln öffentlich, warum es nun so weit gekommen ist. Ihre Schuld, so der Tenor, sei es nicht. Sie hätten nur das Beste gewollt.

»Niemand hat vorhersehen können, wie schnell wir in die schwerste Krise seit dem Ende des Kalten Krieges geschlittert sind«, entschuldigt sich der deutsche Außenminister Frank-Walter Steinmeier im April 2014 für das Versagen seiner Berufsgruppe.[12] So klingen die klassischen Sätze von Politikern für die späteren Geschichtsbücher, um die eigene Ohnmacht und die Unvermeidlichkeit politischer Entwicklungen zu belegen. Auch die deutsche Bundeskanzlerin benutzt gern eine ähnliche Platitüde, um die unausweichliche Logik politischer Notwendigkeit zu beschwören, die sie, leider, trotz größten Bemühens nicht verhindern könne. »Dazu gibt es keine Alternative«, lautet der geflügelte Satz Angela Merkels immer dann, wenn sie fest entschlossen ist, ihre Vorstellungen durchzudrücken. So als wäre der Konflikt über Nacht entstanden, als wäre es nach zwei Weltkriegen nicht die grundsätzliche Aufgabe der Politik, Konfrontationen von diesem Kaliber schon im Vorfeld zu entschärfen.

Hundert Jahre nach dem Beginn des Ersten Weltkriegs ist

die Ausrede, nichts machen zu können, nicht besser geworden. Sie war damals schon falsch. Politiker sind von Amts wegen automatisch an der Kreation von Konflikten aktiv beteiligt. »Kommt es zum großen Konflikt«, telegraphierte einst der deutsche Reichskanzler Moritz August von Bethmann-Hollweg am Vorabend des großen Krieges dem deutschen Botschafter in Wien, »dann muß Rußland als Angreifer abgestempelt sein«.[13] Das Deutsche Reich hatte die Habsburger zum Krieg gegen Serbien gedrängt, wohl wissend, dass dann Russland in den Krieg ziehen würde. Der Hamburger Historiker Fritz Fischer hat 1961 in seinem Buch *Griff nach der Weltmacht* die gängige Auffassung, Deutschland sei irgendwie ohne böse Absicht in den Ersten Weltkrieg geraten, als Mythos entlarvt und damit eine der heftigsten Historikerdebatten in der Geschichte der Bundesrepublik ausgelöst. Seither gilt die Standardausrede der Politiker nicht mehr. Der Versuch, dem jeweils anderen die Schuld bei der Eskalation eines Konfliktes in die Schuhe zu schieben, ist so alt wie der Beruf des Politikers.

Natürlich ist die aktuelle Krise eine andere als damals. Aber Deutschland war in den letzten Jahren nie unbeteiligter Vermittler zwischen dem Westen und Russland, sondern immer Partei in dem Konflikt zwischen Moskau und der Ukraine. Das Bestreben, die Grenzen von NATO und EU trotz vieler Proteste aus Moskau bis hin zur Krim zu verschieben, war eine Fehlentscheidung, die Angela Merkel gefördert und am Schluss abgesegnet hat. Dabei geht es weniger um die moralische Bewertung ihrer Politik, sondern um die fundamentale Frage, welchen Preis Politiker für die Durchsetzung eigener Vorstellungen in Kauf nehmen dürfen – unabhängig von der Idee, ob es sich beim Ukrainekonflikt um einen Kampf zweier Gesellschaftssysteme oder um eine geopolitische Auseinandersetzung oder beides handelt.

An Warnungen hat es Wladimir Putin nicht fehlen lassen. Ob bei seinem Auftritt im Deutschen Bundestag 2001 oder auf der Sicherheitskonferenz 2007 in München – stets zieht sich das gleiche Leitmotiv durch seine Beschwerden: mangelndes Vertrauen, Russland nach dem Zusammenbruch der Sowjetunion als gleichwertigen Spieler zu respektieren und mit ihm gemeinsam Spielregeln zu finden und einzuhalten.

Schon bei seinem ersten und bislang letzten Auftritt vor den deutschen Abgeordneten im Berliner Reichstag, spricht der neue Präsident, gerade mal ein Jahr im Amt, wenig diplomatisch über sein Problem, das er mit den neuen Partnern im Westen und der offerierten NATO-Partnerschaft hat. »Heutzutage werden Entscheidungen manchmal überhaupt ohne uns getroffen. Wir werden dann nachdrücklich gebeten, sie zu bestätigen. (...) Es wird sogar gesagt, ohne Russland sei es unmöglich, diese Entscheidungen zu verwirklichen. – Wir sollten uns fragen, ob das normal ist, ob das eine echte Partnerschaft ist.« – »Wir leben weiterhin in dem alten Wertesystem. Wir sprechen von einer Partnerschaft. In Wirklichkeit haben wir immer noch nicht gelernt, einander zu vertrauen.«[14]

Mehr als ein Jahrzehnt später hat sich an seiner Einschätzung nichts geändert.

5 Wunsch und Wirklichkeit

Der neue alte Präsident und die
Protestbewegung 2012

Juni 2012, ein warmer Sommertag in Sotschi. Die Stadt liegt im Schatten hoher Berge des Kaukasus und auf demselben Breitengrad wie Nizza. Von hier zieht sich die Küste des Schwarzen Meeres 150 Kilometer weit Richtung Südosten bis zur georgischen Grenze und Richtung Nordwesten 300 Kilometer weit bis zur Krim. Die staatliche Sommerresidenz Botscharow Rutschej steht am Ende einer kurvenreichen Straße mitten im Ort, im Bezirk Nowy Sotschi. In der Residenz an der russischen Riviera haben die Hausherren des Kreml von jeher Urlaub gemacht. Josef Stalin, Nikita Chruschtschow, Leonid Breschnew, Boris Jelzin. Aber auch der amerikanische Präsident George Bush senior, Gerhard Schröder, Angela Merkel und der britische Premier David Cameron waren schon auf Staatsbesuch hier.

Draußen auf dem spiegelglatten Wasser dümpeln in der flirrenden Mittagshitze zwei russische Kriegsschiffe. Von der weitläufigen Terrasse des Regierungssitzes deutet der Hausherr zum Schwarzen Meer hin und gibt seinen Gästen kurz vor dem Mittagessen Nachhilfeunterricht in russischer Geschichte. »In dieser Richtung liegt die Krim«, sagt Wladimir Putin und setzt zu einem ausführlichen Vortrag an. Der russische Präsident liebt längere Exkurse. Dort liege die gemeinsame Wiege Russlands und der Ukrainer, sagt er. Außerdem sei auf der Halbinsel im Schwarzen Meer seit vielen Jahrzehnten die russische Schwarzmeerflotte stationiert – Russlands Sprungbrett in das Mittelmeer. Diese Tradition gehe auf Katharina die Große zurück, die 1783 die Hafenstadt Sewastopol neu gegründet habe.

»Und Sie erinnern sich«, fügt Wladimir Putin in einem Nebensatz hinzu, »Katharina die Große kam aus Deutschland und hieß ursprünglich Prinzessin Sophie Auguste Friederike, bevor sie einen russischen Zaren heiratete.« Die Ehe war, milde ausgedrückt, alles andere als glücklich, aber die Startrampe für eine ungewöhnliche politische Karriere in Russland. 1762 unterschrieb ihr Ehemann Peter III. seine Abdankungsurkunde und kam unter nicht ganz geklärten Umständen einige Tage später ums Leben. Die Deutsche auf dem Zarenthron regierte Russland 34 Jahre lang.

Es war Nikita Chruschtschow, einst Parteichef in der Ukraine und ein Jahr zuvor zum Ersten Sekretär des Zentralkomitees in Moskau gewählt, der 1954 die Halbinsel großzügig an die damalige sozialistische Sowjetrepublik Ukraine verschenkte, um 300 Jahre russisch-ukrainische Bruderschaft zu demonstrieren. Ein Schritt, den Putin wie viele seiner Landsleute kritisch sieht. Damals hatte niemand im Traum daran gedacht, dass die Sowjetunion ein paar Jahrzehnte später auseinanderfallen und damit die Krim aus Moskaus Machtbereich verschwinden könnte. Die Krim ist im kollektiven Bewusstsein der Russen schon seit Urzeiten Teil ihres Landes.

Immerhin seien dort rund 60 Prozent der Bewohner russisch, sagt Putin. Nach längeren Streitigkeiten infolge der Unabhängigkeitserklärung 1991 hatte dies selbst die Ukraine gewürdigt. Als Zugeständnis an die Bevölkerungsmehrheit heißt die Halbinsel danach offiziell Autonome Republik Krim. Sie hat ein eigenes Parlament, die Hauptstadt ist Simferopol. Nur die Befehle kommen seither aus Kiew und nicht mehr aus Moskau. Nach einer langen Pokerrunde haben Dmitri Medwedew und der damalige Präsident der Ukraine, Wiktor Janukowytsch, 2010 das Stationierungsabkommen für die Schwarzmeerflotte bis 2042 verlängert. Über sein Verhältnis zu dem seit seiner Absetzung im russischen Exil lebenden Kollegen Janukowytsch, das als schwierig gilt, lässt sich der Gastgeber an diesem Nachmittag nicht aus. Er ist zurückhaltend, lässt nur durchblicken, dass beide sich lange kennen, nicht gerade Freunde sind und es wohl auch in diesem Leben nicht mehr werden.

Die subtropische Stadt mit ihren 340 000 Einwohnern hat sich um die Olympischen Winterspiele beworben und für 2014 den Zuschlag bekommen. Für den russischen Präsidenten ein Grund mehr, öfters nach Sotschi zu kommen. Die staatliche Sommerresidenz gehört zu seinen Lieblingsplätzen. In diesen Tagen im Juni 2012 genießt der gerade erst in sein altes Amt zurückgekehrte Regierungschef Russlands seinen Urlaub am Schwarzen Meer. Wladimir Putin hat vor vier Wochen seinen Eid für die dritte Präsidentschaft abgelegt. Die Interimsregentschaft seines politischen Weggefährten Dmitri Medwedew ist zu Ende.

Weil die russische Verfassung dem Präsidenten nur zwei aufeinanderfolgende Amtsperioden erlaubt, hatten Putin und Medwedew vier Jahre zuvor eine interne Vereinbarung getroffen, die nicht nur Russlands Opposition, sondern auch den Westen frustrierte: Medwedew sollte 2008 mit seiner Unterstützung für den Topjob kandidieren, Putin selbst Ministerpräsident werden. Wer vier Jahre später antreten würde, sollten dann die Demoskopen entscheiden. Der mit den höheren Umfragewerten, so ihr informelles Agreement, werde automatisch der Kandidat für die nächste Runde.

Wider Erwarten war Dmitri Medwedew nicht bereit, den Sessel der Macht freiwillig zu räumen. Der Kampf, der hinter den Kulissen ausgetragen wurde, dauerte über ein Jahr. Schon Ende 2010 ließ er seine Mitarbeiter verbreiten, dass er kandidieren würde. »Die BBC hat sehr deutliche Hinweise erhalten, dass Medwedew erwägt, für eine zweite Präsidentschaft zu kandidieren«, meldete der Korrespondent Steve Rosenberg im Dezember aus Moskau.[1] Der *Financial Times* erklärte Medwedew selbst ein halbes Jahr später: »Wenn jemand im Vorteil ist, tut er sich schwer damit, ihn aufzugeben. Politischer Wettbewerb ist wichtig für die wirtschaftliche Entwicklung.«[2]

Für Putin werde sich schon ein Job finden, streuten seine Anhänger. Präsident des Olympischen Komitees möglicherweise oder, warum nicht, UNO-Generalsekretär.

Um seine Aussichten zu verbessern, verbündete sich Medwedew mit Verteidigungsminister Anatoli Serdjukow. »Obwohl das Kabinett unter Putin eine Erhöhung des Militärhaushaltes für die nächsten zehn Jahre um 345 Milliarden Euro beschlossen hatte, sagte Medwedew dem Verteidigungsminister mehr als das Doppelte zu«, beschreibt der ehemalige Finanzminister Alexej Kudrin den Showdown der Rivalen bei einer Sitzung vor dem gesamten Kabinett. Kudrin ist einer der ältesten politischen Weggefährten Putins und ein erklärter Gegner Medwedews. »Ich war dagegen, weil wir dann Sozialleistungen kürzen mussten. Putin setzte einen Kompromiss durch. Mehr Geld ja, aber nicht mehr als 500 Milliarden.«

Im Januar 2011 kam es erneut zu Unstimmigkeiten. »Jetzt ging es darum, dass Medwedew auch die Gehälter von Armeeangehörigen, Polizisten, Geheimdiensten und des Presidential Security Service erhöhte«, beschreibt Kudrin den politischen Schachzug des widerspenstigen Statthalters und sein Werben um die Unterstützung beim Sicherheitsapparat. »Ich war dagegen und wollte zurücktreten. Putin bat mich, im Amt zu bleiben und das Programm auszuarbeiten. Er wollte sich in dem Punkt mit Medwedew nicht anlegen.«[3]

Medwedews Kalkül geht nicht auf. Im internen Machtzirkel setzt sich der einstige Präsident gegen den Amtsinhaber durch. Putin hat nicht nur das bessere öffentliche Rating, er hat auch die besseren Verbindungen.

Ministerpräsident Dmitri Medwedew lehnt sich auf dem roten Ledersofa in der Bibliothek seiner Regierungsdatscha am Stadtrand von Moskau zurück und bestreitet, dass es überhaupt zu der Auseinandersetzung gekommen sei, wer 2012 Präsident werden sollte. »Wir hatten uns bei meinem Amtsantritt abgesprochen, dass danach Wladimir Putin wieder antreten würde. Wir wollten Russland langfristig Sicherheit geben«, beschreibt er seine Version, als ich ihn zu den Ereignissen jener Zeit befrage. Dass sein Verhältnis zu Alexej Kudrin getrübt ist, daraus macht er kein Geheimnis. Er habe den Finanzminister damals gefeuert, weil dieser öffentlich erklärt hatte, er würde nach dem Ämtertausch nicht unter einem künftigen Ministerpräsidenten Medwedew arbeiten. »Jedes System hat eine Subordination«, drückt er sich leicht umständlich aus. Was übersetzt wohl bedeutet: Ober sticht Unter. Im Übrigen bleibt er bei seiner Version: Er und Putin hätten zwar gelegentlich durchaus unterschiedliche Vorstellungen, aber sie seien keine Rivalen. Dmitri Medwedew redet an diesem Abend viel, aber hauptsächlich von der gemeinsamen Arbeit, die es zu schultern galt, und bleibt ansonsten in Deckung.[4]

Die Aussicht, jetzt wieder mit Wladimir Putin und nicht mehr mit seinem pflegeleichteren Vorgänger verhandeln zu müssen, hat weder in Washington noch in Berlin Begeisterung hervorgerufen. Das Weiße Haus drückte sein Bedauern über den Abgang von Medwedew aus, was Wladimir Putin als persönlichen Affront abgespeichert hat, ebenso wie die Kritik daran, dass er nun zum dritten Mal kandidiere. Für ihn sind solche Äußerungen ein aggressiver Akt, eine provokante Einmischung in innere Angelegenheiten. Wer sich öffentlich im Ausland auf einen Politiker in Russland festlege, dem sei politisch nicht zu helfen. »Was ist daran denn illegal?«, fragt der Jurist Wladimir Putin. »Alles, was ich gemacht habe, entspricht im vollen Umfang der Verfassung. Wir hatten im Parlament eine Zweidrittelmehrheit und hätten die Einschränkung, nur zweimal hintereinander Präsident zu sein, ändern lassen können. Haben wir aber nicht. Wie lange war Adenauer oder Helmut Kohl bei Ihnen in Deutschland an der Macht?«, legt er rhetorisch nach. Es ist die einzige Schärfe, die an diesem Sommernachmittag mitschwingt. Schließlich hat er sein Ziel erreicht. Er hat gewonnen und vor vier Wochen im Kreml seinen Einstand gegeben.

Protest und Wirkung

Der Fahrer, der am 7. Mai 2012 den ehemaligen Bundeskanzler Gerhard Schröder aus dem Hotel Baltschug Kempinski zur Feier der Amtseinführung abholt, ist überpünktlich, obwohl er sich um den Verkehr an diesem Montag keine Sorgen machen muss. Schröder braucht nur wenige Minuten, um in das Machtzentrum Russlands zu fahren. Der Kreml liegt in Sichtweite, nur ein paar Meter jenseits der Moskwa. Die Reihe der schwarzen Limousinen, die sich an diesem Vormittag am Eingang des Kreml-Palastes stauen, ist lang. Der Staatsakt für den politischen Stabwechsel wird erst Stunden später beginnen. 2000 geladene Ehrengäste drängen in Richtung Alexandersaal, um mit dem alten und neuen Präsidenten Wladimir Putin dessen dritten Amtsantritt zu feiern. Die Kontrollen durch die kompakten Männer mit Kurzhaarfrisuren sind strikt. Ohne Einladung und Pass gibt es auch für VIPs keinen Einlass.

Die Polizei hat die Straßenzüge im Zentrum Moskaus hermetisch abgesperrt. Demonstranten haben keine Chance, die Wagenkolonne zu blockieren, in der Putin zu der großen Zeremonie vorfährt. Die Sicherheitsvorkehrungen sind auch eine Reaktion auf die Massenkundgebung vom Vortag gegen seine Rückkehr. Sie endete, kaum mehr als einen Steinwurf von der Feier entfernt, in einer blutigen Schlägerei zwischen Polizei und Demonstranten. Die Frustration und Wut der Oppositionellen sind groß, ihre politischen Forderungen radikal und illusionär. Die Menge verlangt die »Aussetzung der Amtseinführung« und »Neuwahl des Präsidenten und des Parlaments«.

Die Moskauer Behörden haben sich nach langem Hin und Her mit den Veranstaltern geeinigt, den geplanten »Marsch der Millionen« von Demonstranten durch das Zentrum Moskaus mit einer Großkundgebung auf dem benachbarten Bolotnaja-Platz enden zu lassen, auch wenn man wohl keinen Platz in Moskau findet, der eine Million fasst.

Vor allem der Vorwurf, es sei bei den Parlamentswahlen im vergangenen Dezember zu massiven Manipulationen und Fälschungen gekommen, hält den Protest am Laufen. Die Opposition hat der Regierungspartei Einiges Russland das Label Partei der Diebe und Gauner verpasst. Die Wahlkommission muss sich mit Tausenden von Beschwerden beschäftigen. Auch Wladimir Putin hat reagiert und ließ die mehr als 90 000 Wahllokale für die Präsidentenwahl am 4. März 2012 mit Webcams ausstatten. Erstmals konnten Menschen die Abstimmung über Internetkameras verfolgen, und dort entdeckten die Wahlbeobachter der Opposition auch die eine oder andere Manipulation.[5] An dem klaren Sieg Putins am 4. März 2012 änderte dies wenig. Nur der Frust seiner Gegner ist weiter gestiegen.

Was 24 Stunden vor der Inauguration auf dem Bolotnaja-Platz passierte, darüber gehen die Meinungen je nach politischem Standort weit auseinander. Als die Teilnehmer des Marsches versuchen, von der vorgeschriebenen Route in Richtung Kreml abzuweichen, greift die Polizei ein. Menschenrechtler werfen der massiven Einsatztruppe unkontrollierte Brutalität vor, geben aber auch radikalen Demonstranten Mitschuld an der Eskalation. Hunderte von Aktivisten werden festgenommen, es gibt zahlreiche Verletzte – auch unter den Polizisten. Die Zahl der Demonstranten schwankt je nach Lager. Die Behörden geben 8000 Menschen an, die Organisatoren bis zu 40 000.

Dieses Mal ist der Präsident, berühmt für seine notorische Unpünktlichkeit, tatsächlich pünktlich. Um 12 Uhr mittags Moskauer Zeit hält der Mercedes mit der Motorradeskorte nach einer Fahrt durch die menschenleeren Straßen im Zentrum Moskaus vor dem Haupteingang des Kreml-Palastes. Die Inszenierung der Macht ist sorgfältig geplant. Putin schreitet auf dem roten Teppich durch das Spalier der Gäste im Georgssaal und dann weiter in den angrenzenden Alexandersaal, um schließlich im Andreassaal die Insignien des Amtes entgegenzunehmen. Das Staatsfernsehen überträgt die Zeremonie live, zusammen mit fünf weiteren Sendern. Russland schaut zu, während der neue Präsident den Eid auf die Verfassung schwört, »die Souveränität, Unabhängigkeit, Sicherheit und Integrität des Staates zu schützen und den Bürgern treu zu dienen«.

Im privaten Teil des Kreml deckt das Personal unterdessen den Tisch für ein kleines Mittagessen zur Feier des Tages. Es sind weder Generäle der russischen Armee noch die Chefs der russischen Geheimdienste unter dem Dutzend Gäste, das Wladimir Putin eingeladen hat. Es sind Menschen, die er schon lange kennt, mich hat die Einladung kurzfristig vorher erreicht. Sein Vorgänger im Amt, Dmitri Medwedew, mit seiner Frau Swetlana Wladimirowna ist dabei. Drei Gäste kommen aus Deutschland, einer aus Italien. Ein Schweizer, ein Franzose und ein Freund aus Budapest komplettieren die Runde. Putins Frau Ljudmila Alexandrowna sitzt an seiner Seite. Das Ehepaar lebt schon seit längerem getrennt und wird sich bald scheiden lassen. Ein entspannter Präsident stellt die Gäste einzeln vor, erklärt, was ihn mit jedem verbindet.

Von Politik ist während der nächsten zwei Stunden kaum die Rede, und wie viele Politiker kann Wladimir Putin seine Mimik je nach Befindlichkeit und beabsichtigter Wirkung dimmen oder aufhellen. Die staatsmännische Pose, die er bei der Vereidigung und der Abnahme der kleinen Militärparade im Hof des Kreml eingenommen hat, verfliegt schnell, wechselt über in eine lockere Tonlage. Mit selbstironischen Bemerkungen, wie dem Hinweis, man sei auch nicht mehr der Jüngste, oder der Frage, ob Haar und Haarfarbe der Tischnachbarn noch echt seien. Auf dem Tisch stehen Plinis mit schwarzem Kaviar, russischer Borschtsch, Fisch aus dem Ladogasee und Schweinekoteletts. Nur Dmitri Medwedew und seiner Frau merkt man an, dass sie derzeit nicht die Glücklichsten sind. Seit einer Stunde ist das Paar nicht mehr die offizielle Nummer eins. Aber immerhin: Das russische Parlament wird Dmitri Medwedew am nächsten Tag wieder zum Ministerpräsidenten wählen. Und er wird Vorsitzender der Regierungspartei.

Später an diesem Abend erfüllt sich Wladimir Putin einen Kindheitstraum, für den er in den vergangenen Monaten in jeder freien Minute trainiert hat. Er fährt mit seinen Gästen in die Megasport-Arena am Chodynski-Boulevard, um mit einer Eishockey-Auswahl gegen das legendäre Altstar-Team aus sowjetischen Tagen anzutreten. Er darf gewinnen und zwei Tore schießen. Die einstigen Profis und der Präsident sind in etwa gleich alt. Das Spiel ist bedeutend amüsanter, als es der Kampf um die Präsidentschaft war.

Wahlen und Wahrheiten

Während der vergangenen Monate hat Wladimir Putin zum ersten Mal in seiner langen Karriere öffentlichen Gegenwind bekommen. Vor allem die Massenproteste, zu denen es nach der Parlamentswahl im Dezember 2011 kommt, machen ihm zu schaffen. Zehntausende demonstrieren in russischen Städten gegen Wahlfälschungen – und das, obwohl die Ergebnisse die Macht der Regierungspartei Einiges Russland einschränken. Zwar erreicht sie offiziell über 49 Prozent der Stimmen, muss aber einen herben Verlust von 77 Sitzen hinnehmen. Statt der einstigen Zweidrittelmehrheit, die der Partei bislang jede Verfassungsänderung erlaubte, bleibt ihr nur noch die absolute Mehrheit.

»Tatsache (…) ist, dass Putin die Leute großgezogen hat, die jetzt gegen ihn auf der Straße protestieren«, räumt der Schriftsteller Wiktor Jerofejew, ein Vertreter der gehobenen Moskauer Mittelschicht und Putin-Gegner, 2011 in einem Interview ein. »Wir haben in den vergangenen zehn Jahren eine sehr wichtige Strecke zurückgelegt. Putin wird sich mit den Leuten nicht einigen. Ich sag das mal so: Putin ist mit seinen moralischen Werten überholt. Er hat den Staat etwas gestärkt, Freiheit gewährt. Wir sind ihm dafür dankbar, aber wir müssen weitergehen.«[6]

Die Mobilisierung über soziale Netzwerke wie Facebook oder Twitter beunruhigt die Kreml-Strategen, die gerade die heiße Phase der Präsidentenwahl in zehn Wochen einleiten. Nur der Pressesprecher nimmt fürs Erste mit ungewohnt sanften Worten Stellung zu der Demonstration unmittelbar nach der Wahl. Jeder habe das Recht, seine Meinung kundzutun, erklärt Dmitri Peskow zurückhaltend. »Wir respektieren die Ansichten der Demonstranten, wir hören, was gesagt wird, und werden ihnen weiter zuhören.«[7]

Die Reaktion von Alexej Kudrin fällt deutlicher aus. Der langjährige Finanzminister und Vertraute Putins tritt öffentlich auf, verurteilt Wahlmanipulationen und verlangt Neuwahlen. »Ich teile Ihre negativen Gefühle, was die Ergebnisse der Parlamentswahl in unserem Land angeht«, schreibt er in einem offenen Brief an die Demonstranten.[8] Wladimir Putin hält sich erst einmal zurück, reagiert nur auf eine öffentliche Erklärung der amerikanischen Außenministerin, die am Tag nach der Wahl den Verlauf kritisiert.

»Erste Berichte werfen Zweifel auf«, sagt Hillary Clinton, die auf Deutschland-Besuch ist. Sie sei »ernsthaft besorgt« über die Durchführung des Urnengangs, fährt sie auf einer improvisierten Pressekonferenz fort und fordert eine »umfassende Untersuchung aller glaubwürdigen Berichte über Wahlbetrug und -manipulation in Russland«.[9] Die USA finanzierten seit etlichen Jahren unter dem Stichwort Zivilgesellschaft die russische Nichtregierungsorganisation Golos, die Hunderte von Wahlbeobachtern in die Wahllokale geschickt hat. Golos ist gut organisiert und fester Bestandteil der Opposition.[10]

Putin reagiert allergisch, seine Antwort kommt postwendend. »Ich habe mir die erste Reaktion unserer amerikanischen Partner angesehen«, sagt er scheinbar beiläufig im Fernsehen am Rande einer Sitzung. »Das Erste, was die Außenministerin tat, war, die Wahlen zu charakterisieren und einzuschätzen, und sie sagte, dass diese unfair und ungerecht gewesen seien, obwohl die Unterlagen von den ODIHR-Beobachtern [der OSZE] noch gar nicht vorlagen.« Dann legt er nach. Clinton habe den »Ton für bestimmte Aktivisten in unserem Land vorgegeben. Sie haben diese Signale gehört und mit Unterstützung des amerikanischen Außenministeriums die aktive Arbeit begonnen.«[11] Und er betont, die russische Regierung plädiere im Gegensatz zu den USA dafür, »dass ausländische Wahlbeobachter unsere Politik, unsere Vorgänge überwachen. Wir sind dafür und nicht dagegen.«

Für Putin sind die Bemerkungen Hillary Clintons ein taktisches Manöver, ein weiterer Beweis, dass Amerika ihn von der Macht verdrängen will, und zwar mit den gleichen Mitteln, wie die USA die Orange Revolution in der Ukraine 2004 initiiert hätten. Die Demonstrationen jener Tage in Kiew haben sich bei ihm eingebrannt und sind für ihn das Strickmuster, um auch Russland zu destabilisieren. »Glauben Sie, dass dies alles Zufall ist?«, fragt er rhetorisch, als wir ihn in diesen Tagen zu weiteren Filmaufnahmen begleiten. »Ich glaube das nicht.« Im Kreml wird schon seit langem diskutiert, was man gegen ausländische Einflussnahme über die Finanzierung Oppositioneller unternehmen könne. Die Ereignisse im Dezember bestärken Putin und seine Mannschaft darin, dass in absehbarer Zeit drastische Schritte nötig sind.

Dass die USA die Opposition unterstützen, daraus macht Hillary Clintons Sprecher im Außenministerium keinen Hehl: »Die Vereinigten Staaten haben vor der Wahl mehr als neun Millionen Dollar zu finanzieller Unterstützung und technischem Training für Gruppen der Zivilgesellschaft ausgegeben und werden dieses weiter tun, um freie, faire und transparente Wahlen zu ermöglichen.«[12]

In den nächsten Tagen studiert Putin noch aufmerksamer als sonst die täglichen Stimmungsberichte in den Mappen, die jeden Morgen auf seinem Schreibtisch liegen. Die Meinungsumfragen signalisieren keine Gefahr für die Präsidentenwahlen, die anderen Kandidaten können trotz des Unmuts nicht profitieren. Die Taktik, dass er den Vorsitz der Regierungspartei, in der er selbst nie offiziell Mitglied war, an Medwedew abgegeben hat, geht auf. Ihn selbst bringt außer der Opposition kaum jemand mit der angeschlagenen Regierungspartei Einiges Russland in Verbindung. Weder die in staatlichem Auftrag arbeitenden Institute noch das Lewada-Zentrum, das der Opposition nahesteht, sehen einen ernsthaften Konkurrenten für den Präsidentenposten. Es geht lediglich um die Frage, wie hoch der Sieg ausfallen wird. Die Meinungsforscher kommen zu ähnlichen Werten, schwanken zwischen 55 und 63 Prozent, je nach Zeitpunkt der Umfragen. Selbst nach den größten Gegenkundgebungen der Bolotniki, wie die Demonstranten auf dem Bolotnaja-Platz genannt werden, stimmen nur 18 Prozent der Bevölkerung dem Slogan »Russland ohne Putin« zu, ermitteln die Demoskopen. Die überwiegende Mehrheit der Bevölkerung lehnt die Forderung rundweg ab.[13]

Wladimir Putin ist dennoch angefasst. Einige Tage später schlägt er zum Entsetzen seiner Berater während der jährlichen vorweihnachtlichen Fernsehkonferenz wenig diplomatisch zu. Bürger fragen, Wladimir Wladimirowitsch antwortet in einer Marathon-Sendung, die live über vier Stunden geht. Erst übt sich der Präsidentschaftskandidat in Ironie und dann in beißendem Sarkasmus. Wenn die vielen jungen Leute, die er beim Demonstrieren da gesehen habe, »das Produkt des Regimes Putin« seien, dann sei »das alles doch prima«, sagt er und legt nach: Er habe die weißen Schleifen, die sich die Demonstranten als Zeichen des Protestes ans Revers geheftet hatten, tatsächlich »erst für Kondome gehalten«. »Kondome« wird in Russland gern als Schimpfwort für Verlierer verwendet. Und dass Putin die Opposition auf der Verliererseite sieht, daran lässt er keinen Zweifel. Sie habe »kein einheitliches Programm, keinen Weg, wie sie ihre Ziele erreichen können«.[14]

Die Diskussion am Abend nach der Sendung im übersichtlichen Beraterstab ist fast ebenso heftig, wie es Putin während seines Auftritts war. Die Kritik der Berater ist deutlich. Er habe die Stimmungslage falsch eingeschätzt und den Ton unnötig verschärft. Der Kandidat ist nicht weniger gereizt, er fühlt sich angegriffen und nimmt für das verlängerte Wochenende eine seit längerem geplante Auszeit in Sibirien. Dort wird er jagen und mit seinem Freund und politischen Weggefährten Sergej Schoigu, dem langjährigen Minister für Zivilschutz, die Lage erörtern. Putin kennt die Analysen und Studien über die wachsende Mittelschicht in den Metropolen durchaus. Den Vorschlag seines Freundes Kudrin, mit der Opposition zu reden, hört er sich an. Er wolle darüber nachdenken, sagt er und lehnt ein paar Tage später ab. »Mit wem soll ich denn reden, und über was konkret?«, fragt er Kudrin rhetorisch, als der noch einmal nachhakt.[15]

Er hält die Opposition in den Metropolen bei diesem Wahlgang für irrelevant. Die Wahlen, sagt er, würden auf dem Land gewonnen. Und er wird recht behalten. Der Schriftsteller Wiktor Jerofejew hat den Zwiespalt der Mittelschicht in den russischen Metropolen kurz vor dem Urnengang zusammengefasst. »Trotz der Korruption, trotz Morden an Journalisten, Putins Missachtung seiner Gegner und vieler anderer Fehler war Russland noch nie so frei wie jetzt, und noch nie hat es so viel Freizügigkeit genossen. Die Leute wollen mitunter Putins Errungenschaften und Putin zusammen entsorgen. Wenn die Nationalisten kommen, wird es schrecklich.«[16]

Am 4. März 2012 gewinnt er offiziell mit knapp 64 Prozent der Stimmen. Den zweiten Platz belegt der Vorsitzende der Kommunistischen Partei Gennadi Sjuganow, mit 17 Prozent weit abgeschlagen. Milliardär Michail Prochorow, einer der reichsten Männer des Landes und Kandidat der Mittelschicht, erreicht 8 Prozent. Doch der Wahlkampf hat Putin zum ersten Mal an seine Grenzen gebracht.

Als sich der neue und alte Präsident am Sonntagabend nach der Schließung der Wahllokale seinen jubelnden Anhängern auf dem Manege-Platz im Zentrum Moskaus zeigt, entlädt sich die emotionale Spannung. »Ich habe euch versprochen, wir würden gewinnen – und wir haben gewonnen«, ruft er der Menschenmenge zu, während ihm Tränen über das Gesicht laufen.[17] Die Rückkehr ins Amt hat Wladimir Putin mehr zugesetzt, als er öffentlich zugeben würde. Er hat sehr wohl registriert, wie sich der Westen in diesem Wahlkampf engagiert hat, und er wird daraus Konsequenzen ziehen.

In den deutschen Medien ist während des Wahlkampfes über die konkreten Machtverhältnisse wenig zu lesen. Kommentare suggerieren einen »Aufstand der Mittelschicht«. Berichte nehmen den smarten Slogan vom »Marsch der Millionen« als mögliches Anzeichen für einen Regimewechsel auf. Wenn nicht gleich, dann doch immerhin in absehbarer Zukunft. Die Ära Putin, so scheint es, ist offenkundig nur noch eine Frage der Zeit, möglicherweise weniger Monate. Uneindeutigkeiten auszuhalten ist im aktuellen Geschäft kaum möglich. Der Klebstoff, der Demonstranten und Journalisten in diesen Wochen zusammenschweißt, ist der angenehme Gedanke, gemeinsam für eine gerechte Sache zu kämpfen.

Gegen Korruption, mehr Rechtssicherheit, Demokratie – jetzt auch für Russland. Die Vorstellung, als Journalist in einer gerechten Mission unterwegs zu sein, statt zu berichten, was ist und wie ich was belegen kann, ist verlockend. Die Sehnsucht nach einer Art von Arabischem Frühling oder der nächsten Orangen Revolution wächst während des Wahlkampfs im Live-Ticker-Takt fast ins Uferlose. Die Atemlosigkeit der Reportagen verdeckt, dass es meistens nur Bilder und Eindrücke aus den Metropolen Moskau oder St. Petersburg sind, die das Wunschszenario eines möglichen Aufstands unterstützen sollen.

Und wie das politische Programm der Opposition konkret aussieht, was die handelnden Akteure wollen, darüber ist kaum etwas zu erfahren. Was Alexej Anatoljewitsch Nawalny, die wohl bekannteste Figur der Opposition, für ein konkretes Programm hat, darüber steht nichts in den Artikeln. Außer, dass er ein berühmter Blogger ist, gut aussieht und gegen Korruption zu Felde zieht. Was so unterschiedliche Oppositionelle wie Sergej Udalzow, den Koordinator der Linken, mit dem einstigen stellvertretenden Ministerpräsidenten Boris Nemzov verbindet oder auch nicht, darüber ist nicht viel zu lesen.

Und natürlich besteht kein Zweifel daran, wer dem demokratischen Aufbruch im Weg steht: Wladimir Wladimirowitsch Putin, und je nach Vorliebe der Berichterstatter ist er Diktator, Macho oder bestenfalls nur Goldkettchenträger der Politik. Die üblen Umstände in Russland, so die Logik der öffentlichen Klageschriften, sind das direkte Ergebnis des Willens des Präsidenten – und keineswegs das Ergebnis einer gesellschaftlichen Entwicklung.

Die Wunschvorstellung, dass der russische Präsident bald Geschichte wäre, löst der Wahltag nicht ein. Der Umgang mit der Realität erfordert dialektische Fähigkeiten. Die Diagnose, warum kein politischer Umbruch stattgefunden hat, konzentriert sich nicht auf die eigene Fehleinschätzung. Sondern darauf, dass der russische Wähler offenkundig unreif ist.

Die Rückkehr in den Kreml sei zwar fraglos auch Ausweis dunkler Machenschaften, schreibt *Spiegel online* sinngemäß, da auch »die heutigen Präsidentenwahlen manipuliert« seien, um dem Kreml-Chef trotz alledem zuzugestehen, dass er doch irgendwie irgendeine Mehrheit bekommen habe. Es sei allerdings »die falsche Mehrheit«, beschwört die Überschrift kurz nach der Bekanntgabe der Wahlergebnisse. »Putins Mehrheit ist eine quantitative, aber keine qualitative.« Nicht die Stimmen der jungen hoffnungsvollen Großstädter aus den Starbucks-Cafés von Moskau und St. Petersburg, sondern nur die von weniger prickelnden Rentnern, Ärzten, Lehrern, Professoren, Soldaten und Geheimdienstlern zählt der Artikel auf.[18] Demokratie als Castingshow. Politische Krisen, schrieb einst Lenin sinngemäß in seinem Aufsatz *Der Opportunismus und der Zusammenbruch der II. Internationalen*, entstehen nicht nur, wenn die da unten nicht mehr wollen, sondern die da oben auch nicht mehr können. Das war bei den Präsidentschaftswahlen wohl nicht der Fall, weder unten noch oben.

Die Bereitschaft, einen Ausschnitt für das Ganze zu nehmen, ist nach der Wahl geblieben. Ein Russland der unterschiedlichen Geschwindigkeiten in den Städten und auf dem Land auszuhalten – inklusive der lästigen Uneindeutigkeiten und journalistischen Pflicht, sich an Überprüfbares zu halten –, das steht nach wie vor nicht hoch im Kurs. Die Vorstellung zahlreicher westlicher Politiker und Journalisten, in Moskau als Entwicklungshelfer unterwegs sein zu müssen, ist bei weitem stärker ausgeprägt als die unvoreingenommene Beobachtung. Auch wenn die russische Gesellschaft durchaus über sehr eigene Stützen der Gesellschaft verfügt.

6 Die Macht und ihr Preis – oder: Kirche und Staat

Die Renaissance der russisch-orthodoxen Kirche als politische Kraft

Es ist bereits nach Mitternacht, als mich der Hausherr noch zu einer kleinen Rundfahrt über das weitläufige Gelände der Regierungsdatscha Nowo-Ogarjowo bittet. Nach einigen Hundert Metern stoppt der Wagen vor einem kleinen dunklen Bau. Wladimir Putin öffnet die Tür, knipst das Licht an und bekreuzigt sich. Es ist die Privatkapelle des Präsidenten mit einer kleinen Apsis und einem Altar. An einigen Wänden hängen goldfarbene Ikonen, andere sind bemalt mit bekannten Motiven aus der Bibel. Als der neue Präsident Putin im Jahr 2000 in sein staatliches Domizil vor den Toren Moskaus einzog, ließ er die damals halbverfallene Kirchenruine auf seinem Terrain renovieren.

Während der nächtlichen Führung outet sich Wladimir Putin als russisch-orthodoxer Gläubiger, er spricht von seinem Vater Wladimir Spiridonowitsch, der Fabrikarbeiter und strikter Kommunist gewesen sei – im Gegensatz zu seiner Mutter Marija Iwanowna, die ihn einige Wochen nach seiner Geburt in einer Kirche in St. Petersburg heimlich taufen ließ. Da an jenem Tag gerade der Namenstag des Heiligen Michail war und obendrein der Priester auch so hieß, schlug der Geistliche diesen Namen für den Säugling vor. Die Mutter widersprach – der Kleine heiße schon Wladimir wie der Vater –, und so durfte Wladimir Wladimirowitsch seinen Namen behalten.

Dann macht Putin mich auf ein besonderes Bild an der Wand aufmerksam. Die Frau in Nonnentracht verkörpert die Heilige Elisabeth oder Jelisaweta Fjodorowna, wie die Großfürstin auf Russisch genannt wird. Auf Deutsch heißt die adelige Dame Elisabeth Alexandra Luise Alice Prinzessin von Hessen-Darmstadt und bei Rhein. Sie war eine Cousine des Deutschen Kaisers Wilhelm II. und hatte, wie schon zuvor ihre Schwester Alexandra, die letzte russische Zarin, in die Romanow-Familie eingeheiratet. Nachdem ihr Mann Großfürst Sergej Alexandrowitsch 1905 einem Attentat zum Opfer gefallen war, gründete Elisabeth das Martha-Maria-Kloster in Moskau und wurde dessen Äbtissin. Einen Tag nach der Ermordung der Zarenfamilie wurde auch Jelisaweta umgebracht. Die russisch-orthodoxe Kirche sprach die deutsche Prinzessin 1992 heilig.

Das Bild ist ein Geschenk der orthodoxen Kirche im Exil für Putins jahrelange Bemühungen um die Wiedervereinigung des russisch-orthodoxen Patriarchats in Moskau mit der Kirche im Exil. Überreicht wurde es ihm vom einstigen Oberhaupt der Exilkirche, Bischof Laurus in New York. Es hat Jahre gedauert, bis sich das gegenseitige Misstrauen zwischen der Mutterkirche und ihrem abgespaltenen Flügel nach dem Ende der Sowjetunion halbwegs legte. »Ein mühsamer Prozess«, erzählt Putin. »Die Spaltung der Kirche war ein Riss, der sich durch die ganze Gesellschaft zog. Ich wollte von Anfang an die Wiedervereinigung. Sie ist wichtig für unser Selbstverständnis.«

Die Termine, die für den Besuch in New York an einem Wochenende im September 2003 im Kalender des russischen Präsidenten stehen, sind auf den ersten Blick nichts anderes als die übliche Politroutine. Ein kurzes Treffen mit dem französischen Präsidenten Jacques Chirac und Bundeskanzler Gerhard Schröder. Dann der Besuch bei der UNO, die alljährliche Vollversammlung der Vereinten Nationen mit den üblichen Grundsatzreden. Zusammen mit dem Vorstandsvorsitzenden des russischen Ölkonzerns Lukoil wird Wladimir Putin außerdem die erste Tankstelle des Unternehmens auf amerikanischem Boden an der Ecke 24. Straße/10. Avenue in Manhattan eröffnen. Der Konzern hat vor kurzem in einem spektakulären Deal die Tankstellenkette von der US-Firma Getty Oil übernommen, um international Flagge zu zeigen. Außerdem steht noch ein Treffen in der Wall Street mit amerikanischen Wirtschaftsgrößen an. Anschließend wird er zu George W. Bush junior in dessen Anwesen im Bundesstaat Maine nahe der Stadt Kennebunkport fliegen.[1]

Das wichtigste Treffen an diesem Tag ist allerdings ein Termin im russischen Generalkonsulat. Dort wartet die Führung der russisch-orthodoxen Auslandskirche auf den Kreml-Chef. Neben dem Oberhaupt in der Diaspora, dem Metropoliten Laurus Schkurla, der in New York residiert, sind die wichtigsten Statthalter angereist. Aus München Erzbischof Mark Arndt, zuständig für Deutschland und Großbritannien, und Bischof Kyrill aus San Francisco, der Sekretär der Bischofskonferenz der Exilgemeinde. Der geistliche Beistand aus den Reihen des Patriarchats in

Russland, der Putin begleitet, heißt Tichon Schewkunow und ist Abt des Klosters Sretenski in Moskau.

Die Kirchenspaltung in einen russischen Teil und einen im Exil war eine Folge der Oktoberrevolution von 1917. Anfangs wehrte sich die Kirche noch gegen die Repressionen der neuen Machthaber. Zehn Jahre später sicherte der Metropolit Sergius Stragorodski der neuen Regierung aus der Gefängniszelle heraus die Loyalität der Amtskirche zu. Seine Erklärung war der Grund des Schismas und der jahrzehntelangen Feindschaft der beiden Organisationen. Die Kirche geriet in das klassische Dilemma jedes Umsturzes: den Zwiespalt zwischen dem Bestreben, die eigene Identität zu wahren, und dem Preis der Anpassung an die neue Wirklichkeit. Für die Exilgemeinde und viele Gläubige, die ins Ausland flohen, bedeutete der Schritt von Patriarch Sergius die unverzeihliche Kooperation mit einem atheistischen Regime. Und aus der Sicht der damaligen Amtskirche in Moskau war die Flucht vieler Priester ein Akt der Feigheit vor dem Feind und die Unterwerfung der einzige Weg, die Institution Kirche vor der vollständigen Vernichtung zu bewahren.

Wladimir Putin übergibt an diesem Septembernachmittag in New York die offizielle Einladung des Moskauer Patriarchen Alexej II. an Bischof Laurus, eine Einladung zu weiteren Versöhnungsgesprächen in der russischen Hauptstadt. Die Botschaft des Treffens, die einige Monate später in San Francisco auf der internationalen Diasporakonferenz der 250 Kirchengemeinden im Exil die Runde macht und die Wiedervereinigung wesentlich beschleunigt, besteht aus einem einzigen Satz: »Präsident Putin spricht sich für die Gebote Gottes aus.«[2] Trotzdem wird es fast vier weitere Jahre dauern bis zur offiziellen Wiedervereinigung im Mai

2007. Die Diskussion über die Sünden der Vergangenheit ist heikel, verläuft zäh und schmerzhaft. Die Exilgemeinde stellt eine zentrale Forderung. Sie besteht auf einer öffentlichen Verurteilung der offiziellen Politik der Mutterkirche in den Zeiten der Sowjetunion.

Die Würdenträger in Moskau argumentieren anders, schon aus Gründen der Selbsterhaltung: Wir verurteilen den Verrat unserer Ideale, lautet die Verteidigungslinie, aber wir mussten Kompromisse mit dem Staat eingehen. Es gab keine andere Wahl. Der Rest der Argumente ist Stoff für Scholastiker. Die Balance zwischen notwendiger Anpassung und offener Kollaboration ist kein Privileg der russischen Kirche. Auch nach der Wiedervereinigung Deutschlands tobte über Jahre der Streit, ob und wieweit und wann sich die katholische und die evangelische Kirche der DDR-Führung unterworfen und mit der Staatssicherheit Hand in Hand gearbeitet hatte.

Es ist Wladimir Putin, der beharrlich den Ausgleich zwischen den Brüdern im Glauben sucht. Er spricht mit dem Patriarchen Alexej in Moskau und dem einflussreichen Bischof Mark in München und übermittelt als weltlicher Unterhändler Vorschläge zur Konfliktlösung. Im Mai 2007 findet schließlich die feierliche Vereinigung der russisch-orthodoxen Kirche in der Basilius-Kathedrale auf dem Roten Platz statt.

Die Einheit hat ihren Preis. Die Niederlassungen im Ausland behalten ihre administrative Unabhängigkeit. Als öffentliche Bekundung der Abkehr von den damaligen Machenschaften hatte die Kirche im Exil bereits 1990 die ermordete Zarenfamilie heiliggesprochen und von der Mutterkirche das Gleiche vor einer möglichen Wiedervereinigung verlangt. Und so wird aus der deutschen Prinzessin Elisabeth Alexandra Luise Alice von Hessen-Darmstadt am Ende die Heilige Elisabeth.

Das Potential für die Neuauflage des alten Bündnisses von Thron und Altar in Russland ist beträchtlich. Die Mehrheit der Bevölkerung, so die Umfragen, sind Anhänger der russisch-orthodoxen Kirche, auch wenn sie meistens nur an traditionellen Feiertagen zum Gottesdienst gehen. Nach achtzig Jahren Säkularisierung ist die Sehnsucht nach religiösen Erlösungsversprechen groß. »Die Kirche ist ein Teil unserer gemeinsamen Geschichte«, beschreibt Putin während der nächtlichen Führung in der Privatkapelle sein Motiv, sich für die Einheit der russischen Institution einzusetzen. Für ihn ist das Bild, das er damals geschenkt bekam, ein weiteres Zeichen, wie wichtig die Zusammenführung war. Politisch wie persönlich.

Wladimir Putin wäre nicht Wladimir Putin, wenn er in dieser Nacht den symbolischen Zusammenhang nicht noch einmal unterstreichen würde. »Die Heilige Elisabeth ist heimgekehrt. Sie und ihr Mann lebten vor der Revolution auf dem Gelände des heutigen Präsidentensitzes.« Er knipst das Licht wieder aus und zieht die Tür zu. »Ohne die Verbindung der geschichtlichen und religiösen Erfahrungen«, fasst Putin sein Credo zum Abschied zusammen, »gibt es für uns in Russland keine nationale Identität. Die Einheit der Kirche hilft uns.«

Er hat dafür gesorgt, dass die Kirche nicht nur ein moralisches, sondern auch ein wirtschaftliches Schwergewicht ist. 2010 verabschiedete das Parlament ein Gesetz, nach dem alle Religionsgemeinschaften in Russland fast ein Jahrhundert nach der Oktoberrevolution den Großteil ihres Eigentums wieder zurückbekommen. Mit Ausnahme besonders wertvoller Heiligtümer, die auf der Weltkulturerbe-Liste der UNESCO stehen – wie etwa die Basilius-Kathedrale. Damit stieg die orthodoxe Kirche zu einem der größten Immobilienbesitzer des Landes auf.

Seither läuft das politische Experiment, mit Hilfe der Religion eine stärkere russische Identität zu schaffen. Die Mittel der neuen Seelsorge sind die klassischen aus dem traditionellen Werkzeugkasten vor der Einheit: Der Verweis auf das Jenseits als Trost oder Drohung. Die oberste Regel, das Wort der Heiligen Schrift als ehernes Gesetz in unsicheren Zeiten wechselnder Moralvorstellungen zu befolgen. Respekt vor der Obrigkeit. Wie damals in den sechziger Jahren, als auch in der alten Bundesrepublik und nicht nur in Bayern Homosexualität noch unter Strafe stand und der Pfarrer in der Predigt am Wahlsonntag gern den Stimmzettel erklärte und klarmachte, bei welcher Partei die Gläubigen ihr Kreuz machen sollten.

Ob die Allianz auf Dauer in Russland funktioniert, ist noch nicht ausgemacht. Zum einen steigt der islamische Anteil der Bevölkerung in der russischen Gesellschaft, zum anderen wächst in den großen Städten eine neue Generation heran, für deren Gefühlslage die Wiederentdeckung der Religion mehr Folklore denn Bedürfnis ist.

7 *God's own country* auf Russisch – oder: Die Suche nach der eigenen Geschichte

Wie die Vergangenheit das kollektive
Selbstbewusstsein fördern soll

Pater Tichon liest regelmäßig die Messe in der Präsidentenkapelle. Der Abt des Sretenski-Klosters gilt als »duchownik« – als spiritueller Anleiter und Beichtvater des ersten Mannes im Staat.[1] Ob es tatsächlich so ist oder nicht, lasst der Abt offen. Pater Tichon beantwortet derartig direkte Fragen nach seiner konkreten Funktion grundsätzlich nicht. Er hält sich an den Grundsatz, dass der Glaube Berge versetzen kann, und an die altbewährte Erkenntnis: Eine graue Eminenz bleibt nur dann eine einflussreiche Eminenz, wenn viele über ihre Beziehung zur Macht spekulieren, aber möglichst wenige über Details der Beziehung Bescheid wissen. An dem Tag im Frühjahr 2015, als wir uns zum ersten Mal für ein längeres Gespräch treffen, kämpft er wegen der schlechten Luft in Moskau mit Atembeschwerden. Auf den ersten Blick verkörpert er nicht den typischen Vertreter der Gralshüter der orthodoxen Kirche, trotz Talar und obligatem Bart. Der Abt ist schlagfertig, hellwach und diskussionsfreudig. Dass der Präsident ein gläubiger Mensch ist, daran lässt er keinen Zweifel aufkommen.

»Wladimir Putin ist ein Christ, der sich nicht nur so nennt, sondern auch sein Christsein praktiziert. Er beichtet, nimmt an der heiligen Kommunion teil und weiß um seine Verantwortung«, sagt der Priester. Das Kloster mit den klassischen Zwiebeltürmen und den weißen Außenmauern liegt mitten in Moskau an der Bolschaja Lubjanka. Eine Straßenecke weiter steht das Hauptquartier des Geheimdienstes, dessen Vorgänger in der Stalin-Ära Zehntausende von Kirchenangehörigen in Lager sperrte oder umbrachte. Seither feilt die orthodoxe Kirche mit Erfolg an ihrem Ruf, dank ihres göttlichen Auftrags als einzige soziale Einrichtung in der turbulenten Geschichte des Landes wie ein Fels in der Brandung überlebt zu haben. Auch sie ist eine Variante der russischen Geschichte, wenn auch eine mit sehr eigenem Unfehlbarkeitsverständnis.

»Wir waren zuerst hier. Das Kloster wurde 560 Jahre vor dem KGB gegründet – und nicht vom KGB.« Tichons Antwort kommt schnell und präzise. Die Nachbarschaft zum ehemaligen Geheimdienst ist eine Standardfrage westlicher Journalisten. Das Kloster war zu Sowjetzeiten geschlossen wie die meisten kirchlichen Stätten, und der KGB benutzte die Gebäude für seine Zwecke. Ein Steinkreuz im Garten erinnert an die düstere Vergangenheit: »Zum Andenken an jene gläubigen orthodoxen Christen, die hier in den Jahren der Wirrnis gefoltert und getötet wurden.«

An die Anfangszeiten seiner Mission denkt Pater Tichon wenig begeistert zurück: »Ich wurde hierhergeschickt, wie Sie zur Armee abkommandiert werden. Das Kloster war absolut heruntergekommen und musste renoviert werden. Ich war 1992 der einzige Mönch hier.«

Der einstige Filmstudent Georgi Alexandrowitsch Schewkunow, wie der fromme Mann mit weltlichem Namen heißt, hatte sein Erweckungserlebnis in den achtziger Jahren des vergangenen Jahrhunderts. Nachdem er erst Marx, Lenin und Trotzki gelesen hatte und auch mit Yoga und Sanskrit durch war, konzentrierte er sich mehr auf Dostojewski, Tolstoi und Kant. Im reifen Alter von 24 Jahren ließ er sich anschließend taufen und wurde Mönch im Pskower Höhlenkloster im Nordwesten Russlands, nahe der estnischen Grenze – eines der wenigen Klöster, die die Stalinzeit überlebt haben, vor der Revolution waren es über tausend gewesen. Tichons geistlicher Lehrer war der Abt des Klosters, Johannes Krestiankin, der 1950 für fünf Jahre in ein Straflager geschickt worden war.

Der Vorsteher des Sretenski-Klosters ist der Star des kirchlichen Gewerbes in Russland. Der umtriebige Priester hat aus dem Kloster ein florierendes Unternehmen gemacht. Er produzierte 2008 die Fernsehdokumentation *Der Untergang eines Imperiums – die Lektion von Byzanz*, die mehrfach zur Primetime im russischen Fernsehen ausgestrahlt wurde. Tichon beschwört in dem Film »die verlorene Größe des byzantinischen Reiches, das sich leichtsinnigerweise dem verderblichen Einfluss ausländischer Handelspartner und Berater ausgeliefert habe«, fasst die *Neue Zürcher Zeitung* die Botschaft zusammen.[2] Eine Warnung Russlands vor der westlichen Dekadenz. Seine kirchliche Website *pravoslavie.ru* gehört zu den größten Internetportalen im Land. Seine Autobiographie mit dem Titel *Neswatye swatye* (Nichtheilige Heilige) ist eine Hommage an standhafte und liebenswerte Kirchenmänner in Zeiten des Widerstandes, und sie erinnert weniger an das Phänomen, dass die Amtskirche auch durchaus intensiv mit dem System kooperierte. Das Buch verkaufte sich mit über 1,2 Millionen Exemplaren in Russland besser als der Erotikroman *Fifty Shades of Grey*.[3] Der berühmte Männerchor des Klosters geht weltweit auf Tournee. »Mir war von Anfang an klar, dass wir unser eigenes Geld verdienen müssen, wenn wir unabhängig sein wollen«, beschreibt der Abt den erstaunlichen wirtschaftlichen Erfolg der Kloster-Holding. 45 Mönche kümmern sich um den Betrieb. Daneben wird der Kader für den Nachwuchs ausgebildet. Es gibt einen Kindergarten, eine Highschool und ein Priesterseminar. Es ist selbst für einen einstigen Klosterschüler wie mich gewöhnungsbedürftig, mit dem Abt über das Gelände zu schlendern und zu beobachten, wie junge Männer in schwarzen Talaren reihenweise auf die Knie fallen und ihm mit Hingabe die Hand küssen, während an den Wänden der Klostergebäude die Touchscreens der Computer flimmern, mit denen die Klosterschüler ins Internet gehen und auf einer Weltkarte die Niederlassungen der orthodoxen Kirche abrufen können.

Tichon ist nicht nur ein Freund, er ist auch ein wichtiger Helfer Putins bei dem Versuch, die Kirche als Teil der russischen Geschichte im kollektiven Gedächtnis wiederzubeleben. Kirche und Staat liegen schon länger auf ähnlicher Wellenlänge. Der Mönch und der Politiker lernten sich 1998 kennen, als Präsident Jelzin seinen späteren Nachfolger kurzerhand für 13 Monate zum Chef des Geheimdienstes machte, weil er das Eigenleben des Apparates stärker kontrollieren wollte. »Putin besuchte das Kloster um die Ecke seines Büros mehrere Male als normaler Besucher«, erzählt Tichon die Geschichte der langen Bekanntschaft. Erst danach beichtete er dem Priester, wer er wirklich war. Seit jenen Tagen ist Tichon oft als eine Art Sonderbotschafter in Glaubensfragen zwischen Staat und Kirche unterwegs.

Gegen den Vorwurf, lediglich die neue Ideologieabteilung des Kreml zu sein, wehrt sich der Abt: »Weder hängen wir an Putins Leine noch er an unserer. So funktioniert das nicht.« Für ihn sind der gemeinsame Blick auf die Welt und traditionelle Werte, Moral und Geschichte ein sehr erfreuliches, aber rein zufälliges Ergebnis. »Ein riesiges Land wie unseres können Sie auf Dauer nur auf der Grundlage der geschichtlichen Erfahrungen führen. Und zwar mit solchen, die es schon vor der Revolution gab, und dem Besten aus der Sowjetunion. Wir haben nur eine Geschichte. Wenn wir nicht zu unserer Vergangenheit stehen, haben wir keine Zukunft. Marxismus hat nicht funktioniert, und die Demokratie, wie sie uns in ihrer furchtbarsten Form in den neunziger Jahren verschrieben wurde, klappt auch nicht. Russland muss seine eigene Form finden.«

Die Mission, im Namen der nationalen Sinnstiftung mit Hilfe des Kreml die Errungenschaften der eigenen Geschichte zu präsentieren, fordert seither nicht nur die seelsorgerischen, sondern vor allem die medialen Fähigkeiten Tichons. Mit beachtlichem Erfolg. Die multimediale historische Monumentalschau »Meine Geschichte: Die Rurikiden« über ein Fürstengeschlecht, mit dem sich bislang nur Spezialisten befasst hatten, war im November 2014 erst in Moskau zu sehen und zog anschließend als Wanderausstellung durch das Land, sie hat Hunderttausende von Besuchern fasziniert, die mehr über die fürstlichen Vorfahren wissen wollten. Die Dynastie regierte vom 9. bis 16. Jahrhundert das einstige imperiale Territorium. Einer der Höhepunkte der geschichtlichen Spurensuche ist die Taufe des Fürsten Wladimir in der heutigen Ukraine als nationaler Gründungsmythos. Die Ausstellung hält sich an die Strategie Putins, historische Perioden miteinander zu verbinden, »um die simple Wahrheit zu verkünden, dass Russland wie andere auch eine sehr lange Geschichte hat, auf die wir aufbauen müssen, um uns auf die eigene innere Stärke zu besinnen und sie für unsere nationale Entwicklung zu nutzen«.

Das Ende der Rurikiden-Saga lässt selbst den letzten starken Mann der Dynastie in milderem Licht dieser neuen Geschichtsschreibung erscheinen als bislang üblich. Zar Iwan IV., im Volksmund eher unter dem Namen »Iwan der Schreckliche« bekannt, weil er seinen debilen Sohn umgebracht haben soll, habe sich im Gegensatz zu seinem Nachfolger durchaus um den Zusammenhalt des Russischen Reiches verdient gemacht. Schon die nationale Ausstellung zuvor über die Zaren aus dem Hause Romanow, deren Ahnengalerie Tichon zeitgemäß mit Soundbites und interaktiven Bildschirmen hatte aufbereiten lassen, war ein Publikumserfolg gewesen.[4]

Auch wenn die Geschichtsstunden des Paters für Gott und Vaterland eine ziemlich delikate Balance zwischen Nationalismus und Patriotismus sind, die in Russland eng beieinander liegen: Über die eigene Tradition die eigene Identität zu stärken, statt die des Westens zu kopieren, ist Wladimir Putins innenpolitisches Rezept, um die Kluft zwischen russischem Minderwertigkeitsgefühl und Größenphantasie zu verringern. Aus den turbulenten neunziger Jahren, die er in der Kreml-Administration unter Jelzin hautnah mitbekommen hatte, hat er den Schluss gezogen, dass es nicht nur für ihn als künftigen Präsidenten überlebenswichtig ist, die Geschichte seines Landes verstärkt aus dem nationalen Blickwinkel zu betrachten, auch wenn sich dabei die globale Perspektive verändert. Er versucht, diese Sicht auch dem russischen Volk beizubringen. So, wie es die US-amerikanische Konkurrenz zu Hause mit größter Selbstverständlichkeit betreibt – *God's own country*, nur eben auf Russisch.

Putin hat schon früh mit dem Versuch begonnen, einen gemeinsamen Zusammenhang nach dem abrupten Ende der Sowjetunion zu suchen. Über Monate feilten der spätere Wirtschaftsminister German Oskarowitsch Gref und sein Zentrum für Strategie 1999 an einem Programmentwurf für Putins Präsidentschaft. In seiner Grundsatzerklärung »Russia at the Turn of the Millenium« (»Russland an der Schwelle zur Jahrtausendwende«), die der kommende Mann am 30. Dezember 1999, zwei Tage vor Amtsantritt, im Internet veröffentlichen ließ, kündigte er die neue Richtung an.[5] Patriotismus als Grundlage für die weitere Entwicklung – auch wenn der Begriff »gelegentlich ironisch oder herablassend verwendet« werde. Und was es sonst noch braucht, steht gleichfalls im Programm: keinen totalitären, wohl aber einen starken Staat – »als Quelle und Garant von Ordnung und als Initiator und wichtigste Triebkraft jeglicher Veränderung«.

»Die Mehrheit der Russen ist es gewohnt, Verbesserungen ihrer Lebensbedingungen eher mit staatlicher Hilfe und gesellschaftlicher Unterstützung zu verbinden« als mit »eigenen Anstrengungen und Initiativen«, beschreibt Putin die Lage. Das könne man mögen oder nicht, so seine pragmatische Schlussfolgerung. Eine Diskussion darüber, ob dies nun gut oder schlecht ist, nütze allerdings wenig, weil es eine Tatsache und damit politisch relevant sei. »Und es wird noch sehr lange dauern, bis diese Haltung ausstirbt.«

Die politische Rechnung geht fürs Erste auf. Der neue

Mann trifft den Nerv der Zeit. Weniger Experimente, mehr Sicherheit. Und dafür erhält er Beifall. Es ist nicht nur der Schriftsteller Alexander Solschenizyn, der die Suche nach mehr Staat und Identität als die richtige Strategie lobt. Der Nobelpreisträger, der 17 Jahre in den USA im Exil gelebt hat und in der Jelzin-Ära nach Russland zurückgekehrt ist, kritisiert »die Versuche der NATO, Teile der zerfallenen UdSSR in ihre Sphäre« zu ziehen, vor allem auch die Ukraine, »ein mit uns eng verwandtes Land, mit dem wir durch Millionen familiäre Beziehungen verbunden sind«, gibt er im Sommer 2007 kurz vor seinem Tod dem *Spiegel* zu Protokoll. »Bis dahin galt der Westen bei uns vorwiegend als Ritter der Demokratie. Nun müssen wir enttäuscht feststellen, dass die westliche Politik sich in erster Linie häufig von einem eigennützigen und zynischen Pragmatismus leiten lässt.«[6]

Für den strikten Antikommunisten Solschenizyn sind die Ären Gorbatschow und Jelzin »eine Anarchie im Inneren Russlands und die Aufgabe aller Positionen nach außen hin« gewesen – weniger die notwendige Voraussetzung für eine grundlegende Reform, sondern ein Spiel der Macht. Der Westen »gewöhnte sich schnell an den Gedanken, dass Russland nun fast ein Land der Dritten Welt sei und dass es immer so bleiben würde. Als Russland wieder zu erstarken begann, reagierte der Westen panisch.« Und auf den moralisierenden Vorwurf aus dem Westen, der neue Mann an der Spitze des Staates sei ein alter Mann des Sicherheitsapparates, kontert der einstige Straflagerhäftling lapidar mit dem Hinweis auf ein kleines, aber zentrales Unterscheidungsmerkmal. Putin sei zwar ein Geheimdienstoffizier, aber kein KGB-Ermittler oder Lagervorstand im Gulag gewesen. »Nachrichtendienste, die für Auslandsaktivitäten zuständig sind, werden in keinem Land niedergemacht.« Bislang sei auch niemand »auf die Idee gekommen, George Bush senior dessen frühere Tätigkeit an der CIA-Spitze vorzuwerfen«.[7]

Dass sich ein Moralist und eine westliche Ikone wie Alexander Solschenizyn für den Kurs des russischen Präsidenten starkmacht, interessiert auch Washington. Das »cable«, das am Morgen des 4. April 2008 im Außenministerium in der C Street eintrifft, trägt den Stempel »Vertraulich«. Der Absender: die Botschaft der USA in Moskau. Unter der Rubrik »Subject« markiert der amerikanische Botschafter William J. Burns auch gleich die Themen, um die es in dem Schreiben geht: unter anderem um Alexander Solschenizyn, die NATO und die Ukraine.[8]

In mehreren Absätzen berichtet der Karrierediplomat von seinem Besuch bei Alexander Solschenizyn in dessen Haus vor den Toren Moskaus. Obwohl der Nobelpreisträger erst kürzlich einen Schlaganfall erlitten habe, sei der 89-Jährige hellwach und verfolge das aktuelle Geschehen sehr aufmerksam. Dann zitiert Burns Äußerungen des Schriftstellers, die zeigen, dass dieser mit Putin sympathisiert.

»Solschenizyn hob die acht Jahre der Putin-Regentschaft positiv gegen die seiner Vorgänger Jelzin und Gorbatschow hervor, die, wie er sagte, ›den Schaden, der dem russischen Staat durch siebzig Jahre kommunistische Herrschaft zugefügt‹ worden sei, noch vergrößert« habe. Unter Putin entdecke sich die Nation neu, was es heiße, russisch zu sein, »auch wenn es noch Probleme gebe, zum Beispiel die Armut und der breiter werdende Graben zwischen arm und reich«. Im übrigen, so der US-Diplomat, habe der Schriftsteller die Absicht kritisiert, »die Ukraine weiter in Richtung NATO zu bewegen«.

8 Spione oder Agenten der Zivilgesellschaft

Putin und die Rolle ausländischer
Hilfsorganisationen in Russland

Wladimir Putin sitzt im Trainingsanzug in der kleinen Lounge im Schwimmbad seiner Residenz in Sotschi, ist noch sichtlich müde und trinkt eine Tasse Tee. Wir warten auf Dmitri Peskow, den Pressesprecher. In der Luft hängt leichter Chlorgeruch. Der Präsident ist an diesem Tag Ende März 2013 aus Südafrika von einem Staatsbesuch zurückgekehrt, auf dem ich ihn begleitet habe. Putin hat im Morgengrauen den Ernstfall ausgelöst. Nicht telefonisch, sondern auf die altbewährte Art und Weise. Dass Telefongespräche aus Flugzeugen eine sichere Beute für gegnerische Nachrichtendienste sind, war schon klar, bevor Edward Snowden in Moskau landete. Deshalb klingelt ein Kurier des Kreml den schlaftrunkenen Verteidigungsminister aus dem Bett und überreicht ein versiegeltes Kuvert mit den Anordnungen des obersten Befehlshabers der Nation. Die Lage: Der Feind kommt über das Schwarze Meer und greift Russland von der Seeseite an. Der Rest ist Routine.

Sergej Kuschugetowitsch Schoigu ist zwar ein alter Freund Putins, und beide kennen sich schon aus Jelzins Zeiten, als der Mann aus Tschadan in Sibirien bereits Minister für Katastrophenschutz war. Doch jetzt ist er erst seit ein paar Monaten Verteidigungsminister und muss beweisen, dass er den Laden im Griff hat und die Armee allzeit bereit ist. Und dass nicht noch einmal, wie in der Vergangenheit, Panzer nicht fahren, weil der Treibstoff fehlt, und Schiffe nicht auslaufen, weil die Generatoren kaputt sind. Und dass nicht die eine oder andere Mannschaft zu betrunken und deshalb im Kriegsfall nur bedingt abwehrbereit ist. Putin will nie wieder in die Situation versetzt werden wie damals, als er als Ministerpräsident unter Boris Jelzin in dessen letztem Jahr mitbekommen musste, in welchem katastrophalen Zustand die Armee sich befand. Schlecht bezahlt, desolat, unmotiviert und unfähig, eine ernste Konfrontation erfolgreich zu bestehen. Damals, 1999, als er für den Krieg gegen Tschetschenien verzweifelt im ganzen Land nach einsatzfähigen Truppenteilen fahndete.

Wladimir Putin informiert seinen Sprecher Dmitri Peskow, damit der die übersichtlichen Details zum Manöver verbreitet. Der militärische Einsatz ist begrenzt. Nicht mehr als 7000 Soldaten sind seit Stunden unterwegs, um das Vaterland zu verteidigen. In den nächsten Tagen werden 36 Kriegsschiffe zusammen mit Luftlandetruppen die Einsatzbereitschaft testen. »Wäre die Zahl höher, hätten wir die NATO informieren müssen, und das muss derzeit nicht sein«, merkt der oberste Befehlshaber des Landes an. »Einige unserer Kommandeure werden eine ziemlich unruhige Zeit haben.« Dann verlässt er uns und geht ein paar Runden schwimmen, um sein tägliches Sportpensum zu absolvieren.

Unter seiner Präsidentschaft haben sich die Militärausgaben verdoppelt.[1] Und sie werden auch weiter steigen, hat er angekündigt. Russland liegt weltweit auf dem dritten Platz für Rüstungsausgaben, hinter den USA und China. Es ist allerdings noch ein weiter Weg, um mit den USA gleichzuziehen, wie die Zahlen zeigen. 2013 wendete Washington 640 Milliarden US-Dollar für Militärausgaben auf, Moskau knapp 88 Milliarden. Rechnet man die Aufwendungen von NATO-Mitgliedern wie Frankreich (61,2 Milliarden), Großbritannien (57,9 Milliarden) oder Deutschland (48,8 Milliarden) in dem Zeitraum hinzu, ergibt sich ein erdrückendes militärisches Übergewicht des Westens, haben die Stockholmer Rüstungsexperten des angesehenen SIPRI-Institutes analysiert.[2]

Das Schwimmbad liegt nur ein paar Meter von der staatlichen Residenz entfernt. Der Regierungssprecher organisiert eine Schaltkonferenz. Die wichtigsten Nachrichtenagenturen und Fernsehsender – Interfax, TASS, Bloomberg und Reuters – werden eine Stunde später die Details über die laufende Übung veröffentlichen.

Das einstige Stalin-Domizil hat eine Verjüngungskur hinter sich. Als Dmitri Medwedew 2008 die Amtsgeschäfte für vier Jahre übernahm, ließ er das Erbstück in eine Art Villa im italienischen Renaissance-Stil umwandeln. Marmor mit Rosetten, gelbliche Farben, Kronleuchter. Im Wintergarten im ersten Stock sitzt eine Riege von Ministern und Beratern in Flechtmöbeln aus dunkler Weide mit weißen Kissen. Sie warten, bis sie an der Reihe sind. Das Warten kann gelegentlich ziemlich lange dauern. Putins Protokollchef hat es längst aufgegeben zu intervenieren, wenn sein Chef an einem Thema oder Besucher so interessiert ist, dass Flugtermine oder Zeitabsprachen nicht existieren. Das ist Putins Hang zur Spontaneität, manchmal auch nur demonstrativer Ausdruck einer Form von Macht, sich Freiräume nehmen zu können.

Dmitri Peskow hat an diesem Tag noch einen weiteren wichtigen Auftrag. Er muss seinem Chef berichten, was es mit den Durchsuchungen von Büros deutscher politischer Stiftungen in Russland zwei Tage zuvor auf sich hat. Nach einem neuen Gesetz, das im November 2012 in Kraft getreten ist, müssen sich alle politisch tätigen Nichtregierungsorganisationen (NGOs) registrieren lassen und offenlegen, wer sie finanziert. Der neue Paragraph soll in Zukunft andere Staaten daran hindern, sich in die Innenpolitik Russlands einzumischen. Politische NGOs, die Geld aus dem Ausland bekommen, müssen sich als »ausländische Agenten« anmelden und sich einer strengeren Kontrolle ihrer Buchhaltung und ihrer Aktivitäten unterziehen.[3]

Der Begriff »Agent« ist doppeldeutig, im Englischen wie im Russischen. Er steht sowohl für einen Spion als auch für einen Vertreter oder Bevollmächtigten einer Institution. Die politische Absicht, die hinter der Einstufung steckt, ist klar. Viele der russischen NGOs beziehen Geld aus dem Ausland. Die Empörung bei den Betroffenen ist groß, der Widerstand gegen das sogenannte Agentengesetz auch. Bislang hat sich noch keine Organisation als Auslandsagent deklariert. Jetzt gehen die Behörden zu Kontrollen über, und der Staatsanwalt hat neben russischen NGOs auch der CDU-nahen Konrad-Adenauer-Stiftung in St. Petersburg und ihrem sozialdemokratischen Pendant, der Friedrich-Ebert-Stiftung, in Moskau einen Besuch abgestattet.

Beim Frühstück am Morgen im Flugzeug weiß Wladimir Putin noch nichts von der Aktion, die in Deutschland Schlagzeilen macht. Seine kurze Antwort auf meine

Nachfrage, was es denn damit auf sich habe: Er sei nicht Staatsanwalt, sondern russischer Präsident. Er nehme auch nicht an, dass Bundeskanzlerin Angela Merkel vor jeder Durchsuchung in Deutschland kontaktiert wird. Aber er werde sich informieren. Dass er von der Aktion der Staatsanwälte tatsächlich nichts weiß, ist wahrscheinlich. Angela Merkel will mit Wladimir Putin eine gute Woche später, am 7. April 2013, die Hannover-Messe eröffnen. Ein Eklat im Vorfeld ist politisch kontraproduktiv.

Beim gemeinsamen Abendessen schaltet Putin den großen Flachbildschirm ein, wo gerade die Hauptnachrichten laufen und zeigt mir, dass er im Tagesgeschäft auf die Frage vom Vormittag bereits eine Antwort gefunden hat. Die Botschaft ist in Nachricht Nummer drei verpackt. Der Menschenrechtsbeauftrage Wladimir Lukin hat an diesem Tag einen Termin bei ihm und übergibt dem Präsidenten einen Bericht über die Lage. Wladimir Putin dankt und fragt nach, ob sich die NGOs, die auf dem Gebiet der Menschenrechte arbeiten, auch an das neue Gesetz halten. Dann weist er darauf hin, dass die Kontrollen aber auch nicht übertrieben werden sollten. Der Hinweis ist angekommen. Am nächsten Tag werden die deutschen Stiftungen ihre beschlagnahmten Computer zurückbekommen, und Wladimir Putin wird mit Merkel telefonieren und nach Hannover reisen.

Die Auseinandersetzung über die Rolle ausländischer Hilfsorganisationen in Russland ist nicht neu. Die Lesart des Westens erinnert gelegentlich an die Missionierungsversuche der katholischen Kirche in Afrika im vergangenen Jahrhundert. Hilfsorganisationen tun ausschließlich Gutes, kümmern sich um behinderte Kinder, kämpfen gegen Aids und schützen die Natur. Sie sind im Namen des Herrn unterwegs. Daneben erklären sie die Marktwirtschaft, setzen sich für Pressefreiheit ein und helfen sanft, Putins gelenkte Demokratie in eine Zivilgesellschaft westlichen Musters zu verwandeln. Der Westen als universales Projekt, das auch andernorts durchgesetzt werden muss. Für den Kampf werden Milliardenbeträge in Dollar eingesetzt.

Die USA finanzieren seit Jahren strategisch den Aufbau russischer NGOs wie Golos, die bei den Wahlen 2011 und 2012 Tausende von Wahlbeobachtern mobilisiert und Ungereimtheiten angeprangert hat. Golos ist nicht allein. Hunderte von NGOs organisieren Trainingsseminare für zivilen Ungehorsam oder alternative Kommunikationstechniken für die Opposition.[4] Washington unterstützt Klagen gegen wirkliches und vermeintliches Unrecht. Das sind die Gründe, warum die russische Regierung im Sommer 2012 das Gesetz über die Registrierung der Hilfsorganisationen beschlossen hat, die vom Ausland gesponsert werden.

Auch Russlands bedeutendste Menschenrechtsorganisation Memorial fällt unter das Gesetz, weil sie den Hauptteil ihrer Spenden aus dem Ausland erhält, von der Heinrich-Böll-Stiftung etwa oder der Stiftung des amerikanischen Milliardärs George Soros. Die Organisation war 1989 von dem Dissidenten und Friedensnobelpreisträger Andrej Sacharow gegründet worden, um die Erinnerung an die Opfer sowjetischer Unterdrückung aufzuarbeiten. Unter ihrem Dach tummeln sich seither viele und verschiedene Gruppen, die im Namen der Menschenrechte aktiv sind. Deswegen versuchte das Justizministerium, die Organisation gleich ganz aufzulösen. Die Behörde verlor den Prozess vor dem russischen Verfassungsgericht. Memorial versucht nun, mehr Spenden zu Hause in Russland aufzutreiben.

Wladimir Putin hat sein Argument für die Restriktion seitdem oft wiederholt. Er führe nur ein, was anderswo üblich ist. Die härtere Gangart ist die Konsequenz aus der Einmischung in den vergangenen Wahlkampf, und die moralische Entrüstung darüber ist für ihn nur der Ausdruck doppelter Buchführung des Westens. Er verweist auf die Vorlage, an der sich die russische Version orientiert. »Die USA haben ein solches Gesetz seit 1938. Die Regierung in Washington wird sicher auch wissen, warum.«

Der »Foreign Agents Registration Act« (FARA) in den USA, auf den Putin verweist, wurde ursprünglich zur Abwehr nationalsozialistischer Infiltration erlassen.[5] Das ist lange her, aber er gilt und richtet sich allgemein gegen »unamerikanische Umtriebe«, gegen die Unterwanderung durch fremde Mächte und Geheimdienste. Auf der Seite des US-Außenministeriums wird die Vorschrift so beschrieben: »Nach diesem Gesetz muss sich jede Person oder Organisation, die Agent eines fremden Auftraggebers ist, beim Justizministerium registrieren lassen und den Auftraggeber benennen, für den der Agent arbeitet.« Zu den »fremden Auftraggebern« zählt der FARA »Regierungen, politische Parteien und Personen oder Organisationen außerhalb der Vereinigten Staaten und jedes Unternehmen, das an Gesetze eines fremden Landes gebunden ist«.[6] Sowohl die USA als auch Russland legen auf die Doppeldeutigkeit des Begriffs »Agent« großen Wert.

Die Nachricht, die der russische Außenminister der US-Außenministerin bei der morgendlichen Besprechung im September 2012 auf dem Gipfeltreffen der Asiatisch-Pazifischen Wirtschaftsgemeinschaft (APEC) in Wladiwostok inoffiziell zukommen ließ, ist einer der wenigen Freundschaftsdienste innerhalb einer angespannten Beziehung.

Während beide über eine künftige Zusammenarbeit in den eisigen Gefilden der Arktis verhandeln, warnt Sergej Lawrow seine amerikanische Kollegin Hillary Clinton schon mal vor, in den nächsten Tagen werde das Department of State offiziell aufgefordert, die Niederlassung der staatlichen Agentur für internationale Entwicklung (USAID) in Moskau zu schließen.[7] Drei Tage später übermittelte US-Boschafter Michael McFaul mit dem offiziellen Bescheid auch gleich das exakte Datum. Die Niederlassungen von USAID seien bis zum 1. Oktober dichtzumachen, so der Ukas. Und die amerikanischen Mitarbeiter, die Diplomatenstatus genießen, hätten bis dahin das Feld zu räumen. Washington mische sich seit Jahren über diese ganz spezielle Form der Entwicklungshilfe zu sehr in die russische Innenpolitik ein.[8]

Die Entscheidung Wladimir Putins beendet die russischen Aktivitäten einer staatlichen US-Agentur, die bei der Umsetzung amerikanischer Interessen als eine der effektivsten Organisationen gilt.[9] Sie wurde 1961 von der US-Regierung gegründet, um weltweit »Demokratie, Menschenrechte und öffentliche Gesundheit« zu fördern. USAID arbeitet in über hundert Ländern und hat in der Vergangenheit durchaus auch mit der US-Geheimdienstgemeinde kooperiert.[10] Der mögliche Grund für das abrupte Ende, so vermutet die *New York Times*, sei »die Geschichte der Entwicklungsagentur im Kalten Krieg, als sie auch als Tarnorganisation für amerikanische Spionage diente. Sie ist noch immer frisch im Gedächtnis ausländischer Repräsentanten, von denen viele ihr Misstrauen nie ganz verloren haben.«[11]

Seit 1992 investierte der US-Entwicklungsdienst 2,7 Milliarden Dollar in Projekte in Russland. In den vergangenen Jahren sei das Geld allerdings weniger in die öffentliche

Gesundheit als vielmehr überwiegend auf die Konten von über fünfzig NGOs geflossen, die sich für »die Demokratie, Menschenrechte und eine stabilere Zivilgesellschaft einsetzen«, räumt Victoria Nuland vom U.S. State Department am 18. September 2012 auf der Pressekonferenz zu USAID ein.[12] Man werde die Arbeit nun auf anderen Wegen fortsetzen. »USAID ist zwar physisch in Russland nicht mehr präsent, aber wir werden weiter die Demokratie, Menschenrechte und die robustere Entwicklung der russischen Zivilgesellschaft fördern.« Dann lässt das US-Außenministerium verkünden, wer in die Fußstapfen der USAID treten soll: das National Democratic Institute (NDI), das International Republican Institute (IRI) und das National Endowment for Democracy (NED).[13]

Diese Ansage bedeutet die Fortsetzung des politischen Kampfes mit ähnlichen Mitteln. Die Namen stehen für alte Bekannte, die seit Jahrzehnten für die amerikanische Regierung im Ausland operieren und von USAID zusammen mit dem U.S. State Department finanziert werden. Alle setzen sich für die weltweite Verbreitung »demokratischer Werte und der Menschenrechte« ein. In den Vorständen sitzen vorzugsweise Exdiplomaten wie etwa die einstige Außenministerin Madeleine Albright, Exmilitärs wie der einstige NATO-Kommandeur Wesley Clark oder Geheimdienstler wie der ehemalige CIA-Chef James Woolsey.

An der Ambivalenz der guten Absichten hat der einstige US-Präsident Ronald Reagan bereits bei der Gründung der Stiftung National Endowment for Democracy keinen Zweifel gelassen, als er 1983 im Zimmer 450 des Old Executive Office Building in Washington, dem Verwaltungsgebäude gleich neben dem Weißen Haus, die Aufgabe des Instituts vor Mitgliedern des Kongresses beschrieb. Auf diese neue Stiftung gründe sich die Hoffnung aller Menschen weltweit, sie sei eine Herzensangelegenheit für den amerikanischen Glauben an die Demokratie, vermerkt das Protokoll des Weißen Hauses und hat auch gleich genau die Uhrzeit 11:59 am 16. Dezember für die pathetische PR-Initiative Ronald Reagans notiert. Was das konkret heißt, das beschrieb der einstige Hollywood-Schauspieler auch: »Das bedeutet, dass wir all unsere Mittel in dieses langfristige Programm stecken – Organisationen, Schweiß und Dollars.« Das NED werde unter anderem Workshops für demokratische Trainingsprogramme anbieten, und »das Institut wird im Ausland eng mit denen zusammenarbeiten, die einen demokratischen Kurs wollen, und diese Arbeit wird sich sehr sorgfältig um das kümmern, was die einzelnen Gruppen und Einrichtungen brauchen. Selbstverständlich in enger Abstimmung mit unseren nationalen Interessen«, lautet die Einladung an oppositionelle Gruppen in anderen Ländern.[14]

Seither ist das NED in über neunzig Ländern im Namen der Demokratie unterwegs, baut NGOs auf und koordiniert auch die Arbeit anderer staatlicher und privater Stiftungen. Einer der Gründungsväter des NED, Professor Allen Weinstein von der Georgetown University, beschrieb das Ziel der Organisation 1991 in der *Washington Post* kürzer und prägnanter: »Vieles, was wir jetzt tun, wurde vor 25 Jahren nur verdeckt durch die CIA getan.«[15]

Deutschlands Beitrag zur Verbesserung der Welt ist weniger straff durchorganisiert. Er konzentriert sich vornehmlich auf öffentliche Ermahnungen nach dem Motto, Deutschsein heiße, eine Sache um ihrer selbst willen zu tun. Das Zwischenzeugnis, das der Deutsche Bundestag im November 2012 Russland in einer Resolution ausstellt, betont zwar einleitend, dass Russland ein »zentraler Partner für Deutschland und Europa« sei.[16] Es gebe großes Interesse an einer umfassenden Modernisierungspartnerschaft mit dem Land. Aber fast zwei Drittel der Resolution beschäftigen sich dann mit Defiziten, Menschenrechtsverletzungen oder staatlichen Maßnahmen gegen die Opposition. »Mit besonderer Sorge stellt der Bundestag fest, dass in Russland seit dem Amtsantritt von Präsident Putin gesetzgeberische und juristische Maßnahmen ergriffen wurden, die in ihrer Gesamtheit auf eine wachsende Kontrolle aktiver Bürger abzielen, kritisches Engagement zunehmend kriminalisieren und einen konfrontativen Kurs gegenüber Regierungskritikern bedeuten.« Und dass die russische Regierung die »amerikanische Behörde USAID« ausgewiesen habe, sei »ein weiteres besorgniserregendes Signal«, das vor allem »dem Geist der zwischengesellschaftlichen Zusammenarbeit« widerspreche.

Angela Merkel versteht ihre öffentliche Kritik an Putin als Angebot für ein politisches Coaching, das sie gern durchführt. Sie sei nicht destruktiv gemeint, sondern Ausdruck eines offenen Umgangs unter Partnern. »Wenn ich immer gleich eingeschnappt wäre, könnte ich keine drei Tage Bundeskanzlerin sein«, lautet ihre fröhliche robuste Antwort auf Putins Vorwurf, die antirussische Stimmung anzuheizen.[17]

9 Moral als politische Waffe

Homosexualität und Pussy Riots

Es sind nicht nur die deutschen Anstandsregeln, die Wladimir Putin für die Politik in Russland verschrieben werden und die ihn aufregen. Es ist auch der Entwurf einer politisch-moralischen Correctness des Westens, den Russland gleichfalls als verbindlich akzeptieren soll. »Warum ist das Thema Schwule wichtig für den Staat? Ich habe nichts gegen Homosexuelle«, beschreibt er in einer der nächtlichen Diskussionen im Frühjahr 2013 seine Haltung zu Schwulen und Lesben. »Der Staat soll sich auf das konzentrieren, was wichtig ist. Schwule kriegen keine Kinder. Es ist nicht seine Aufgabe, sexuelle Vorlieben zu alimentieren. Oder diese Vorstellung auch noch als außenpolitische Forderungen an andere Staaten heranzutragen.« Putin macht eine kurze Pause und kommt dann zu dem Kernpunkt seiner Überzeugung, der ihn umtreibt, seitdem er im Kreml eingezogen ist. »Es ist eine Entscheidung, die unsere Gesellschaft trifft und niemand anders. Ich habe auch nichts gegen Herrn Westerwelle«, fügt er leicht spöttisch hinzu. Konkreter Anlass für diese Standortbestimmung ist ein neues

Gesetz des russischen Parlaments zur Homosexualität, das in Deutschland nicht nur in der Szene, sondern auch in der Politik heftig diskutiert wird.

Der einstige Außenminister Guido Westerwelle hat deswegen eine neue Reisewarnung für Russland veranlasst, die das Auswärtige Amt im Sommer 2013 auf seine Website stellt. Das ist nicht nur ein Akt allgemeiner Fürsorge, sondern auch Ausdruck persönlicher Betroffenheit. Guido Westerwelle ist bekennender Homosexueller.

Der Text der Warnung: »Homosexualität ist in Russland nicht strafbar. Jedoch ist die Akzeptanz gleichgeschlechtlicher Partnerschaften in der russischen Gesellschaft gering. Das föderale Gesetz gegen ›Propaganda nicht-traditioneller sexueller Beziehungen gegenüber Minderjährigen‹ ist am 30. Juni 2013 in Kraft getreten. Durch das Gesetz drohen auch Ausländern bei Weitergabe von Informationen, öffentlicher Demonstration und Unterstützung von Homosexualität Geldbußen in Höhe von bis zu 100 000 Rubel, bis zu 15 Tage Haft und die Ausweisung aus der Russischen Föderation.«[1]

Eine Extrawarnung für Schwule, die nach Saudi-Arabien oder in andere islamische Länder wollen, in denen die praktizierte Neigung zum gleichen Geschlecht durchaus schlimmere Folgen hat, steht nicht auf der Website, sondern stattdessen nur ein allgemeiner Reisehinweis unter der Rubrik »Besondere strafrechtliche Vorschriften«. Rechtzeitig zum anstehenden Besuch der Kanzlerin in St. Petersburg einen Monat später hat der öffentliche Erregungszustand einen neuen Höhepunkt erreicht. Angela Merkel fordert Russland öffentlich auf, das neue Schwulengesetz zurückzunehmen.[2] Die Aufforderung hat deutlich mehr mit dem deutschen Wahlkampf zu tun als mit einer werteorientierten Außenpolitik der Union. Es ist kein anderes Land bekannt, bei dem die Kanzlerin Ähnliches öffentlich angemahnt hat.

Die Tatsache, dass sich die Lesben- und Schwulenbewegung in Deutschland erst in einem jahrzehntelangen zähen Kampf Rechte gesichert hat, mit denen sich große Teile der Christdemokraten noch immer schwertun, spielte dabei keine Rolle. Es geht bei der Forderung vornehmlich um Innenpolitik jetzt und hier. In Deutschland ist Homosexualität unterdessen prinzipiell gesellschaftsfähig, in Russland bewegt sich die Akzeptanz hingegen auf dem Niveau der Bundesrepublik in den fünfziger Jahren, als bei uns Lesben und Schwule genauso verpönt waren wie heute in Russland. Mehr noch, Homosexualität war in der BRD bis 1973 Straftatbestand, und erst 1994 setzte der Bundestag den berüchtigten Paragraphen 175 außer Kraft, auf dessen Grundlage Zehntausende strafrechtlich verurteilt worden waren.

»Wo Homophobie noch Mainstream ist«, betitelte die *taz* ihren Beitrag zur Debatte und traf die Lage ziemlich präzise.[3] In Russland sprechen sich über zwei Drittel der Bevölkerung gegen Homosexualität aus. Weder der Merkel-Rüffel noch die Reisewarnung des Auswärtigen Amtes für Freunde gleichgeschlechtlicher Zuneigung haben die russische Gesellschaft beeindruckt. Die Duma hat das Gesetz nicht zurückgenommen. Auch Abgeordnete in Moskau neigen ebenso wenig wie ihre Kollegen in Berlin zum politischen Selbstmord. Der öffentliche deutsche Tadel hat der Bewegung wenig geholfen. Sie wird diesen zähen Kampf wohl noch über Jahrzehnte in der russischen Gesellschaft führen müssen, um einen halbwegs verträglichen Status zu erreichen.

»Der Westen folgt seinen Vorstellungen, ob wir das mögen oder nicht«, sagt Putins geistlicher Berater Pater Tichon. »Und wir werden in einigen Punkten immer unterschiedlicher Meinung sein.« Selbstverständlich, räumt er ein, sei die Ehe für Schwule durchaus eine Frage der persönlichen Lebensgestaltung, doch aus der Sicht der russisch-orthodoxen Kirche könne sie definitiv nicht akzeptiert werden. Und sollte der russische Staat sie akzeptieren, sei dies nichts anderes »als der direkte Weg in die Degeneration«. Pater Tichon befindet sich in dieser Angelegenheit in bestem Einvernehmen mit der katholischen Kirche.

Dann erzählt der Abt eine Geschichte, um Putins pragmatischen Umgang mit dem Thema zu beschreiben. Als sie wieder einmal zum Essen verabredet waren, berichtete die russische Presse gerade über einen anstehenden Besuch in Berlin und auch darüber, dass der damalige Regierende Bürgermeister Klaus Wowereit ein bekennender Homosexueller sei. Er habe als fürsorglicher Geistlicher dem Präsidenten abgeraten, einem Schwulen öffentlich die Hand zu schütteln. Putin widersprach. Zum einen sei es Wowereits Privatsache, und zum anderen sei der Mann der Repräsentant der Stadt Berlin, argumentierte er. Als Putins damalige Frau Ljudmila sich auf die Seite des Priesters schlug und Tichons Forderung unterstützte, fiel Putins Antwort kurz und ironisch aus: »Liebling, kein Grund zur Eifersucht.« Selbst wenn diese Geschichte frei erfunden wäre, beschreibt sie dennoch treffend Putins Handlungsmuster. Er ist durchaus flexibel, wenn es die Umstände erfordern. An seiner grundsätzlichen politischen Überzeugung ändert das wenig.

Auch der spektakuläre Auftritt von Pussy Riot 2012 in der größten und wichtigsten Kirche Russlands, der Christ-Erlöser-Kathedrale, hat ihm in Russland genützt.

Dass die westliche Presse die Frauen der Aktionsgruppe mit dem Namen »Mösenaufstand« als Ikonen des Widerstands gegen Putin verklärt, gehört zu den Fehleinschätzungen der Lage vor Ort. Der Auftritt in der Kathedrale machte die Gruppe auf einen Schlag weltweit berühmt. Die Mitglieder von Pussy Riot tarnten sich als Gläubige und schrien dann ihr schrilles Punkgebet gegen Putin und den ersten Kirchenmann im Staat, den Patriarchen Kyrill, heraus. Sie filmten die Szene, um den Auftritt medienwirksam im Internet zu veröffentlichen, bevor das erboste Kirchenpersonal die Frauentruppe aus der Kirche warf. Die Erzählung von den jungen, mutigen Rockmusikerinnen im Kampf gegen ein brutales und zunehmend unpopuläres System war im Westen ein Erfolg und wurde in den Feuilletons millionenfach angeklickt. In Russland dagegen ging die Kalkulation mit der Botschaft von dem heroisch-avantgardistischen Widerstand nicht auf, sie stieß auf massive Ablehnung.

Der Refrain ihres Liedes, »Muttergottes, Jungfrau Maria, vertreibe Putin«, klang zwar harmlos, doch der andere Teil – »Scheiße, Scheiße, Gottesscheiße« und die Beschimpfung des Patriarchen als »Schweinehund« – kam bei gläubigen Russen nur als eine gezielte Provokation an, die wohl auch so gedacht war. Nadeschda Tolokonnikowa, eine der Protagonistinnen, wurde zusammen mit ihrem Mann Pjotr Wersilow in der russischen Szene berühmt, weil sie im Moskauer Museum für Biologie eine öffentliche Gruppensex-Orgie inszenierte, die der Kommune 1 in den sechziger Jahren in Deutschland zur Ehre gereicht hätte, schrieb die *Frankfurter Allgemeine Sonntagszeitung* sinngemäß über die Vorstellung.[4]

Für die Opposition in Russland war die Aktion in der Kirche ein ärgerlicher Rückschlag, für Wladimir Putin dagegen ein Heimspiel. Der russische Präsident erkannte schnell das politische Potential und spielte es aus. Er gab sein Bedauern über den Vorfall öffentlich zu Protokoll. »Ich hoffe, dass es nicht wieder passieren wird. Ich entschuldige mich bei allen Priestern und Gläubigen für sie [Pussy Riot], falls es die Frauen nicht selbst können.«[5] Auch die Kirche nutzte die Gunst der Stunde und machte mobil. Zwei Monate nach dem Vorfall zelebrierte Patriarch Kyrill einen vierstündigen Gottesdienst vor rund 50 000 Gläubigen »zum Schutz des Glaubens, geschändeter Heiligtümer, der Kirche und ihres guten Rufes«.[6]

Der Versuch der wortgewandten Vertreterin der Truppe Nadeschda Tolokonnikowa, den anschließenden Prozess während der Verhandlung mit den Moskauer Schauprozessen zu Stalins Zeiten zu vergleichen – »dies ist eine Verhandlung über das gesamte Staatssystem der Russischen Föderation« –, funktionierte gleichfalls nicht. Die Selbststilisierung als Speerspitze des Widerstandes führte in einigen intellektuellen Zirkeln von Moskau und St. Petersburg zwar kurz zu erhöhtem Verbrauch von Rotwein und erregten Diskussionen, was Kunst darf und kann. Doch politisch war die Aktion ein Flop.

Die Demoskopen des Lewada-Zentrums ermittelten, dass sich 86 Prozent der befragten Russen für eine Bestrafung der Frauen aussprachen. Über die Hälfte waren mit dem rigiden Strafmaß von zwei Jahren Gefängnis einverstanden, das nicht nur der Menschenrechtsbeauftragte des Kreml, Wladimir Lukin, als überzogen kritisierte. Nur 5 Prozent waren dafür, die Aktion der jungen Frauen straffrei zu lassen.[7]

»Wir stehen vor einer unbestreitbaren Tatsache: dumme Hühner, die einen Akt geringfügigen Rowdytums begangen haben, um Publicity zu bekommen«, fasste Alexej Nawalny, der Blogger und bekannteste Putin-Gegner im Oppositionslager, die Lage wütend im Internet zusammen. Er wandte sich nur gegen die harte Strafe. Wladimir Putin begnadigte die Aktivistinnen an Weihnachten 2013, drei Monate vor dem Ablauf ihrer regulären Haftzeit.

10 Beresowskis Brief – oder: Grüße aus der Vergangenheit

Putins Petersburger Jahre

Warten in der VIP-Lounge des Wnukowo-Flughafens Nummer 3. *Aeroflot Russian International Airlines* steht in blauen Großbuchstaben auf der grau lackierten Holzwand. Wuchtige Kunstledersofas in Grau, auf denen kompakte Männer von schwer definierbarem Alter mit ledernen Aktenkoffern und Laptops sitzen, stehen auf braun-beigem Teppichboden. Wieder einmal hat sich der Präsident verspätet.

Später in der Maschine dreht sich das Gespräch zwischen Wladimir Putin und mir um Boris Abramowitsch Beresowski. Der selbsterklärte Förderer von Wladimir Putin wandelte sich später zum erbitterten Gegner, der nach London ins Exil ging und von dort seinen Feldzug gegen den neuen Mann im Kreml inszenierte. Der aktuelle Anlass für die Konversation ist der plötzliche Tod des einstigen Oligarchen. Ein Leibwächter hat ihn ein paar Tage zuvor, am 23. März 2013, leblos im Badezimmer seines Hauses im vornehmen Londoner Vorort Ascot gefunden. Neben ihm ein Schal. Der Pathologe fand keine Hinweise auf einen gewaltsamen Kampf. Tod durch Strangulation, lautet der Befund der Rechtsmedizin. Der russische Oligarch habe wohl Selbstmord begangen, ist das erste Fazit der Polizei. Beresowski war 67 Jahre alt, pleite und allein. Das Haus gehörte seiner Exfrau. In seinem letzten Interview am Tag vor seinem Tod erzählte er einem Journalisten des Magazins *Forbes*: »Ich habe unterschätzt, wie sehr ich an Russland hänge und dass ich kein Emigrant sein kann.« Dann schiebt er noch hinterher: »Mein Leben hat keinen Sinn mehr. Ich habe keine Lust, Politik zu machen. Ich weiß nicht, was ich tun soll.«[1]

Wladimir Putin lehnt sich zurück und streicht kurz mit der Hand über den Kopf. Beresowski habe ihm Ende 2012 einen Brief geschrieben, der ihm allerdings erst Wochen später von einem Mittelsmann persönlich überreicht worden sei. Der Inhalt des handgeschriebenen Dokuments: Er wolle wieder nach Russland zurück, eine Professur antreten und der Politik entsagen. »Er hat mich um Verzeihung gebeten und geschrieben, dass er falsch lag. Er hatte damals versucht, mich politisch zu vernichten, und er hat verloren. Es war eine heftige Auseinandersetzung.«

Was die zentrale Bitte des Briefs angehe, erklärt Putin, sei er die letzten Wochen nicht zu einer Entscheidung gekommen. Natürlich habe er die Macht, ihn zu begnadigen, aber der Vorgang sei kompliziert, da noch Prozesse liefen. Die Juristen der Präsidialverwaltung seien dabei gewesen, die rechtlichen Folgen zu prüfen, als ihn die Nachricht von Beresowskis Suizid überrascht habe.

Bei einem Besuch einige Wochen vor der Wiederwahl Putins zum Präsidenten 2012 sitzt Beresowski am Schreibtisch seines Büros im vornehmen Londoner Stadtteil Mayfair, Down Street Nummer 7, eingerahmt von Fotos aus vergangenen Tagen, auf denen er mit wichtigen Menschen zu sehen ist. Auch bei unserem Treffen glaubt er an seine baldige Rückkehr. Die Demonstrationen in Moskau zeigten, dass sich Wladimir Putin diesmal verrechnet habe. »Eine neue Generation, die nicht mehr in der Sowjetunion geboren ist, die nicht wie Putin *back in the USSR* will«, behauptet er und zitiert dabei den alten Refrain eines Beatles-Songs. Je mehr er redet – und er redet viel und schnell –, desto mehr begeistert er sich über die Vorstellung, wieder eine Rolle in Moskau zu spielen. Falls Wladimir Putin verliere, was aber mehr oder minder klar sei. Er werde gleich an dem Tag nach der Wahl in die russische Hauptstadt zurückkehren, erklärt er. Es gehe nach dem Sieg darum, eine neue, tragfähige Ideologie zu entwickeln. Wladimir Putin werde die neue Generation nicht stoppen können.

Boris Beresowski, der einstige Strippenzieher auf den Korridoren des Kreml, der mit seinen Verbindungen in der Jelzin-Ära Milliarden machte und aus den Milliarden noch mehr Macht, hat von jeher die Phantasie seiner Zeitgenossen beschäftigt. Wie viel Geld er wirklich besaß, wusste in Russland niemand so genau, weil die Angaben stets von ihm stammten und Fragen der Buchhaltung grundsätzlich nicht seine Stärke waren. Er wusste es wohl auch selbst nicht so genau – außer, dass es da zu sein hatte und einmal sehr viel gewesen sein musste. Seit er sich 2001 nach Auseinandersetzungen mit Putin nach England abgesetzt hatte, konzentrierte er seine ganze Energie darauf, den neuen Mann an der Spitze Russlands zu stürzen. Seinen Bedeutungsverlust hat er sich und Putin nicht verziehen. »Ich habe ihn gemacht«, lautete sein Standardspruch der vergangenen Jahre, »ich werde ihn beseitigen.«

Das Finanzamt in London, das sich mit dem Nachlass Beresowskis und den offenen Rechnungen nach seinem Tod beschäftigt, verkündet den Hinterbliebenen eine schlechte Nachricht. Boris Beresowski war schon vor seinem Tod bankrott und schuldet dem britischen Fiskus 46 Millionen Pfund an Steuern.[2] Und wie zu Lebzeiten umrankt den einst so mächtigen Mann nach seinem Tod ein Mythos, der einzige, der ihm geblieben ist: Für Putins Gegner kann das Ableben von Boris Beresowski nur ein weiterer Mord im Auftrag des russischen Präsidenten sein.

Wer der Bote war, der den Brief mit der Bitte um Begnadigung Anfang Januar 2013 persönlich überbrachte, erzählt der Präsident kurz vor Ende des Fluges. Es ist ein alter Bekannter Beresowskis und jener Mann, der dem Oligarchen ein halbes Jahr zuvor die letzte vernichtende Niederlage vor Gericht beibrachte und ihn damit endgültig in den Ruin trieb: Roman Arkadjewitsch Abramowitsch, einer der reichsten Männer Russlands und im Westen außerdem bekannt als Besitzer einer überdimensionalen Yacht und des englischen Erstligaclubs FC Chelsea. Jener Oligarch, den Boris Beresowski zu seiner Zeit als einflussreicher Pate der Jelzin-Ära gegen Hunderte von Millionen Dollar »Kryscha«, die russische Variante von Schutzgeld, groß gemacht und dem er das Tor zum Kreml geöffnet hatte. Dass gerade Abramowitsch jetzt das Schreiben abliefert, ist eine sehr spezielle Geste der Dankbarkeit des einstigen Schützlings gegenüber einem der Großen aus dem Geflecht von Bürokratie, Politik und Wirtschaftskriminalität in der postsowjetischen Ära. Beresowski hat auch Roman Arkadjewitsch Abramowitsch zu Milliarden verholfen.

Das Drama, das über Monate in Raum 26 im Rolls Building aufgeführt wird, dem Amtssitz des Londoner High

Court, ist Englands spektakulärste Gerichtsverhandlung seit Jahrzehnten. Es geht um Milliarden, Macht und Niederlagen, Erpressung und gebrochene Versprechen, Politik, Freundschaft und Enttäuschung und gelegentlich auch um Größenwahn in dieser russischen Version von *House of Cards*. Eine durchaus persönliche Geschichte zweier Männer in einer klassischen Kombination. Der eine ist jung und der andere schon älter, beide sind zu ihrer Zeit enorm erfolgreich und mächtig. Dann ändern sich die Umstände und damit ihre Beziehung. Das ist der eine Strang der Geschichte.

Der andere: Der Prozess 2012 zeigt Momentaufnahmen aus jener turbulenten Zeit, in der Millionen Russen nicht nur ihre gesellschaftliche Orientierung, sondern auch ihr Geld verlieren. Flashbacks eines misslungenen Freilandversuches, innerhalb von zehn Jahren das größte Land der Welt von einer sozialistischen auf eine kapitalistische Wirtschaft umzustellen. Jener Zeit, in der Wladimir Putin das politische Handwerk lernt nach seinem Abschied vom Geheimdienst. Andere Staaten haben für die Umstellung mehr als hundert Jahre gebraucht. Das Experiment wird für viele zum Desaster.

Das gilt nicht für die beiden Männer, die sich mit ihrer großen Schar von Bodyguards und Anwälten, Übersetzern und Strategieberatern regelmäßig im Gerichtssaal des obersten Handelsgerichtes in der britischen Hauptstadt einfinden. Sie haben von dem Chaos profitiert und streiten sich nachträglich um die Verteilung der enormen Beute. Es ist auch die letzte Schlacht um die Deutungshoheit über die eigene Vergangenheit und darum, es noch einmal wissen zu wollen.

Richterin Elizabeth Gloster, die den Fall mit der Nummer 2007 verhandelt, steht vor einer schwierigen Entscheidung. Sie gilt als durchsetzungsfähig und besitzt neben dem Orden »Dame Commander of the Order of the British Empire« einen exzellenten Ruf als Juristin. Sie ist die erste Frau, die an den High Court berufen wurde. Der Stoff ist kompliziert. Es geht um gut fünf Milliarden Dollar, die Boris Beresowski von Roman Abramowitsch fordert. Abramowitsch soll ihm erst im Auftrag von Wladimir Putin gedroht und ihn dann um seinen Anteil an gemeinsamen russischen Firmen betrogen haben, als Beresowski sich mit dem neuen Präsidenten entzweite und das Land verließ. Schriftliche Verträge, die beweisen können, dass er Mitbesitzer an dem wirtschaftlichen Imperium war, existieren nicht. Alles beruht auf mündlichen Vereinbarungen, behauptet Boris Beresowski. Der Stoff aus der Zeit der traumatischen neunziger Jahre ist so kompliziert wie typisch. Die Richterin arbeitet mit diesem Prozess auch die jüngere Vergangenheit der russischen Geschichte auf.

Der einstige Mathematiker Beresowski erkannte zu Zeiten von Glasnost und Perestrojka schnell, dass er auf Dauer als staatlicher Angestellter, der zunehmend unregelmäßig bezahlt wurde, keine Aussicht auf eine große Karriere hatte. Er arbeitete an einem angesehenen wissenschaftlichen Institut, das für die russische Automobilindustrie forschte, aber russische Autos überlebten schon damals nur aus Mangel an Alternativen. Beresowski war zur richtigen Zeit am richtigen Ort, als die Firma LogoWAS gegründet wurde. Die Geschäfte der Aktiengesellschaft weiteten sich in rasantem Tempo aus. LogoWAS beschäftigte sich mit Software und Computern, mit dem Import von Gebrauchtwagen aus dem Westen, avancierte zur Generalagentur für die russische Automobilindustrie und ist schließlich eine Holding für Geschäfte aller Art. Und das ist durchaus wörtlich zu nehmen.

Vergangenheit und Umbruch

Beresowski lernt Wladimir Putin Anfang der neunziger Jahre kennen. Der einstige Agent für den Auslandsgeheimdienst hat gerade wegen der unsicheren Aussichten im Staatsdienst umgesattelt. Anatoli Sobtschak, der Bürgermeister von St. Petersburg, hat ihm einen aussichtsreichen Job in der Stadtverwaltung angeboten. Putin ist in St. Petersburg geboren und hat dort Rechtswissenschaften studiert – und Sobtschak war sein einstiger Juraprofessor an der Universität. Wladimir Putin wird nun als Stellvertreter des Stadtoberhauptes für internationale Beziehungen und wirtschaftliche Fragen zuständig sein.

Beresowski ist geschäftlich in St. Petersburg unterwegs. Man weiß, wer der andere ist. Sonst haben beide erst einmal wenig miteinander zu tun. Für den Geschäftsmann aus Moskau ist die Begegnung Routine, ein weiterer Kontakt mit der lokalen Verwaltung, vielleicht von Vorteil für die laufenden Geschäfte. Ein Bekannter hat Beresowski auf »den zuständigen Mann von Anatoli Alexandrowitsch« aufmerksam gemacht. Anatoli Alexandrowitsch Sobtschak ist Anhänger Gorbatschows und der erste Bürgermeister, der von der Bevölkerung nach dem Ende der Sowjetunion 1991 frei gewählt wurde. Zusammen mit seiner Wahl stimmten die Einwohner damals einem Referendum zu, das Leningrad seinen ursprünglichen Namen St. Petersburg zurückgab.

Für den späteren Präsidenten Putin spielt der Geschäftsmann Beresowski in einer anderen Liga, von der er selbst meilenweit entfernt ist. Die Lage in St. Petersburg ist katastrophal. Die Läden sind so leer wie die Kassen der Stadt. Der städtische Angestellte versucht, St. Petersburg über Wasser zu halten, und verwaltet den Mangel.

Wladimir Putin spricht fließend deutsch. Er war fünf Jahre in Dresden mit seiner Frau Ljudmila und den beiden Töchtern Marija und Jekaterina als Geheimdienstmann stationiert und schätzt die Deutschen. Seitdem er in der Stadtverwaltung arbeitet, pflegt er auch offizielle Kontakte in die alten Bundesländer. Zum Hamburger Bürgermeister Henning Voscherau beispielsweise. Aus der Partnerstadt an der Elbe rollen über Monate regelmäßig Hilfskonvois mit Spenden in die Stadt an der Newa. Die Hilfspakete werden gern genommen. Nur der Verband der Veteranen fühlt sich in seinem Stolz verletzt und beschwert sich beim Bürgermeister, dass man für diese milden Gaben nicht in den Großen Vaterländischen Krieg gezogen sei.[3] Es ist ein heikles Thema. Wladimir Putin fährt wegen der Beschwerden der Veteranen nach Hamburg, Henning Voscherau lässt nach Absprache mit seinem Petersburger Kollegen Sobtschak die Hilfsaktion auslaufen, als sich die Lage langsam verbessert.

In St. Petersburg ist die Erinnerung an den Zweiten Weltkrieg nicht nur bei den Älteren präsent. Über eine Million Zivilisten starben, jede Familie hat Angehörige verloren. »Der Führer ist entschlossen, die Stadt Petersburg vom Erdboden verschwinden zu lassen«, heißt es in einer Weisung des Oberkommandos der Wehrmacht.[4] »Mein Vater wurde als Soldat schwer verletzt und hat meine Mutter im letzten Moment vor dem Hungertod gerettet, als er aus dem Krankenhaus nach Hause kam«, beschreibt Wladimir Putin die Leidensgeschichte seiner Eltern, als wir im Herbst 2011 zum ersten Mal zusammen in St. Petersburg sind und an dem Blockade-Denkmal am Siegesplatz vorbeifahren.

871 lange Tage, vom September 1941 bis zum Januar 1944, haben die deutschen Truppen die Stadt belagert und

die Bewohner von der Versorgung abgeschnitten. Seine beiden älteren Brüder hat Putin nie gesehen, sie waren schon tot, als er, ein Nachkömmling, 1952 geboren wurde. Einer starb kurz vor dem Krieg, ein anderer während der Belagerung. Die Eltern überlebten und machten das Trauma vornehmlich mit sich selbst aus. »Meine Eltern wollten das Thema nicht anschneiden«, erinnert sich Wladimir Putin. »Ich bekam es immer dann mit, wenn Besuch oder Bekannte kamen und sich über die Zeit unterhielten.« Wohnraum ist knapp. In einer »Kommunalka«, wie die städtischen Gemeinschaftswohnungen genannt werden, in denen mehrere Familien aufeinandersitzen, lebt auch die Familie Putin in einem Zimmer. Seine kleinen Fluchten als Jugendlicher spielen sich draußen in den Hinterhöfen ab. »Jeder lebte irgendwie in sich selbst«, beschreibt Wladimir Putin die Zeit. »Ich kann nicht behaupten, dass wir eine sehr emotionale Familie waren, dass wir uns austauschten. Sie behielten vieles für sich. Ich wundere mich noch heute, wie sie mit den Tragödien umgingen.«

Die Geschichte der Stadt ist einer von mehreren Gründen, warum er als Jugendlicher vom Geheimdienst träumt. Der Rest sind romantische Vorstellungen eines Fünfzehnjährigen von Abenteuer, Ausland und davon, ein Held zu sein. In der Schule lernt er Deutsch, auch auf der Universität. Wladimir Wladimirowitsch ist der Prototyp des normalen Studenten in der Sowjetunion. »Ich habe mich auf zwei Sachen konzentriert, um erfolgreich zu sein. Sport und Studium. Und das hat geklappt«, beschreibt er diesen Abschnitt seines Lebens. »Ich war politisch interessiert, aber ich kann nicht behaupten, dass ich mich im Alter von zwanzig Jahren tiefgründig mit Politik auseinandergesetzt habe. Ich wusste damals nichts von Repressionen aus der Stalin-

zeit, die mit dem KGB verbunden waren, nichts von Dissidenten wie dem Physiker Andrej Sacharow beispielsweise.«
Er zweifelt nicht an dem, was er im Fernsehen sieht und was in der Zeitung steht. Und ob sein Berufswunsch in Erfüllung geht, darüber entscheiden ohnedies andere. Nach dem Examen tagt eine staatliche Kommission. Die Vertreter der Behörden suchen sich die Kandidaten aus, die sie haben wollen. Putins Wunsch geht in Erfüllung. Der KGB heuert den Juristen nach seinem Examen 1975 an und bildet ihn für die Auslandsaufklärung aus. Erst ist er in St. Petersburg stationiert, wo er ein paar Jahre arbeitet, und dann in Moskau zur weiteren Ausbildung am Andropow-Institut.[5] Diese Einrichtung des KGB ist ein Ausbildungszentrum für die Elite der Organisation. Ungefähr das, was West Point für das amerikanische Militär ist.

»Meinen Arbeitsplatz suchte ich mir nicht aus. Er wurde mir zugewiesen. Wer Beziehungen hatte, kam nach Bonn oder Wien, weil das Gehalt in der Landeswährung ausbezahlt wurde«, erklärt er, warum er anschließend in die DDR geschickt wurde. »Unsere Abteilung hieß Auslandsaufklärung aus dem Inland. Für die inneren Angelegenheiten der DDR selbst waren andere Abteilungen zuständig.« Sein Job ist es, die nächsten Jahre von Dresden aus Informationen über NATO-Länder wie die Bundesrepublik zu beschaffen und Informanten anzuwerben. Er wertet auch die deutsche Presse aus.

Zu Hause verändert sich unterdessen die politische Landschaft. Im greisen Politbüro schaffen es neue Leute an die Spitze. Es ist der Anfang vom Ende des Sowjetreichs. In Dresden registriert der Geheimdienstmann, dass irgendetwas zu Hause passiert, aber mehr als Gerüchte kennt er nicht. Es wird wie überall auch beim KGB in Dresden über die Partei gespottet, die in Moskau mal wieder nichts hinkriegt, während man selbst ja an der wirklichen Front steht und sieht, was man alles besser machen könnte, aber nicht gefragt wird. Es ist die Form von Kritik, die es überall in Organisationen gibt. Nichts Besonderes, der übliche Klatsch und Frust. »Was wirklich in den höheren Etagen der Macht vorging, davon hatten wir keine Ahnung. Schon gar nicht, was an der Spitze der Partei los war«, beschreibt Putin den Kenntnisstand der Außendienstmitarbeiter. »Nun kam also Gorbatschow und mit ihm die Perestrojka. Dass sich auf Dauer etwas verändern musste, war uns auch klar. Wir arbeiten schließlich im Ausland und sahen, was außerhalb der Sowjetunion in der Welt passierte und alles möglich war.«

Putin hat den Besuch Michail Gorbatschows in Berlin im Oktober 1989 – zum vierzigsten Jahrestag der DDR – mitbekommen und die legendäre Warnung des Generalsekretärs der KPdSU an die Genossen im Politbüro des deutschen Außenpostens: »Gefahren warten nur auf jene, die nicht auf das Leben reagieren.« Und jenen Satz, der gleich danach als umgeschriebene und einprägsame Parole in Deutschland populär wird: »Wer zu spät kommt, den bestraft das Leben.« Er hat die Demonstranten in Dresden erlebt, die zu Tausenden gegen Erich Honecker und seine Regierung protestieren.

Als die Zeit seiner Stationierung Ende 1989 abläuft, ist auch die Zeit für die DDR abgelaufen, und in Moskau ändern sich gleichfalls die Verhältnisse und die personellen Konstellationen. Das ist für einen, der während des Umbruchs von draußen zurückkommt, nicht einfach. Der Dienst muss zudem Planstellen kürzen.

Putin will nicht nach Moskau. Nicht in die Zentrale, wo ihm ein Job angeboten wird, sondern zurück nach St. Petersburg. »Natürlich habe ich darüber nachgedacht, wie es weitergehen sollte. Ich hatte zwei Kinder und eine Frau zu ernähren. Meine Eltern dort waren über achtzig. Aber ich besaß mit meiner zivilen Ausbildung eine Alternative. Ich habe ja Jura studiert, und in Petersburg kannte ich mich aus«, erinnert er sich an die Gründe für die Entscheidung von damals.

Wladimir Putin ist wieder im zivilen Leben angekommen. Jetzt hat er die Aufgabe übernommen, die marode Wirtschaft der Stadt irgendwie zu verändern. Er verhandelt mit ausländischen Firmen und Geschäftsleuten – und auch mit Boris Beresowski, um Investitionen für St. Petersburg lockerzumachen.

Die politischen Ereignisse in der Hauptstadt betrachtet der neue Mann in der Stadtverwaltung mit Skepsis. Nach dem Putschversuch gegen Gorbatschow 1991 bittet er in einem Brief an den Geheimdienst mit Nachdruck um seine Entlassung. »Als bei uns das staatliche Komitee für den Ausnahmezustand gegründet und Gorbatschow auf der Krim festgesetzt wurde«, sagt Putin, »wurde mir meine doppelte Lage klar. Zum einen war ich ein enger Mitarbeiter von Anatoli Sobtschak und damit gegen den Putschversuch. Zum anderen stand ich auf der Liste des KGB. Auch wenn ich von der Auslandsaufklärung kam, war es noch immer der KGB, und der KGB hatte den Staatsstreich unterstützt.« Auch in St. Petersburg sympathisieren Teile des KGB mit dem Putsch.

Wladimir Putin kramt in der Schreibtischschublade seines Büros in Nowo-Ogarjowo, zieht einen Ordner mit persönlichen Unterlagen hervor und zeigt das Schreiben des

KGB, dass der Oberstleutnant Wladimir Wladimirowitsch Putin mit Wirkung zum 31. Dezember 1991 aus dem Dienst entlassen ist.« Aber einmal KGB, das wissen Sie und Ihre Kollegen bestens, heißt ja immer KGB«, fügt er ironisch hinzu. »Da helfen mir auch keine Urkunden.«

Bürgermeister Anatoli Sobtschak ist nach Moskau gereist, um Jelzin gegen den Putsch zu unterstützen. Der stellvertretende Bürgermeister Wladimir Putin organisiert Bodyguards, die Sobtschak bei seiner Rückkehr vom Flughafen in St. Petersburg abholen. Die Welt des Wladimir Wladimirowitsch Putin hat sich langsam, aber sicher verändert, so wie sich die Welt des einstigen Mathematikers Boris Beresowski verändert hat. Dass beide bald sehr viel mehr miteinander zu tun bekommen werden, ist aber zu diesem Zeitpunkt noch nicht abzusehen.

11 Der Kreml – oder: Russisch Roulette

Wie der russische Staat in den neunziger Jahren geplündert wurde

Boris Beresowskis Kapital in der russischen Hauptstadt sind Beziehungen. Er lernt 1993 Walentin Jumaschew, den stellvertretenden Chefredakteur der Wochenzeitung *Ogonjok*, kennen, der als Berater Jelzins in den Kreml gewechselt hat. Jumaschew verschafft ihm den Zugang zur Politik. Was zu Zeiten George W. Bushs der Golfclub in Texas war, ist für das Moskau der damaligen Zeit der präsidiale Tennisclub. »Ich war der erste russische Geschäftsmann, der in den Club aufgenommen wurde.«[1] Diesen Satz gibt Beresowski mit sichtlichem Stolz zu Protokoll, denn dort im Club tummelt sich »die Familie« des Präsidenten, wie Jelzins enge Berater und Regierungsmitglieder genannt werden. Oligarch Beresowski hält sich bei seinem zielstrebigen Aufstieg im neuen russischen Kapitalismus an die alte Erkenntnis von Karl Marx, dass der wirkliche Reichtum des Menschen der Reichtum seiner wirklichen Beziehungen ist.

»Durch den Tennisclub entwickelte ich gute Beziehungen zu Spitzenpolitikern und zu Tatjana Djatschenko, Präsident Jelzins Tochter«, und »Frau Djatschenko und Herr Jumaschew teilten meine politischen Ansichten«, erläutert er im Gerichtssaal die dynamische Entwicklung der neuen Beziehung. Der Begriff »Familie« gilt in dem Kreis nicht nur im übertragenen Sinn. Walentin Jumaschew wird Chef der Kreml-Administration und heiratet später die Tochter Jelzins. Beresowski ist angekommen, gehört zu denen, die Zugang zur Belle Etage der Politik haben, und er weiß, wie er seinen Einfluss ausbauen kann. Ihm wird schnell klar, welche Rolle den Medien im weiteren politischen Kampf zukommt, und er ist fest entschlossen, im Poker um die Macht mitzuspielen.

Er spricht mit Walentin Jumaschew über eine mögliche Privatisierung der staatlichen Rundfunk- und Fernseh-Holding Ostankino. Das erste Programm ist der Kanal mit der größten Reichweite in Russland. 98 Prozent aller Fernsehzuschauer schalten *Perwy kanal* ein, wie der Sender heißt, wenn sie sich informieren wollen. Dann überredet Beresowski Boris Jelzin, die Privatisierung des Mediengiganten durchzusetzen.[2]

Von diesem Deal wollen beide profitieren. Jelzins Popularität schwindet dramatisch, die meisten Russen leiden enorm unter dem Raubtierkapitalismus. Die Kommunisten werden wieder salonfähig. Boris Beresowski verspricht dem angeschlagenen Präsidenten, dass der künftige Fernsehkanal die Wähler unterstützen werde, die für die Demokratie sind und deren einzig legitimer Vertreter für den anstehenden Wahltermin bekanntermaßen nun mal Boris Jelzin sei.[3] Jelzin gefällt diese Vorstellung, und er unterzeichnet am 29. November 1994 eine präsidiale Order, Ostankino zu privatisieren und in eine neue Firma namens ORT umzuwandeln. Der Staat behält 51 Prozent, die restlichen 49 gehen an private Investoren. Beresowski kauft mit einem Kompagnon nach und nach die Aktien auf. Ohne ihn geht nun nichts mehr. Entscheidungen über Richtung und Personal des Senders können nach der neuen Geschäftsordnung nur mit ihm und nicht gegen ihn getroffen werden. Nach und nach sichert er sich zusätzlich Anteile an großen Zeitungen. Für ihn sind die Medien die entscheidenden Waffen und die anstehende Präsidentenwahl nur die nächste Etappe für den weiteren Verteilungskampf. Dabei hält er an seiner Grundüberzeugung fest: »Die Leute sind in Sowjetzeiten groß geworden und glauben, was in den Zeitungen steht. Und das Fernsehen ist ohnedies die Bibel für die Russen.«[4]

Als sich Abramowitsch und Beresowski auf einer Yachttour durch die Karibik näher kennenlernen, prallen zwei Welten aufeinander. Abramowitsch ist 28 Jahre jung, als Selfmade-Mann durchaus erfolgreich, allerdings ohne große politische Verbindungen. Der Mann aus Saratow hat Ingenieurswissenschaft studiert und sich während der Perestrojka früh auf das heimische Ölgeschäft konzentriert. Seine Firmen Petroltrans, Runicom oder BMP gehören zu den wichtigeren Unternehmen, die von staatlichen Firmen wie Omsk Oil in Westsibirien oder Raffinerien in Samara und Moskau Petroleum aufkaufen und ein über die gesamte Föderation verzweigtes Vertriebssystem etabliert haben.

Abramowitsch investiert in Aeroflot, in Aluminium oder in Kunstdünger. In alles, was irgendwie Geld verspricht. Er hat eine eigene Beratungsfirma gegründet, die seine Beteiligungen koordiniert, und ist dabei, die Geschäftsfelder weiter auszudehnen. Was ihm fehlt, ist der Kontakt zur politischen Spitze. »Es war mir klar, dass ich ohne Menschen mit den richtigen politischen Verbindungen nicht weiterkommen würde«, beschreibt Abramowitsch seine strategischen Überlegungen zu jenem Zeitpunkt.[5] Er ist auf der Suche und hat Glück.

Vom Charme der Oligarchen

Die beiden einflussreichen Chefs der Alfa Bank in Moskau, Pjotr Aven und Michail Fridman, haben den Ölmarkt im Visier und laden den jungen Unternehmer zu einer Karibiktour ein. Sie wollen lukrative Investitionen in der Erdölindustrie ausloten und bringen ihn mit Beresowski zusammen. Für Spindoktor Beresowski ist der »Ölhändler Abramowitsch«, der auf der Moskauer Bühne nicht prominent präsent ist und den er deswegen auch nicht kennt, ein irgendwie netter junger Mann, der gern einmal über Geschäftsprojekte reden möchte.

Und dieser nette junge Mann präsentiert der illustren Runde während der nächsten Tage zwischen Aperitif und Absacker eine bestechende Idee. Der Preis für das schwarze Gold liegt in Russland weit unter Weltmarktniveau, seine Firmen könnten von diesem Preisunterschied enorm profitieren. Das Rezept ist so lukrativ wie einfach. Er brauche in Zukunft nur weiter lokal einzukaufen und dann zu Weltmarktpreisen im Ausland zu verkaufen. Allerdings in größerem Stil als bislang, und dafür benötige er Unterstützung. Abramowitsch präsentiert einen Plan, wie das vielversprechende Geschäft mit Hilfe des laufenden Programms zur Privatisierung von Staatseigentum umzusetzen ist. Falls es gelänge, die Firmen Nojabrskneftegaz und Omsk Oil, die der staatlichen Erdölgesellschaft Rosneft gehörten, auf die Liste der Unternehmen zu setzen, die privatisiert werden sollen, ließe sich daraus ein veritabler Energiekonzern basteln – eine Gelddruckmaschine für die neuen Besitzer.

Beresowski mit seinem untrüglichen Gespür für Geld und die eigenen Möglichkeiten wittert das Geschäft sofort und nimmt den jungen Mann unter seine Fittiche. Er werde sich darum kümmern und mit dem Präsidenten über dieses neue Projekt mit dem Namen Sibneft reden, verspricht er. Umgehend wird er beim Leiter der staatlichen Privatisierungsbehörde vorstellig, den er gut kennt, und dann wieder einmal beim Kreml-Chef selbst. Am 24. August 1995 unterzeichnet Präsident Jelzin das Dekret 972. Die Order aus dem Kreml genehmigt die Kreation einer neuen Firma namens Sibneft und setzt sie auf das Privatisierungsprogramm »loans for shares«.[6]

Die Aktion »Darlehen gegen Aktien« ist der harmlose Titel für ein gigantisches Umverteilungsprogramm der Regierung, um an Geld zu kommen. Ihm liegt der Vorschlag russischer Geschäftsleute zugrunde, dem Staat Unternehmen aus dessen Besitz abzukaufen. Die Kronjuwelen aus der Rohstoffindustrie mit Namen wie Norilsk Nickel, Yukos oder Lukoil werden zu einem Bruchteil ihres Wertes an Privatleute verkauft. Das Programm läuft stets unter ähnlichen Bedingungen ab. Die Herren aus der Wirtschaft und der Regierung kennen sich seit längerem, und manche der Unternehmer haben selbst eine Zeit lang für die Regierung gearbeitet. Sie besitzen Insiderwissen. Der künftige Eigentümer wird dem Staat den Kaufpreis offiziell als Darlehen gewähren. Dafür bekommt er die Mehrheitsanteile der neuen Firma. Dieser Ausverkauf ist die Grundlage für den unglaublichen Reichtum vieler Oligarchen.

»Das Loans-for-shares-Programm war die letzte Phase des Bereicherungscoups der Oligarchen«, analysierte der

Wirtschaftswissenschaftler Joseph Stiglitz, »die nicht nur das wirtschaftliche, sondern auch das politische Leben des Landes beherrschten.« Stiglitz weiß, wovon er spricht. Er war von 1997 bis Ende 1999 Chefökonom der Weltbank, die zusammen mit dem Internationalen Währungsfonds (IWF) Milliardenkredite an klamme Länder vergibt. Der IWF, bekannt für die härtesten Vorgaben im internationalen Finanzbusiness, gewährte Milliardenkredite nur unter der Bedingung, dass die russische Regierung die Privatisierung von Staatsbetrieben weiter vorantreibt. »Die Regierung verscherbelte praktisch das gesamte wertvolle Tafelsilber, und gleichzeitig war sie nicht in der Lage, die Renten und Sozialhilfe zu bezahlen. Die Regierung nahm Kredite in Milliardenhöhe beim IWF auf, wodurch sie sich immer mehr verschuldete.« An diesem Modell hat sich bis heute nicht viel geändert, wie das Beispiel Griechenland zeigt.

»Wir im Westen und unsere Regierungen haben keineswegs eine neutrale und unbedeutende Rolle gespielt«, schreibt der Nobelpreisträger, weil der IWF meinte, »er könne Russland von Grund auf umgestalten«. Stiglitz kritisierte intern die Politik des IWF scharf: »Die neuen russischen Herren klauten die Staatsbetriebe, zerschlugen sie und hinterließen ein ausgeplündertes Land. Die Unternehmen, die Beresowski (…) kontrollierte, wurden alle bis zur Konkursreife heruntergewirtschaftet.«[7] Die Regierung von Bill Clinton will Boris Jelzin um jeden Preis halten und besteht auf der Privatisierung. Finanzminister Lawrence Summers macht so viel Druck, dass Stiglitz seinen Job aufgibt. Zwei Jahre nach seinem erzwungenen Abgang erhält er 2001 den Nobelpreis für Wirtschaft.

Roman Abramowitsch steht nicht allein mit seiner Strategie, Milliarden zu verdienen. Auch andere Oligarchen nutzen die Situation, um sich systematisch zu bereichern. Michail Chodorkowski etwa kauft die staatliche Ölfirma Yukos für gut 300 Millionen Dollar. Der Marktwert liegt kurze Zeit später schon bei rund acht Milliarden und steigt weiter. Die staatliche Privatisierungskommission hat die Bank Menatep mit dieser Auktion beauftragt. An Menatep wiederum ist Chodorkowski beteiligt, und Menatep reicht Yukos an ihn weiter. Wer Geld auftreiben kann und die Verbindungen hat, heißt die Faustformel für den staatlich geförderten Goldrausch, wird anschließend noch viel mehr Geld haben. Beresowski kennt die Spielregeln bestens. Einen Monat nach der Jelzin-Order lässt die Privatisierungsbehörde Sibneft versteigern.[8] Es ist ein Spiel ohne Risiko.

Sollte die Regierung nicht in der Lage sein, den Kredit innerhalb einer bestimmten Zeit zu tilgen, so die Vereinbarung, dann ist der Gläubiger automatisch Besitzer der Firma. »Es war praktisch unmöglich, das Darlehen zurückzuzahlen. Die russische Regierung war bankrott, und Präsident Jelzin sah einen großen Vorteil darin, einige sehr wenige, sehr reiche und mächtige Geschäftsleute zu haben, die auf lange Sicht die Mittel und die Motivation hatten, den Reformkurs in Russland zu garantieren«, schreibt Beresowski später.

Der Staat erzielt auf der Auktion etwas über 100 Millionen Dollar. Zehn Jahre später, im Oktober 2005, wird Roman Abramowitsch 72 Prozent seiner Sibneft-Anteile für 13,1 Milliarden Dollar an Gazprom verkaufen. Deswegen ist Boris Beresowski vor Gericht gezogen. Jetzt will er seinen Anteil. Bei der Gründung von Sibneft haben er und sein damaliger Kompagnon mit Abramowitsch als Lohn für seine Bemühungen einen Deal geschlossen, argumentiert er. Die künftigen Gewinne des neuen Unternehmens sollten zwischen den beiden Parteien geteilt werden. Beresowskis Partner fällt als Zeuge aus. Er ist bedauerlicherweise 2008 gestorben. Eine schriftliche Abmachung gibt es nicht.

Abramowitsch präsentiert Richterin Elizabeth Gloster am Londoner High Court eine andere Version, eine spezielle russische Variante alter Mafiapraktiken. Er sei lediglich eine Kryscha-Beziehung eingegangen, sagt er. »Meine Kryscha-Verbindung mit Herrn Beresowski war eine Beziehung mit jemandem, der seine politischen Verbindungen nutzt und bestimmte Probleme löst. Dafür bekommt er Geld. Er war kein Geschäftspartner im klassischen Sinn.« Das russische Wort »kryscha« bedeutet Dach, und Dach bedeutet Schutz. »Es war ein Pakt mit jemandem, der dem, der Schutz sucht, garantiert, dass alles Wesentliche im Sinne des Klienten passiert, und Schwierigkeiten aus dem Weg räumt.«⁹

Genauso wichtig zur damaligen Zeit war ein »physischer Schutz, da ich nun mal mit Geld zu tun habe«, beschreibt Abramowitsch einen weiteren Teil der Abmachung. Diesen speziellen Schutz habe Beresowskis Partner, der Georgier Badri Patarkazischwili, garantiert, mit besten Beziehungen in diesem Gewerbe. Der Preis für das Paket ist hoch. »Solange der Beschützer den gewünschten Service bietet, hat der Kunde zu bezahlen, wann immer der Pate es verlangt, und zwar so viel, wie er fordert«, beschreibt Abramowitsch die Konditionen.

Es ist ein ziemlich teures Dach. Wenn Beresowski ein Flugzeug brauchte, eine Yacht charterte, sich ein Haus in Cap d'Antibes kaufte, schickte er die Rechnung an seinen Schützling. Abramowitsch habe bezahlt, räumt der gegnerische Anwalt ein. Am Anfang 30 Millionen, dann 50 Millionen im Jahr, und als er 2001 ausstieg, weil der einstige Godfather im Exil lebte und in Russland keinen Einfluss mehr hatte, noch einmal 1,2 Milliarden Dollar.

Nachdem die Richterin mehrere Experten zum Thema Schutzgeld gehört hat, schreibt sie ihre Schlussfolgerung nieder. Es ist eine ebenso kurze wie treffende Zusammenfassung der russischen Verhältnisse nach dem Zusammenbruch der Sowjetunion. Ohne Kryscha sei zur damaligen Zeit kein Geschäft möglich gewesen. Eine Art Tauschhandel – politischen Einfluss oder physischen Schutz oder kriminelle Machenschaften gegen Geld. Meistens kam alles zusammen.

Auch dafür, dass eine solche Partnerschaft nicht mit Brief und Siegel festgehalten wurde, hat der einstige Politiker Beresowski vor Gericht eine Erklärung. Es sei Abramowitschs Bitte gewesen, das Unternehmen nicht durch seine, Beresowskis, Prominenz zu gefährden. Falls Jelzin die anstehenden Wahlen 1996 verloren hätte und die Kommunisten wieder an die Macht gekommen wären, dann wäre er das Ziel der neuen Machthaber geworden.

12 Das Scheitern als Chance und die Verhältnisse

Putins Wechsel von St. Petersburg nach Moskau

Für Wladimir Putin läuft es 1996 in St. Petersburg auch nicht gut. Es stehen Kommunalwahlen an. Putin gehört zu den Organisatoren des Wahlkampfes für seinen Förderer, den Bürgermeister Anatoli Sobtschak. Doch der verliert am Ende knapp. Der Sieger, Wladimir Jakowlew, ein ehemaliger Kollege aus der Stadtregierung, bietet Putin an, seinen Posten zu behalten und in Zukunft für ihn statt für Sobtschak zu arbeiten, was er aus Loyalitätsgründen ablehnt. »Ich gehörte zu Sobtschaks engsten Vertrauten und war dann nach unserer Niederlage arbeitslos. Es war klar, dass ich in Petersburg keine andere Arbeit mehr kriegen würde.« Er zieht sich für einige Wochen auf seine Datscha zurück, leckt seine Wunden und sucht nach Arbeit.

Boris Beresowski schüttelt noch Jahre später bei unserem Gespräch in London den Kopf über Putins Verhalten. »Es hat mich wirklich gewundert«, sagt er, »dass er es damals ablehnte, für den neuen Bürgermeister zu arbeiten. Er erzählte mir, er sei nicht bereit gewesen, seine Haltung zu ändern.« Beresowski ist diese mangelnde Flexibilität fremd.

Es dauert einige Zeit, dann bekommt Putin ein Angebot aus dem Kreml und zieht im Spätsommer nach Moskau um. Sein einstiger Petersburger Kollege Alexej Kudrin arbeitet als Ökonom in der Präsidialverwaltung und setzt sich für ihn ein. »Ich war stellvertretender Leiter der Präsidialverwaltung und wusste, dass Putin eine Stelle suchte. Ich hatte dann mit Anatoli Tschubais gesprochen, der ihn flüchtig aus Petersburg kannte, und es hat geklappt«, erinnert sich Kudrin. Im Liegenschaftsamt des Kreml ist eine Stelle frei, und Wladimir Putin ist fortan für die Verwaltung von staatlichen Immobilien verantwortlich. Er hält sich zurück, beobachtet fasziniert, wie die politischen Prozesse ablaufen und Entscheidungen getroffen werden, und lernt, wer was zu sagen hat und wer nicht. Drei Jahre dauert es von nun an noch, dann wird er Ministerpräsident der Russischen Föderation. Und nach einem weiteren halben Jahr Präsident.

Boris Jelzin, in dessen Fußstapfen er im Mai 2000 treten wird, kämpft in diesem Schicksalsjahr 1996 ebenfalls um sein Amt. Der anhaltende Tschetschenienkrieg, publik gewordene Mauscheleien und unpopuläre Reformbestrebungen haben den Präsidenten viel Sympathie gekostet. Die Umfragewerte sind eine Katastrophe. Gennadi Sjuganow, der Kandidat der Kommunistischen Partei und Jelzins stärkster Konkurrent bei der anstehenden Präsidentschaftswahl im Frühsommer, führt im Ranking mit großem Abstand. Fünf Jahre nach dem Zusammenbruch des Kommunismus als Staatsdoktrin verspricht dessen Hoffnungsträger jetzt Stabilität und die Rückkehr zu besseren Zeiten. Boris Jelzins Werte schwanken zwischen drei und fünf

Prozent, er liegt abgeschlagen auf Platz vier der Bewerber, Sjuganow dagegen mit 20 Prozent Zustimmung auf Platz eins, seine Partei hat schon bei der Parlamentswahl zuvor gut abgeschnitten.[1]

Die Werte der Demoskopen und der lockere Auftritt des sonst eher steifen Altkommunisten auf dem Weltwirtschaftsforum in Davos im Januar haben die Aufmerksamkeit der westlichen Konzernbosse geweckt. Die Vorstände plaudern interessiert mit dem möglichen nächsten Präsidenten Russlands, obwohl die Kommunisten in Kreisen des gehobenen Kapitals nicht gerade erste Wahl sind. Boris Beresowski und die Oligarchengemeinde, die auf dem Prestigegipfel in den Schweizer Bergen gleichfalls ihre Runden drehen, sind alarmiert und verabreden sich umgehend zu einer Krisensitzung.

Neben Beresowski, der die Truppe zusammengetrommelt hat, sind es die Shooting Stars aus den Reihen der Spekulanten wie Michail Chodorkowski, Wladimir Potanin, Michail Fridman oder Wladimir Gussinski. Was sie neben ihren Milliarden gemeinsam haben, ist eine tiefe gegenseitige Abneigung. Aber die sieben Herren, die sich im März mit Boris Jelzin treffen, haben fast alle von dem staatlichen Umverteilungsprogramm profitiert und viel zu verlieren. Sollte die Kommunistische Partei gewinnen, würde der neue Präsident Sjuganow die Privatisierungen wohl rückgängig machen. Die Milliardäre treibt die nackte Angst zum gemeinsamen Handeln. »Die Kommunisten werden uns an den Laternenpfählen aufhängen. Wenn wir jetzt nicht unsere Situation ändern, wird es zu spät sein«, formuliert Beresowski die Stimmung der Truppe. Und dass Boriz Jelzin auch gesundheitlich angeschlagen ist und Herzprobleme hat, verschärft die Lage.

Sie versprechen dem amtierenden Präsidenten Millionen für den Wahlkampf und stellen ihre besten Leute für einen speziellen Wahlkampfstab zur Verfügung. Es ist eine finanzielle Bypass-Operation der besonderen Art. Der private Fonds, der für die Wiederwahl gegründet wird, trägt den passenden Namen »Zentrum zum Schutz von Privatvermögen«.[2] Als Chef berufen die Oligarchen den Mann, der ihnen das Vermögen verschafft hat und mit dem sie seit Jahren vertrauensvoll zusammenarbeiten. Er soll sie jetzt davor bewahren, es wieder zu verlieren. Der Retter heißt Anatoli Tschubais, Jelzins früherer Finanzminister und der Architekt der staatlichen Privatisierung. Er wird den Wahlkampf leiten, und es wird eine ziemlich schmutzige Schlacht werden.

Macht und Medien

Die Oligarchen bündeln ihre Kräfte und setzen auf die Medien. Boris Beresowskis Imperium aus ORT Channel 1 und Zeitungen schließt sich mit Gussinskis MediaMost-Konzern und dessen Fernsehsender NTV zusammen. Auch RTR, der TV-Kanal der Regierung, gehört zu der übermächtigen Koalition, die einen Kreuzzug gegen Gennadi Sjuganow und die Kommunistische Partei entfacht. Topjournalisten wie Igor Malaschenko von NTV wechseln in das Wahlkampfteam des Präsidenten. Der Ausgang der Wahl wird zur Schicksalsfrage für Russland hochgepuscht. Auch in Deutschland und Amerika sind Helmut Kohl und Bill Clinton besorgt wegen der vermeintlichen Renaissance des Kommunismus. Mit Jelzin in eine demokratische Zukunft, mit Sjuganow zurück in die dunkle Vergangenheit, lautet die Devise. Aus den USA fliegen Wahlkampfspezialisten ein, die für die nächsten Monate ihr Camp im Moskauer President Hotel aufschlagen und Fernsehkampagnen aushecken. »Rescuing Boris«, nennt das Nachrichtenmagazin *Time* kurz nach dem Urnengang die erfolgreiche Mission amerikanischer Berater im Moskauer Machtkampf und bringt auf der Titelseite eine Karikatur des siegestrunkenen Jelzin mit einer US-Fahne in der Hand.[3]

Bei der fachlichen Unterstützung bleibt es nicht allein. Die Oligarchen geben Hunderttausende von Dollars aus, um russische Journalisten zu bestechen. Der Presse geht es wegen der Dauerkrise schlecht. Es gibt kaum Anzeigen und Abonnements. Dafür hat sich ein alternatives Geschäftsmodell etabliert. Positive Artikel lassen sich bestellen wie Pizzas aus dem nächsten Restaurant, »selbst bei den besten Zeitungen«, wie der *New Yorker* den Verfall des Berufsstandes beschreibt.[4] Es ist nur eine Frage des Preises. »Wie Jelzin für positive Wahlkampfberichte bezahlt«, titelt die *Washington Post*.[5]

Manche der Journalisten schreiben nicht ausschließlich für Geld, sondern durchaus auch aus Überzeugung gegen eine Niederlage Jelzins an. Und aus Angst, die neue Freiheit der Medien könnte wieder einer kommunistischen Zensur à la Sowjetunion weichen. Eine Studie der Harvard-Universität analysiert die Berichterstattung und zählt in der ersten Wahlrunde 492 positive Fernsehbeiträge für Jelzin, für Sjuganow 313 negative Berichte.[6] Der Internationale Währungsfonds verkündet zum Auftakt des Wahlkampfs, dass Russland mit weiteren Milliarden Dollar Kredit rechnen kann.[7]

Die Kampagne funktioniert, katapultiert Boris Jelzin aus der ausweglosen Situation von Platz vier an die Spitze der

Kandidaten. Der Präsident wird am 3. Juli 1996 mit knapp 54 Prozent wiedergewählt, Gennadi Sjuganow kommt auf 40 Prozent. Boris Beresowskis Ziel, mit Hilfe der Medien zum Königsmacher aufzusteigen, ist aufgegangen. »Wir haben die Kommunisten mit unserer Waffe Fernsehen ausgehebelt, um unsere Reformen fortzusetzen«, beschreibt er emphatisch seinen Sieg. In einem Interview mit der *Financial Times* schildert er die weiteren Erwartungen »Wir haben Anatoli Tschubais angestellt und sehr viel Geld in den Sieg von Jelzin investiert. Nun haben wir das Recht, Regierungsposten zu besetzen und die Früchte unseres Siegs zu genießen.«[8]

Erst darf der Milliardär und Bankier Wladimir Potanin als stellvertretender Ministerpräsident bei der weiteren Privatisierung mitmischen, dann löst ihn Anatoli Tschubais ab, der auch als Chef der Präsidialverwaltung die Regie im Kreml übernimmt. Beresowski wird unter anderem stellvertretender Vorsitzender des Nationalen Sicherheitsrates. Michail Chodorkowski, der Ölmagnat, der sein Imperium auf Kosten des Staates weiter ausbaut, beschreibt das Programm der Oligarchen für die nächsten Jahre in Beresowskis Tageszeitung *Nesawissimaja Gaseta*: »Politik ist das lukrativste Feld für Geschäfte in Russland. Und es wird auch immer so bleiben. Wir haben für diese Arbeit an der Macht jemanden aus unseren Reihen ausgelost.«[9]

Aber auch Wladimir Putin hat bei dieser Wahl eine wichtige Erfahrung gemacht. Medien schaffen Realitäten, ohne dass sie die Realität widerspiegeln müssen, und Medien lassen sich im politischen Geschäft als eine äußerst effektive Waffe einsetzen. Die Oligarchen haben jenen unscheinbaren Mann aus St. Petersburg nicht auf der Rechnung, der mit dem Beginn dieser zweiten Präsidentschaft von Jelzin als gehobener Sachbearbeiter in den Kreml einzieht. Wladimir Putin hatte zwar schon den einen oder anderen Kontakt mit den Moskauer Seilschaften gehabt, sie aber bislang nur aus der Ferne beobachtet. Jetzt wird er sie bald aus der Nähe kennenlernen. Und er lernt schnell. Die Arbeit im Kreml wird zum Intensivkurs, der ihm im Schnelldurchlauf alles Nötige im Umgang mit Macht und den herrschenden Verhältnissen vermittelt. Nach Geheimdienst, Auslandserfahrung und Lokalpolitik wird das Präsidialamt zum Trainingsgelände für den letzten Abschnitt seiner Ausbildung zum Präsidenten.

13 Ankunft im Kreml

Der Aufstieg – oder: *Learning by doing*

Der schwarze Mercedes mit dem aufgesteckten Blaulicht im Hof des Hauses an der Bolschaja Poljanka, nicht weit vom Roten Platz entfernt, ist ein untrügliches Zeichen dafür, dass es sich bei dem Bewohner um jemand Bedeutenden handeln muss. Auch die beiden stämmigen Männer, die auf den schwarzen Ledersitzen im Auto Platz genommen haben, passen ins Bild. Wagen und Personal dieser Art sind in Moskau Teil der Standardausrüstung gehobener Kreise und dienen dazu, im dichten Verkehr der Großstadt und auch sonst auf der Überholspur schneller voranzukommen.

Walentin Borissowitsch Jumaschew ist ein reicher Geschäftsmann, dessen Büro sich im ersten Stock des Altbaus befindet. An der Wand hängen neben Familienbildern Reminiszenzen aus der Zeit, als er noch aktiv in der Politik mitmischte. Dort machte sich der ehemalige Redakteur des traditionellen Wochenmagazins *Ogonjok*, das sich früh als Flaggschiff von Perestrojka und Glasnost profilierte, zunächst als Ghostwriter Jelzins einen Namen, dann als dessen Stabschef im Kreml und schließlich auch noch als sein Schwiegersohn, indem er 2001 Jelzins jüngere Tochter Tatjana heiratete, die mit ihm ihre dritte Ehe einging. »Tanja und Wlaja«, wie das Power-Paar schon lange vor seiner Hochzeit von Kreml-Insidern genannt wurde, hatten beträchtlichen Einfluss auf das Geschehen im Lande. Die Familie ist bis in die heutige Zeit bestens in der russischen High Society verdrahtet. Polina, Juraschews Tochter aus seiner ersten Ehe, hat standesgemäß einen Oligarchen geheiratet, der ebenfalls sein Glück in der Ära des Privatisierungsprogramms gemacht hat und zu den reichsten Männern des Landes zählt. Natürlich gehörte auch Boris Beresowski zum engen Zirkel der Familie.

Walentin Jumaschew wird 1996 von Anatoli Tschubais in die Machtzentrale geholt, jenem Reformer, der unter Präsident Jelzin das Präsidialamt zur effektiven Stabsstelle umbaut. So kommt es, dass Jumaschew zum Vorgesetzten von Wladimir Putin in dessen Anfangsjahren im Kreml wird. Bei unserem Treffen im Mai 2015 antwortet der einstige Journalist, jetzt Ende fünfzig, stets freundlich, aber vorsichtig abwägend auf meine Fragen. »Putin war nicht der wichtigste Mitarbeiter«, beschreibt er die Aufgabenverteilung jener Zeit. »Aber wir kamen sehr gut miteinander aus. Er war wegen seiner Zuverlässigkeit geschätzt und sehr effizient. Wir haben Tag und Nacht durchgearbeitet. Uns stand das Wasser bis zum Hals. Wir lebten von der Hand in den Mund.«

Längerfristige Planungen sind unmöglich. Politische Entscheidungen werden je nach Lage und Lobby getroffen. Als beispielsweise der Verteidigungsminister dringend Geld braucht, um die miserable Lage der Armee kurzfristig zu verbessern, genehmigt Jelzin die Ausgabe, obwohl seine

Berater dagegen sind. Er hat die grummelnden Beschwerden der Generäle einfach nicht länger überhören können. Das Militär braucht er jetzt nicht auch noch gegen sich. Über die Folgen seiner Entscheidung ist er vorher informiert worden, und Jumaschew erinnert sich nicht gern an sie. »Wir konnten deswegen weder die Renten auszahlen noch die Gehälter der Beamten. Das Privatisierungsprogramm war fast abgeschlossen. Da war kaum noch etwas, das wir verkaufen konnten.«

Der neue Kollege Wladimir Wladimirowitsch Putin, so die Beobachtungen des Personalchefs Jumaschew, ist ein Muster an Unauffälligkeit, er redet nicht viel, liefert pünktlich gute Ergebnisse und geht ordentlich mit den Kollegen um. Nach den Erfahrungen in St. Petersburg hält er sich aus der Politik heraus, konzentriert sich auf die Arbeit. Bei den täglichen Intrigen in der Machtzentrale helfen ihm die Gabe, nicht groß aufzufallen, und im Zweifel die ausgeprägte Fähigkeit, das Muster der Tapete anzunehmen, vor der er gerade sitzt. Die Stationen, die er durchläuft, verschaffen ihm bald einen Überblick, wie es um den Staat steht, und es steht nicht gut.

Er macht schnell Karriere, wird Leiter der Hauptkontrollverwaltung des Präsidenten, der GKU, wie die einflussreiche Inspektionsabteilung der Zentrale offiziell genannt wird, eine Art interner Rechnungshof, der kontrolliert, wohin das Geld der Regierung fließt und ob es auch dort landet, wo es ankommen soll. Der Jurist lernt bald en détail, wie viel Korruption im Spiel ist. Putin setzt spezielle Arbeitsgruppen ein, kooperiert mit Justiz und Finanzbehörden, um den Missbrauch der knappen öffentlichen Gelder zu stoppen. Als sein Chef Jumaschew kurze Zeit später Leiter der Präsidialverwaltung und damit de facto zweiter

Mann im Kreml wird, steigt Putin zu seinem Stellvertreter auf und setzt seine Expedition durch den Apparat der staatlichen Macht fort. Jetzt ist er für die Beziehung der Zentralregierung zu den über achtzig Regionen Russlands zuständig und sieht schnell, wie machtlos die Zentralregierung ist, registriert, wie mafiöse Familienclans oder Oligarchen sich Gouverneure kaufen oder sich selbst in die einträglichen Schlüsselpositionen wählen lassen.

Der Job bringt es mit sich, dass Putin nun häufiger den Präsidenten trifft, um ihm zu erklären, welche Probleme es im fernen Wladiwostok oder in Kasan an der Wolga, der Hauptstadt von Tatarstan, gibt. Er ist auch derjenige, der die Vorschläge präsentiert, wie die Konflikte zu lösen sind. Sie reisen gelegentlich zusammen, und Jelzin lernt den zurückhaltenden Mann aus St. Petersburg zunehmend zu schätzen. Als der Präsident im Juli 1998 einen neuen Leiter für den Föderalen Sicherheitsdienst FSB braucht, weil die Nachfolgeorganisation des KGB für den Geschmack der »Jelzin-Familie« zu viel auf eigene Rechnung arbeitet und sich in ihren Augen illoyal verhält, befördert er kurzerhand den einstigen Geheimdienstmann, der gerade im Urlaub ist, per Ukas auf diesen Posten. Doch Putin zögert, sich wieder auf das alte Milieu einzulassen.

»Ich war alles andere als begeistert, als ich nach meiner Rückkehr aus den Ferien damit konfrontiert wurde.« Putin hat seine Bedenken von damals und seinen Entschluss, der Geheimdiensttätigkeit den Rücken zu kehren, als einen Wendepunkt in seinem Leben abgespeichert. »Jetzt sollte dieses paramilitärische Leben wieder anfangen, mit all den Beschränkungen, die ich schon seit Jahren hinter mir gelassen hatte. Ich hatte mich bewusst anders entschieden, als ich aus Deutschland zurückkam. Ich lebte längst ein anderes Leben. Und meine Stelle, die ich gerade im Kreml hatte, gefiel mir gut.«

Er macht es trotzdem, unter einer Bedingung. Die vorgesehene Ernennung zum General lehnt er ab, überzeugt erst Walentin Jumaschew und dann Jelzin, dass er das Amt als Zivilist leiten kann. »Er hatte einen sehr analytischen Blick auf die komplizierte Lage, ganz anders als die alten KGB-Generäle. Er kappte alte Seilschaften, strukturierte um, und er war vor allem loyal. Das machte Putin für Jelzin noch interessanter«, fasst Jumaschew das Vertrauensverhältnis der beiden Männer zusammen. Wladimir Putin ist im Zirkel der Macht angekommen und sieht den Präsidenten jede Woche bei den regelmäßigen Lagebesprechungen.

Er ist jetzt Teil der politischen Nomenklatura mit ihren speziellen Regeln. Ein Leben, eingesponnen in einem dichten Kokon von konkreter Macht und der Pflege der eigenen Bedeutung. Tag und Nacht umgeben von Sicherheitspersonal und von Geheimnisträgern und nicht zuletzt von der ausgeprägten Größenphantasie des Milieus. Seine beiden Töchter verlassen aus Sicherheitsgründen die deutsche Schule in Moskau. Kein Termin, auch im Privatleben, bei dem nicht zuvor ein Sicherheitskommando die Wohnung oder den Treffpunkt überprüft. Die Begeisterung der Familie hält sich in Grenzen.

Der neue FSB-Chef macht, was er schon vorher gemacht hat. Er konzentriert sich auf die wichtigen Themen und bringt neue Mitarbeiter in die Organisation, Leute, die er seit langem aus Petersburger Tagen kennt. Er schafft im Dienst eine neue Abteilung für Wirtschaftskriminalität, sorgt dafür, dass die Steuerfahndung anders strukturiert wird. Systematisch baut er die Ressourcen auf, die er später für seinen politischen Überlebenskampf einsetzen wird. »Ich wollte schon lange für Ordnung sorgen«, beschreibt Wladimir Putin die Möglichkeiten, die ihm das neue Amt bietet. »Jelzin hat mir die Chance gegeben, genau das zu tun. Der Staat existierte so gut wie nicht.« Wladimir Putin bleibt Pragmatiker. Er ist sich nicht sicher, ob er das Zeug hat, auf Dauer ganz oben mitzuspielen. Aber für den Fall der Fälle ist er vorbereitet. Privat geht es ihm weniger gut. Er fliegt am Wochenende regelmäßig in seine Heimatstadt. Die Blockade der deutschen Wehrmacht haben seine Eltern überlebt. Jetzt sind beide Ende achtzig und haben Krebs.

Boris Jelzin wechselt in der zweiten Amtszeit die Ministerpräsidenten wie Handschuhe, die nicht passen. Mal blockiert das Parlament eine geplante Ernennung, mal braucht der Präsident einen politischen Sündenbock für die wirtschaftliche Misere. Als Putin zum FSB-Chef ernannt wird, ist gerade der ehemalige Energieminister Sergej Kirijenko kurzfristig Premier, dem der Volksmund den Spitznamen »Kinderüberraschung« verpasst. Er ist gerade einmal 35 Jahre alt und sechs Monate nach Amtsantritt bereits wieder Geschichte. Die Wirtschaftskrise erreicht im Sommer 1998 ihren Höhepunkt. Banken kollabieren, der Rubel stürzt ab. Die Bergarbeiter im Kusbass, einem der größten Steinkohlereviere Russlands, streiken, weil sie seit Monaten keine Kopeke mehr gesehen haben, und sie sind nicht die Einzigen, die mit leeren Taschen dastehen.

Der ehemalige Geheimdienstchef und Außenminister Jewgeni Primakow hält sich als Nachfolger Kirijenkos immerhin acht Monate lang. Er hat die Unterstützung des Parlaments und wird dem Präsidenten zunehmend gefährlich. Auch Beresowski und die Oligarchen fürchten den gewieften Taktiker, der sich als Kandidat für die nächste

Präsidentschaft in Stellung bringt. Jelzin ersetzt den Konkurrenten durch den ehemaligen Innenminister Sergej Stepaschin. Er wird es auf die kürzeste Amtszeit Russlands bringen. Ganze 89 Tage ist er Ministerpräsident, von Mai bis Anfang August 1999, und am letzten Tag gibt er dem Kabinett ebenso kurz und sichtlich frustriert seinen Nachfolger bekannt: »Guten Morgen. Ich bleibe stehen, weil ich nicht mehr lange auf dem Sessel sitzen werde. Heute Morgen sprach ich mit dem Präsidenten. Er unterzeichnete meine Entlassungspapiere, dankte für meine Arbeit und feuerte mich. Meine Funktion übernimmt Wladimir Putin.«[1]

»Meine Ernennung war im Grunde ziemlich kurios«, beschreibt Sergej Stepaschin seine Karriere als Kurzzeitpremier. »Eigentlich sollte der Eisenbahnminister Aksenenko Ministerpräsident werden. Ich war damals Innenminister und stellvertretender Premierminister. Dann hat Jelzin mich plötzlich angerufen und gesagt: Sie werden jetzt ernannt. Auf meine Frage warum, antwortete er nur: Was sein muss, muss sein.«

Sergej Stepaschin ist als Chef des russischen Rechnungshofes 2015 in Rente gegangen. Er kommt aus St. Petersburg und kennt Putin noch aus der Zeit, als sie beide dort lebten. Auch der im selben Jahr geborene Stepaschin ist im sowjetischen Sicherheitsapparat groß geworden. Beim Putschversuch gegen Gorbatschow im August 1991 schlug sich der damalige Duma-Abgeordnete loyal auf Jelzins und Gorbatschows Seite. Jelzin beauftragte Stepaschin anschließend mit der Untersuchung, wie weit der KGB in den Putsch verwickelt war, und machte ihn danach zum Chef des Geheimdienstes FSB, der damals, 1994, noch anders hieß.

Jelzins »Familie« sucht bereits seit längerem nach einem verlässlichen Kandidaten, der in diesen unruhigen Zeiten nicht nur als Ministerpräsident infrage kommt, sondern auch als Nachfolger des kränkelnden Präsidenten antreten könnte. Wladimir Putins Name fällt immer öfter. Die gleichen Gründe, die Walentin Jumaschew bereits zu Beginn ihrer Zusammenarbeit in Moskau aufgefallen waren, machen den FSB-Chef nun zum Favoriten. Seine zurückhaltende Art, die Hand in Hand mit vorzeigbaren Arbeitsergebnissen geht. Eine zuverlässige Größe in dem hektischen Getriebe. Loyal, effizient und offenbar von keinem eigenen Ehrgeiz beseelt. Sein Einfluss hält sich in Grenzen, eigene Truppen hat er kaum vorzuweisen, alles in allem gilt er als Kandidat, der sich offenbar leicht handhaben lässt. Der ideale Verwalter also für die eigenen Interessen des Jelzin-Zirkels. Boris Beresowski, der Freund der Familie, ist an der Königsmacherdiskussion beteiligt.

»Wir haben zu dieser Zeit ständig diskutiert, wer der nächste Ministerpräsident sein könnte. Und es war auch klar, dass der Mann dann von dieser Startposition aus auch der Kandidat für die nächste Präsidentschaft sein musste, um einen ungefährlichen Übergang hinzubekommen. Jelzin hat sich bereits vor der Ernennung Stepaschins für Putin entschieden«, erinnert sich Walentin Jumaschew an diesem Nachmittag in seinem Büro an der Bolschaja Poljanka und spielt die Rolle Beresowskis in der »Jelzin-Familie« herunter. »Jelzin dachte taktisch und wollte Putin in der angespannten Lage nicht verheizen. Deswegen hat er zuerst Stepaschin zum Ministerpräsidenten gemacht und verschlissen. Beresowski setzte sich sofort ins Flugzeug, besuchte Putin im Urlaub und sagte ihm: Du wirst der nächste Präsident. Er hat so getan, als hätte er das Ganze gefingert. Das war sein Geschäftsmodell. Er hat immer mit Teilinformationen gehandelt, um mit dieser Taktik Abhängigkeit und Dankbarkeit zu erzeugen.«

Beresowski erinnert sich anders, als wir kurz vor seinem Tod in London darüber sprechen. Er sei im Auftrag des Präsidenten zu Putins Urlaubsort nach Biarritz geflogen, um herauszufinden, was der Kandidat selbst zu dem Vorschlag meine. »Beresowski hat mich besucht«, bestätigt Wladimir Putin die Stippvisite des Oligarchen. »Ich war überrascht, aber ich wusste natürlich auch, dass er einflussreich war.« Für ihn selbst kommt das Angebot unerwartet. Er ist sich nicht sicher, ob er der geeignete Mann für diese Aufgabe ist, und teilt Jelzin, zurück in Moskau, seine Zweifel mit. »Denken Sie einfach darüber nach, und dann reden wir wieder«, lautet dessen Antwort. Viel Zeit zum Nachdenken bleibt ihm allerdings nicht.

Ungeachtet der gelegentlichen Selbstzweifel rechnet Wladimir Putin seine Chancen als Kronprinz hoch. Eine Empfehlung durch den angeschlagenen Präsidenten ist in diesen Zeiten der Krise nicht automatisch ein Bonus für die politische Karriere. Jelzins Autorität zerbröselt zusehends von Tag zu Tag, und Putin hat sehr wohl im Blick, wie der Präsident einen Ministerpräsidenten nach dem anderen verheizt, sobald es eng für Boris Jelzin wird. Die Suche nach einem verlässlichen Nachfolger geschieht aus Not, weniger aus freien Stücken.

»In der Opposition und im Parlament waren die meisten damals überzeugt, dass jeder Kandidat, der von Jelzin empfohlen wird, garantiert verliert«, erinnert sich Putin und rekapituliert dann seine Überlegungen, ob er tatsächlich antreten soll. »Einerseits fand ich es absolut notwendig, die Auflösung staatlicher Strukturen zu stoppen, wenn wir überleben wollten. Das wollte ich unbedingt. Es gab wirtschaftlich kein Zurück mehr in die Sowjetunion. Andererseits war ich mir unsicher, ob ich der Richtige dafür war.«

Schließlich sagt er doch zu. Für ihn bedeutet die Entscheidung einen kompletten Rollenwechsel. Die oberste Dienstvorschrift als Geheimdienstchef war naturgemäß, außerhalb des Metiers so gut wie unsichtbar zu sein. Eine Regel, die ihm entgegenkam. Sein Innerstes nach außen zu kehren war noch nie seine Sache gewesen. Auch seiner Frau Ljudmila hatte er erst kurz vor der Hochzeit erzählt, dass er für den Auslandsgeheimdienst arbeitete. Als Präsident muss er diese Haltung von Grund auf ändern.

Wladimir Putin wird zur öffentlichen Figur, die von Amts wegen täglich präsent sein muss und Images bedient, um an der Macht zu bleiben, und er wird zahlreiche Rollen in Russland bedienen. Vornehmlich das Hauptfach des öffentlichen Helden mit Hang zum Macho, das in Russland geschätzt wird – die Gegenposition zu einem alten kränkelnden Trinker Jelzin. Westliche Befindlichkeitsstörungen haben ihn schon damals nicht interessiert. »Ich habe mich nie um den Job des Bundeskanzlers beworben«, sagt er spöttisch, »sondern nur um den Posten des Präsidenten in Russland.« Sein Privatleben wird er noch stärker abschirmen als bisher. Öffentliche Familienaufstellungen amerikanischer Präsidenten wie Barack Obama mit Frau und Töchtern sind ihm ein Gräuel.

Einige Tage bevor Jelzin ihn im August 1999 zum Ministerpräsidenten ernennt, stirbt sein Vater. Auch seine Mutter hat den weiteren Aufstieg ihres Sohnes nicht mehr erlebt. Sie war bereits einige Monate zuvor an Krebs gestorben. Auf der Trauerfeier in St. Petersburg sind außer der Familie und Verwandtschaft nur noch ein knappes Dutzend Freunde anwesend. Sie gehören zu dem informellen Netzwerk, auf das sich der künftige erste Mann Russlands in den nächsten Jahren stützen wird. Die Abstimmung im russischen Parlament über den fünften Ministerpräsidenten der vergangenen 17 Monate verläuft problemlos. Einige Monate später, am 31. Dezember 1999, wird Präsident Boris Jelzin vorzeitig zurücktreten und Wladimir Wladimirowitsch zu seinem Nachfolger ernennen. Und der steht vor einer echten Herausforderung. Ein knappes Jahrzehnt nach dem Ende der Sowjetunion befindet sich Russland in einer trostlosen Situation.

Statistiken erzählen nur Teile der Wirklichkeit über das Russland kurz vor der Jahrtausendwende, schreibt der einstige Weltbank-Chefökonom Joseph Stiglitz und präsentiert dann doch erschreckende Zahlen.[2] 1989 lebten in der Sowjetunion nur zwei Prozent der Russen unterhalb der Armutsgrenze, die bei zwei Dollar pro Tag lag. Ein Jahrzehnt später ist der Anteil auf fast ein Viertel der Gesamtbevölkerung angestiegen, und über vierzig Prozent der Russen haben täglich weniger als vier Dollar zum Leben. Mehr als die Hälfte aller Kinder lebt in Familien, die unter die Kategorie »arm« fallen. Die russische Industrie produziert 60 Prozent weniger als zehn Jahre zuvor. Selbst »der Viehbestand ging um die Hälfte zurück«, schreibt Nobelpreisträger Stiglitz. Wladimir Putins Ausgangslage ist alles andere als aussichtsreich.

Ein Memo von Analysten zur Einschätzung des neuen Präsidenten, das intern im Vorstand einer russischen Großbank zirkuliert, sieht für die nächste Zeit keine gravierenden Veränderungen, alles wie gehabt: »Putin hat die letzten zehn Jahre vorrangig die Befehle anderer umgesetzt. Er hat keine Erfahrung mit politischen Entscheidungen und ist ganz auf sich gestellt. Er ist noch überwältigt von Jelzins Großzügigkeit. Er besitzt eine subalterne Mentalität und fühlt sich von Beresowskis Clan abhängig.«[3] Die Aussage ist ungefähr so treffsicher wie Prognosen deutscher Journalisten zu Putins Wiederwahl 2012.

14 Die Ausweitung der Kampfzone

Der Krieg in Tschetschenien und die Offensive gegen die Oligarchen

Generalmajor Gennadi Schpigun hat an diesem Morgen des 5. März 1999 keine Chance. Die Aktion ist präzise geplant und dauert nur wenige Minuten. Die maskierten Männer, die auf dem Flughafen bei Grosny die auf die Freigabe für den Start Richtung Moskau wartende Maschine vom Typ TU-134 stürmen, wissen genau, auf wen sie es abgesehen haben. Die Kidnapper zerren den Vertreter Russlands für Tschetschenien aus dem Flugzeug und verschwinden mit dem bereitgestellten Fluchtwagen. Die Leiche wird erst Anfang April bei einem Dorf im Süden Tschetscheniens gefunden.

Einige Monate später, im August, fallen Hunderte von bewaffneten Gotteskriegern in die russische Kaukasusrepublik Dagestan ein. Die Fundamentalisten rufen unter der Führung des tschetschenischen Separatistenführers Schamil Bassajew und des aus Saudi-Arabien stammenden Tscherkessen Ibn al-Chattab Dagestan zur islamischen Republik aus. Sie können die Bevölkerung allerdings nicht dazu bewegen, sie als Befreier zu feiern. Im Gegenteil: Die meisten betrachten sie als fanatische Usurpatoren und leisten Widerstand. Russische Einheiten reiben diese Vorläufer des sogenannten Islamischen Staats schließlich in wochenlangen Gefechten auf.

Im September zerstören über Tage Bombenanschläge Wohnblocks in Moskau und in anderen russischen Städten. Hunderte von Menschen sterben, werden verstümmelt, verletzt. Der neue Ministerpräsident Wladimir Putin erklärt daraufhin Tschetschenien den Krieg, obwohl er kraft Amtes dafür gar nicht zuständig ist.[1]

»Ich dachte, das ist der Anfang vom Ende, bevor es für mich überhaupt losgeht. Der Konflikt fiel eigentlich in den Aufgabenbereich des Präsidenten, und ich hätte mich zurücklehnen und die Präsidentschaftswahl abwarten können. Aber ich konnte das nicht wirklich.« Wladimir Putin macht eine Pause und schenkt sich in seinem Büro Tee nach, bevor er den Schritt als Notstandsmaßnahme begründet, die der Westen, wenn überhaupt, erst nach den Anschlägen vom 11. September 2001 als solche begriffen habe.

»Ich hatte als Ministerpräsident formal gar kein Recht dazu, denn das ist Sache des Präsidenten. Aber wäre ich damals nicht konsequent geblieben, Russland wäre in eine unendliche Folge von blutigen Lokalkriegen gezogen worden, und wir hätten ein zweites Jugoslawien bekommen. Also habe ich es gemacht.«

Es ist ein alter Konflikt, den der frisch gekürte Ministerpräsident aus Zeiten der ehemaligen Sowjetunion geerbt hat. Stalin hatte fast eine halbe Million Tschetschenen nach Kasachstan umsiedeln lassen, weil sie, so seine Begründung, mit der deutschen Wehrmacht kollaboriert hätten. Unter seinem Nachfolger Nikita Chruschtschow durften sie wieder in ihre Heimat zurückkehren. Mit dem Ende der Sowjetunion 1991 erklärte der tschetschenische Präsident Dschochar Dudajew, ein ehemaliger General im Dienst Moskaus, am 1. November einseitig die Unabhängigkeit des einstigen Sowjettrabanten, die allerdings nur Georgien kurzfristig anerkannte.

Die anschließende »Tschetschenisierung« des Landes führt über Monate zur Massenflucht von mehr als 200 000 Russen zurück in ihre Heimat, Boris Jelzin erteilt den Befehl zur ersten militärischen Intervention. Es ist eine blutige und unpopuläre Auseinandersetzung. Die hohen Verluste mobilisieren den Widerstand gegen den Krieg in der russischen Bevölkerung. Russland kann den Konflikt gegen das kleine Land nicht gewinnen und unterzeichnet kurz vor Jelzins Wiederwahl einen Waffenstillstand, der nur mühsam die demütigende Niederlage kaschiert. Auch ein Friedensvertrag ein Jahr später klammert die Frage der Unabhängigkeit aus. Tschetschenien entwickelt sich in den folgenden Jahren zum klassischen »failed state«. Warlords und Clans bekämpfen sich erbittert im Namen des Islam, im Namen des tschetschenischen Unabhängigkeitskampfes oder anderer Geschäftsinteressen. Kidnapping avanciert zum profitablen Geschäftsmodell. Es gibt kaum noch eine staatliche Machtstruktur.

1999 wird der neue Feldzug gegen Tschetschenien auf allen Seiten mit erbitterter Härte und Brutalität geführt, ohne Rücksicht auf Verluste. Den Bombardements der russischen Armee fallen Hunderte von Zivilisten zum Opfer, und die Guerillataktik der Islamisten bringt die Einheiten der Russen an ihre Grenzen. Die Zahl der gefallenen Soldaten ist hoch. »Wir hatten auf dem Papier eine riesige Armee, aber kaum ein Truppenteil war für diesen militärischen

Einsatz geeignet«, resümiert Putin das Geschehen, »es war ein Albtraum.« Das Gemetzel alarmiert Menschenrechtsorganisationen und Politiker. Es wird im Westen als typische Machenschaft des KGB kritisiert, der nach dem Ende der Sowjetunion offenbar noch immer nicht verstanden habe, was Werte wie Zivilisation und Unabhängigkeit außerhalb des einstigen kommunistischen Regimes bedeuten. In Russland dagegen steigt die Popularität des ehedem unbekannten Politikers Wladimir Wladimirowitsch Putin mit seiner demonstrativ unnachgiebigen Haltung sprunghaft an, auch dank markanter Sprüche wie seiner Ankündigung, die Terroristen überall – wenn es sein müsse, »auch auf dem Klo« – aufzuspüren und zu vernichten.[2] Wladimir Putin versucht zu erklären, warum er so handelt, wie er handelt, ist bemüht, mit den USA zusammenzuarbeiten. In einem Artikel, den die *New York Times* im November 1999 druckt, schreibt der neue Ministerpräsident unter der Überschrift »Why we must act« – »Warum wir handeln müssen«: »Da wir unsere Beziehungen zu den USA schätzen und uns die amerikanische Wahrnehmung etwas bedeutet, lassen Sie mich unsere Handlungsweise erklären. Vergessen Sie für einen Moment die dramatischen Nachrichten aus dem Kaukasus und denken Sie an etwas Friedliches. Normale Menschen in New York oder Washington schlafen zu Hause. Plötzlich gibt es Explosionen, und Hunderte sterben in ihren Wohnungen, in den Watergate-Apartments in Washington oder in Manhattans West Side. Tausende sind verletzt, einige entsetzlich verstümmelt. Anfangs herrscht nur in der Nachbarschaft Panik, dann gerät die gesamte Nation in Panik.« Und nach diesem hypothetischen Szenario fährt er fort: »Russen müssen sich eine solche Situation gar nicht vorstellen. Mehr als dreihundert Menschen in

Moskau und anderen Städten hat dieser tödliche Schicksalsschlag schon getroffen, als Terroristen Bomben gelegt und fünf Wohnblocks zerstört haben.«[3]

Nicht einmal zwei Jahre später wird diese Schreckensvision Wirklichkeit, als islamistische Terroristen das World Trade Center in New York attackieren und die USA beginnen, mit ihren Verbündeten einen weltweiten Kampf gegen den Terrorismus zu führen, der bis heute andauert und Zehntausende das Leben gekostet hat. Die Anschläge in Moskau, verbreiten Putin-Gegner noch kurz zuvor auch im Westen, seien wohl von dem Ministerpräsidenten selbst angeordnet worden, um seine Popularität zu stärken.[4] Stichhaltige Beweise dafür legen sie nicht vor. Die Dämonisierung des Wladimir Wladimirowitsch Putin hat spätestens zu diesem Zeitpunkt ihren Anfang genommen.

Für Boris Beresowski ist die Entscheidung für einen Kandidaten namens Wladimir Putin nichts weiter als die logische Fortsetzung eines bewährten Geschäftsmodells. Er und sein Schützling Roman Abramowitsch, der unterdessen im Kreml ebenso ein und aus geht wie sein Mentor, organisieren eine Art Kanzlerwahlverein auf Russisch – eine Partei mit dem Namen »Jedinstwo« (»Einheit«), die kurz vor der Wachablösung im Dezember zur Parlamentswahl antritt. Auch ein Parteivorsitzender findet sich schnell. Minister Sergej Schoigu, der mit Putin befreundet ist, wird Vorsitzender. Der Ministerpräsident selbst will sich als Präsidentschaftskandidat nicht offiziell mit einer Partei identifizieren, falls die »Einheit« floppt. Einziger Zweck der Gründung ist es, ein Standbein für ihn im Parlament zu schaffen.[5]

Es ist die alte Arbeitsteilung, die sich wieder einmal bewährt. Boris Beresowski ist in seinem Element, wirft, wie bei der letzten Jelzin-Wahl, sein erprobtes Medienimperium an, besorgt die PR und die Diffamierung der politischen Gegner aus dem kommunistischen Lager.

Der Rest der Oligarchen zahlt den Vereinsbeitrag für das Unternehmen aus der Portokasse. Abramowitsch zahlt nicht nur, er hat dank seines Paten Zugang zur Macht, hat sein Verhältnis zu Jelzins Tochter Tatjana ausgebaut und lernt auch Putin näher kennen. Die beiden Herren taxieren sich und finden sich nicht unsympathisch. Putin kann ihn bei dem anstehenden Kampf gegen die Oligarchen gut gebrauchen. Die kommende Nummer eins der Politik schätzt die zurückhaltende Art der neuen Führungsfigur der Wirtschaft. Der junge Milliardär lebt im Gegensatz zu den anderen Oligarchen zumindest zu Hause keine neureichen Attitüden aus, sondern pflegt in Russland demonstrativ Bodenhaftung und das Image des soliden Geschäftspioniers. Extravaganzen der gehobenen Art leistet er sich im Ausland. Beresowski betrachtet die Entwicklung mit Wohlwollen, zumal auch das Schutzgeld, die Kryscha-Zahlungen, regelmäßig weiterfließt. »Ich sah ihn als meinen Protegé der jüngeren Generation. Wir hatten beide etwas davon, dass er zunehmend gute Beziehungen zur nächsten Generation im inneren Kreis der ›Jelzin-Familie‹ pflegte.«[6] Dass Beresowski selbst bald nicht mehr Teil dieses Generationenwechsels sein wird, liegt jenseits seiner Vorstellung.

Die neue Partei Einheit ist die Überraschung bei den Parlamentswahlen im Dezember 1999. Sie wird mit 23 Prozent auf Anhieb zweitgrößte Fraktion hinter den Kommunisten. Ende Dezember, am Abend zum Neujahrstag, tritt Jelzin zurück und ernennt Wladimir Putin zum Übergangspräsidenten. Die Präsidentenwahl einige Monate später gewinnt dieser im März 2000 souverän vor Gennadi Sjuganow, dem Dauerkandidaten der Kommunistischen Partei.

Tschetschenien ist nur einer von mehreren Frontabschnitten. Auf dem politischen Schlachtfeld zu Hause geht es um die handfeste Klärung der Frage, ob der Kreml wieder zum eigenständigen politischen Machtzentrum in Russland wird oder weiter eine Verwaltungszentrale bleibt, die sich die Oligarchen halten. Es wird die entscheidende Auseinandersetzung in der Karriere des Wladimir Putin. Der Mann mit der »subalternen Mentalität« erklärt denen, die ihn ins Amt gehievt haben, in den nächsten Monaten offiziell ihre Grenzen und versucht, andere Spielregeln aufzustellen.

»Das Land war von innen zersetzt. Es war klar, dass man durchgreifen musste, auch mit dem Risiko zu scheitern. Andererseits hatten wir nichts zu verlieren«, beschreibt Wladimir Putin im Rückblick die Ausgangssituation. »Deswegen bin ich angetreten.«

Mangel und Motivation

Wladimir Putin geht in der Interimszeit taktisch vor, wechselt nach und nach Schlüsselpositionen aus. Für ihn ist der Kreml zunächst eher ein Labyrinth als eine Machtzentrale, und dieser Eindruck bestimmt seine Taktik. Er beginnt, den Einfluss der »Jelzin-Familie« zu reduzieren. Jelzins Tochter Tatjana und Juri Jumaschew verlassen die Präsidialverwaltung, werden durch eigene Leute ersetzt. Zum einen grenzt sich der Präsident von den Wirtschafts-Tycoons ab, zum anderen weiß er sehr wohl, dass es keine Alternative zu ihnen gibt. Sein Problem ist das Problem aller Senkrechtstarter, die unerwartet in Top-Positionen katapultiert werden und balancieren müssen, um zu überleben. Das Rezept, das Wladimir Putin bis heute anwendet, ist ein Wechselspiel aus Verbindung und Bindung. Er muss auf Leute zurückgreifen, denen er vertrauen kann, und die stammen in aller Regel aus dem bekannten Umfeld der eigenen Vergangenheit. Aus Petersburger Tagen in der Stadtverwaltung und aus dem Sicherheitsbereich. Anderes Personal, das qualifiziert ist und infrage kommt, arbeitet für schwindelerregende Gehälter in der Welt der Oligarchen, und das mit durchaus anderen Vorstellungen. Das kapitalistische Manifest dieser Generation hat ein paar Jahre zuvor Michail Chodorkowski in einem 1992 erschienenen Buch mit dem Titel *Tschelowek s rublem* (Der Mann mit dem Rubel) auf eine einprägsame Formel gebracht: »Unser Kompass ist der Profit«, lautet der Schlachtruf, »unsere finanzielle Hoheit ist das Kapital« – ohne Rücksicht auf Verluste.[7]

Sergej Iwanow ist einer von denen, die Putin bereits zu dessen Zeit als Direktor des FSB angerufen hat, um jemanden zuverlässig an seiner Seite in der Führungsspitze zu platzieren. Heute ist er Chef der Präsidialadministration und einer der einflussreichsten Politiker des Landes. Beide kommen aus St. Petersburg und aus kleinen Verhältnissen, kennen sich seit den frühen Tagen ihrer Ausbildung aus der Abteilung für Auslandsaufklärung. »Diese Abteilung war die einzige Chance, ins Ausland zu kommen, wo Sie sich als freier autonomer Mensch fühlen konnten, wenn Sie nicht in den diplomatischen Dienst wollten«, erklärt der einstige Geheimdienstler seine damalige Berufswahl. »Das Auswärtige Amt war nicht besonders attraktiv. Unser großer Vorteil in dieser Abteilung war, dass wir schon früh sehen konnten, was anders war als in der Sowjetunion. Ich war unter anderem Chef eines Spionagerings. Wir haben ständig analysiert, konnten vergleichen, wie das politische und wirtschaftliche und kulturelle System des Westens funktioniert und was bei uns nicht funktioniert.«

Iwanow lebte wie Putin längere Zeit im westlichen Ausland, in Helsinki und London und auch in Afrika. Er ist nicht der einzige Vertraute Putins, der aus der Geheimdienstbranche kommt. Das Personal, das Putin rekrutiert, verbindet eine Mischung aus elitärem Selbstbewusstsein und persönlicher Mission. Der andere Grund für die Personalauswahl ist der Mangel an personellen Alternativen zu einer Zeit, in der das Chaos in Russland einen neuen Höhepunkt erreicht hat.

Mit der Reisefreiheit von Sergej Iwanow ist es derzeit allerdings schlecht bestellt. Er steht auf der Liste der unerwünschten Personen des Westens, die wegen des Ukrainekonflikts seit April 2014 weder in die EU noch in die USA reisen dürfen.[8] Ein Problem, das er sich damals nicht im Traum hätte vorstellen können. Putin macht ihn zum Chef des mächtigen nationalen Sicherheitsrates, zum Verteidigungsminister und zum stellvertretenden Ministerpräsidenten. »Es ging damals darum, das Land wieder regierbar zu machen«, beschreibt mir Iwanow in einem Interview die gemeinsame Motivation um die Jahrtausendwende. »Wir standen bettelnd da und warteten nur, ob uns der Internationale Währungsfonds Geld gibt oder nicht. Ob wir den Beamten, Ärzten oder Bergleuten die Löhne bezahlen konnten. Es ging um eine elementare Grundordnung, nicht um eine blutrünstige KGB-Herrschaft, nicht um Tsche-Ka-Disziplin. Es ging um Managementfähigkeiten und Verlässlichkeit in einer politischen Auseinandersetzung.«

Der Rest ist *trial and error*, die Machtbalance verändert sich. Prinzipielle Entscheidungen des Präsidenten lassen sich nicht mehr mit leichter Hand durch einen Anruf im Kreml aushebeln. Den Paten Boris Beresowski irritiert die harte Linie gegen Tschetschenien. Der Krieg gefährdet seine eigenen Interessen. Er habe gute Beziehungen zu den Separatisten, sie seien hilfreich für seine politischen und privaten Geschäfte gewesen, mutmaßt die *New York Times* 2000 über den Anlass für die wachsende Missstimmung zwischen dem Förderer und dem einstigen Protegé, der jetzt mehr und mehr eigene Wege geht.[9] Sein Versuch, Putin umzustimmen, scheitert.

»Er hat nie begriffen, wer Putin wirklich war«, beschreibt Putins Vorgänger im Amt des Ministerpräsidenten, Sergej Stepaschin, Beresowskis Frustration. »Ich war damals nach meinem Rücktritt wieder in der Duma, und er sagte dort jedem, er habe doch Wladimir zu dem gemacht, was er ist. Aber auch Mephisto kann sich irren.«[10] Er ist nicht der Einzige, der sich verschätzt hat.

Der Präsident sichert seine Macht ab, setzt auf ein neues Steuersystem, entscheidet als Nächstes, die Verwaltungsstrukturen zu ändern, und will die Gouverneure vom Kreml aus kontrollieren, um die Macht der Regierungszentrale zu stärken. Viele der über achtzig Provinzfürsten haben unter Jelzin glänzende Geschäfte auf Kosten des Staates gemacht und Bodenschätze in eigener Regie verscherbelt. Das Parlament verabschiedet das Gesetz mit einer überwältigenden Mehrheit. Für Boris Beresowski bedeutete es eine weitere Niederlage. Sein Netz von Beziehungen, das er im Laufe der Jahre in Russland gesponnen hat, wird immer kleiner und brüchiger. In einem offenen Brief, den die großen Zeitungen in der Hauptstadt drucken, geht er zur Gegenoffensive über. Das Gesetz, schreibt er, sei ein »Angriff auf die Demokratie«.[11] Der Spindoktor setzt eine alte Waffe ein, Fernsehen und Zeitungen des Oligarchen schießen sich auf den Präsidenten ein. Das Klima wird ruppig, der politische Exitus des großen Strippenziehers Beresowski hat begonnen.

Programm und Pragmatik

Schon Monate vor dem offiziellen Amtsantritt brütet ein Team im Moskauer »Zentrum für strategische Entwicklung« über Thesenpapieren und Konzepten, entwickelt Worst-Case-Szenarien für die russische Wirtschaft und mögliche Lösungsansätze, versucht, eine neue Strategie für die Entwicklung der nächsten Jahre zu zimmern. Putins Mannschaft ist jung, Mitte dreißig, und übersichtlich. Sie stammt nicht aus dem gehobenen Management der Oligarchen, die in der Wirtschaft den Ton angeben. Die Berater gehören zu einer Generation von aufstrebenden Ökonomen, die auch mit der alten Planwirtschaft nichts mehr am Hut haben. Und sie werden eine steile Karriere machen.

Der Mann, der die Blaupause für die Zukunft zusammenstellt, heißt German Oskarowitsch Gref, hat deutsche Vorfahren und wird sieben Jahre lang als russischer Minister für Wirtschaft und Handel amtieren. Heute ist er Vorstandsvorsitzender der Sberbank. Die Sparkasse Russlands ist die größte russische Bank und Nummer vier in Europa. Gref sitzt im Aufsichtsrat zahlreicher russischer Großunternehmen und kennt Putin schon aus der Stadtverwaltung in St. Petersburg, wo er für das städtische Vermögen mitverantwortlich war.

Auch Alexej Kudrin, der Finanzminister wird, ist eine verlässliche Größe aus jenen Tagen und war in der Stadt an der Newa für den Haushalt zuständig. Er gehört zum liberalen Wirtschaftsflügel. Die Dritte im Bunde, die an dem Programm mitschreibt, stammt nicht aus der Petersburger Männertruppe und residiert heute in einem renovierten Gebäude mit dem Schriftzug »Bank Rossija« auf der Hausfassade in Moskaus Neglinnaja-Straße 12. Elwira Nabiullina ist seit 2013 die Chefin der Zentralbank Russlands und wacht über das Geld und die Geschäfte der Kreditinstitute. Sie stammt aus Ufa, der Hauptstadt der Republik Baschkortostan im südlichen Ural. Wladimir Putin hat die einzige Frau unter den fünfzehn Kandidaten für den Schlüsseljob ausgewählt. Das Auswahlprinzip, nach dem er vorgeht, ist stets ähnlich und heißt Bewährungsaufstieg. So lange, wie es dauert aufzusteigen, dauert es meistens auch, wieder abzusteigen. Wladimir Putin lässt Leute nicht schnell fallen. Er hat Elwira Nabiullina über Jahre beobachtet, seit sie 2003 zum ersten Mal als stellvertretende Wirtschaftsministerin ins Kabinett kam. Als er zum zweiten Mal Ministerpräsident wird, belässt er sie in ihrem Amt als Ministerin für wirtschaftliche Entwicklung, und als wiedergewählter Präsident traut er ihr schließlich die Führung der russischen Zentralbank zu. Zur Sicherheit verpflichtet er den Vorgänger noch als Berater.

»Es gab vier Machtzentren, als wir anfingen«, beschreibt Kudrin das unterschiedliche Kräfteverhältnis zu Beginn der Ära Putin. »Das Amt des Präsidenten, des Ministerpräsidenten, den Reformerblock um Gref und mich im Kabinett und die Sicherheitsdienste. Dazu kamen eine Handvoll persönlicher Freunde Putins, hauptsächlich aus St. Petersburg, deren Einfluss allerdings mit der Zeit abnahm.« Der erste Ministerpräsident während Putins Präsidentenzeit, Michail Kasjanow, ist von Mai 2000 bis Februar 2004 im Amt und ein weiterer guter Bekannter Beresowskis. »Er war das Ergebnis eines politischen Deals, den die ›Familie‹ noch bei der Festlegung der Präsidentschaft mitbestimmt hat. Aber wir alle waren durchaus optimistisch.«[12]

Die Konflikte und Frustrationen der Führungsmannschaft entwickeln sich schnell und werden mit harten Bandagen ausgetragen – sowohl in der Regierung als auch außerhalb. Dem Ministerpräsidenten gehen die Veränderungen zu schnell. Das Kabinett ist gespalten. Putin balanciert und taktiert zwischen den Fraktionen, stärkt die Reformer, beruhigt die Konservativen, achtet darauf, dass ihm die Kontrolle nicht entgleitet, und behält sich eigene Entscheidungen vor. Schließlich kommt es zum offenen Schlagabtausch zwischen Ministerpräsident Kasjanow und German Gref, der für die Wirtschaft zuständig ist. Kasjanow ordnet eine Sitzung im Wirtschaftsministerium an, versammelt alle Abteilungen des Hauses und greift Gref frontal an.

»Es war eine heftige Kritik am Wirtschaftsminister, gezielt inszeniert vor all seinen Untergebenen, um die dreihundert Menschen«, erinnert sich Kudrin an die öffentliche Demütigung. German Gref ist anschließend für Wochen krankgeschrieben und will zurücktreten. »Kasjanow hielt unser Programm für zu ehrgeizig, und außerdem störte ihn, dass er daran nicht beteiligt war.«

Putin redet Gref den Rücktritt aus und stützt ihn politisch. Für den Präsidenten ist es ein willkommener Anlass, Kasjanow, den Verbindungsmann zur alten Jelzin-Seilschaft, durch einen neuen Mann zu ersetzen. Er hatte schon kurz zuvor einen weiteren Bekannten aus Petersburg, den Juristen Dmitri Medwedew, zum Chef der mächtigen Präsidialverwaltung gemacht. Der neue Premierminister Michail Fradkow war früher russischer Außenhandelsminister gewesen, bevor Putin ihn erst zum Chef der Steuerpolizei gemacht und ihn dann als Bevollmächtigten Russlands zur EU geschickt hatte. Er wird drei Jahre später Chef des Auslandsgeheimdienstes SWR werden.

»Die Entscheidung über die Ernennung Fradkows als Ministerpräsident hat Putin selbst getroffen«, beschreibt Alexej Kudrin die Personalpolitik des Präsidenten. »Dafür gab es drei Gründe: Erstens war das auch eine Empfehlung seiner KGB-Freunde. Zweitens war Fradkow für außenwirtschaftliche Beziehungen zuständig, hat sehr viel im Ausland gearbeitet, man ging davon aus, dass er die Wirtschaft gut versteht. Ich dachte auch, dass er moderne Ansichten hatte und von den Alten noch der Fortschrittlichste war. Und drittens brauchte Putin eine Person, die sich seiner Meinung anschließt. Beide Ministerpräsidenten, Fradkow wie auch sein Vorgänger, brauchten immer einen Anstoß von ihm, damit sie etwas veränderten. Die Ministervorschläge lagen dort ewig.«

Das bereits erwähnte Papier, das Gref zusammen mit den anderen Reformern als Putins Regierungsprogramm entwickelt hat, trägt den Titel *Russland an der Schwelle zur Jahrtausendwende* und zieht eine vernichtende Bilanz der Jahre zuvor. »Das Experiment der neunziger Jahre zeigt deutlich, dass das reine Experimentieren mit abstrakten Modellen und das bloße Kopieren ausländischer Rezeptbücher unter russischen Bedingungen keinen Erfolg garantieren und damit eine grundsätzliche Erneuerung unseres Landes ohne exzessive Kosten nicht möglich ist. Jedes Land inklusive Russland muss seinen eigenen Weg suchen. Wir befinden uns in einem Zustand, wo selbst die korrekteste und sozialste Politik nicht funktionieren kann, weil der Staat zu schwach ist.«[13]

Was das in der Praxis heißt, erklärt Wladimir Putin der versammelten Wirtschaftselite des Landes an einem warmen Sommertag im Juli 2000, als er die Crème der Oligarchen kampfbereit zur Aussprache in den Kreml bittet. Es wird eine Lektion der besonderen Art. Die Branche ist schon vorher beunruhigt. Eine Bemerkung des neuen Mannes gleich nach der Wahl hat für Aufregung gesorgt. Die Tage der Oligarchen seien vorbei, der Kampf gegen das Verbrechen sei auch ein Kampf gegen die Korruption, hatte Wladimir Wladimirowitsch öffentlich verkündet.[14]

Die Botschaft, die er an diesem Tag übermittelt, ist eine Kriegserklärung, auch wenn der Ton, den er anschlägt, nur gelegentlich so sarkastisch ist wie zum Auftakt der Rede. »Ich darf Sie darauf aufmerksam machen, dass Sie es selbst waren, die diesen Staat zu einem erheblichen Teil zu dem gemacht haben, was er jetzt ist, mit diesen politischen oder halbpolitischen Strukturen, die Sie kontrollieren. Das war Ihr Werk. Falls Sie unglücklich sind, können Sie sich nur selbst Vorwürfe machen. Lassen Sie uns jetzt offen darüber reden und das tun, was notwendig ist, um unsere Beziehung auf diesem Gebiet zivilisiert und transparent zu gestalten.«[15]

Die Schwergewichte der Wirtschaft haben sich zu entscheiden. Entweder sie gehen in die Politik, oder sie machen Geschäfte. Sie sollen ihre krummen Deals in den Hinterzimmern der Macht beenden und im übrigen auch Steuern bezahlen. Das sind keine leeren Drohungen. Die Gespräche in den gehobenen Zirkeln der Stadt drehen sich seit Tagen um den ungewöhnlichen Vorfall. Einer der Ihren ist vor dem Treffen für kurze Zeit in Untersuchungshaft gewandert. Der Vorwurf lautet auf Unterschlagung. Der Beschuldigte Wladimir Gussinski ist nicht irgendein Oligarch, sondern einer aus dem exklusiven Club jener sieben Milliardäre, die Jelzins Wiederwahl finanziert haben, auch wenn sich beide herzlich zuwider waren.[16] Gussinskis Privatsender NTV zerstörte systematisch zusammen mit Beresowskis Kanal ORT die Reputation des politischen Gegners in dem Rennen um die Präsidentschaft.

Jetzt macht NTV zunehmend wieder gegen den neuen Mann an der Spitze des Staates Front, dessen Entscheidungen Wladimir Gussinski nicht goutiert. Der Banker und ehemalige Theaterdirektor hatte die gleiche Hemdsärmeligkeit und das gleiche Ziel wie Boris Beresowski, als er begann, in den Medienmarkt einzusteigen. »Es war ausschließlich dafür gedacht, Einfluss zu nehmen, 100 Prozent Einfluss. Einfluss auf Politiker und die Gesellschaft«, beschreibt er gegenüber dem einstigen Korrespondenten der *Washington Post* David Hoffman Motivation und Zweck seiner Investition.[17]

Die Anklage gegen Wladimir Gussinski wird zwar zurückgenommen. Die Kampfansage aber ist angekommen. Der Medienmogul ist wegen der Wirtschaftskrise tief verschuldet bei Gazprom und verkauft sein Medienimperium für 300 Millionen Dollar an den staatlichen Energiekonzern. Drohungen der Behörden hätten ihn zu diesem Entschluss kommen lassen, beschwert er sich später im Ausland, sonst wären weitere Ermittlungen angelaufen.[18] Welche Ermittlungen, sagt er nicht.

Die Operation, den Wirtschaftsführern die Grenzen zu ziehen, ist ein riskantes und ruppiges Unternehmen. Russland ist in der brutalsten und korruptesten Phase des Kapitalismus angekommen. Putin hat zwar Macht und mittlerweile auch jede Menge Information, auf welchen kriminellen Touren die Oligarchen zu ihren Milliarden gekommen sind. Er kann die Staatsanwälte mobilisieren, und sein Vorteil ist es auch, dass die Runde den Mann mit den dünnen Haaren zwar als effektiven, aber doch nur subalternen Verwalter eingeschätzt und gleichermaßen unterschätzt hat.

Aber die dreißig Männer, die jetzt am Tisch sitzen, fangen an, ihre Einschätzung zu korrigieren. Und die Fakten sprechen für sie. Die Oligarchen haben nach wie vor Einfluss und Milliarden, sie besitzen die wichtigen Wirtschaftsunternehmen und verfügen mit ihren Managern über das wirtschaftliche Know-how in dem Land. Sie werden sich verteidigen. Wirtschaftswachstum, weiß Wladimir Putin, lässt sich nur bedingt befehlen, und die jahrelange Umverteilung zu stoppen ist ein zäher Kampf. Der Staat ist pleite, braucht dringend Geld und hat kaum Fachleute. Die Oligarchen können ihn am ausgestreckten Arm verhungern lassen, und er ist sich sicher, dass sie es versuchen werden. Die Ausgangsposition des Präsidenten ist übersichtlich.

Deswegen hat er ein verlockendes Zugeständnis parat für ein Gegengeschäft, das die Runde kaum ablehnen kann. Falls sie sich an die Vorschläge halten und den Staat nicht mehr weiter als private Zweigstelle für die eigenen Interessen benutzen, könnten die Unternehmer die Firmen behalten, die sie sich auf kriminelle Art und Weise unter den Nagel gerissen haben, heißt das Friedensangebot.

»Es gab, das ist keine Frage, extrem viel Ungerechtigkeit im Laufe dieser Jahre. Aber diesen Weg waren wir bedauerlicherweise schon gegangen, und so war es in zahlreichen Fällen einfach besser, erst einmal alles so zu lassen, anstatt alles wieder neu aufzurollen«, erklärt Wladimir Putin die Strategie zu Beginn seiner Amtszeit und zuckt mit den Achseln. »Es war sicher auch eine realistische Einschätzung der Kräfteverhältnisse, um überhaupt etwas verändern zu können, und wir wollten definitiv die Situation, in der wir steckten, verändern.«

Michail Chodorkowski interpretiert das Treffen gegenüber der *New York Times* unmittelbar danach aus der Perspektive der Oligarchen: »Er bestätigte uns, dass die Ergebnisse der Privatisierung nicht infrage gestellt würden und die weitere Entwicklung der russischen Wirtschaft eine der Hauptaufgaben des Staates sein werde.«[19] Chodorkowski hat mit der fragwürdigen Übernahme seines Ölimperiums Yukos aus staatlichem Besitz eines der größten Schnäppchen der vergangenen Jahre gemacht. Die Bedingungen, die an die Zusage geknüpft sind, betont er weniger, und seine Bereitschaft, nach den verkündeten Regeln zu spielen, ist begrenzt. Andere warten gleichfalls ab, halten sich zurück. Der allgemeine Tenor lautet: Die Geschäftswelt hat die Botschaft vernommen und wird sich an Recht und Gesetz halten, solange ihr neuer Reichtum vom Staat respektiert wird. Der Kampf hat gerade erst begonnen. Die Anwesenden haben registriert, dass Boris Beresowski, Roman Abramowitsch und Wladimir Gussinski nicht in den Kreml geladen waren. Die Diskussion, warum das nicht so ist und welcher Deal möglicherweise dahintersteckt, macht sie trotz oder gerade dank ihrer Abwesenheit noch präsenter. Die Zeitungen schreiben, dass Sibneft nur ein Drittel der Steuern bezahle, die andere vergleichbare Konzerne an den Staat überweisen.[20]

Wochenlang hatten Putin, Gref und Kudrin zuvor diskutiert, wie mehr Geld in die leere Staatskasse fließen könnte. Gref und Kudrin wollen den Unternehmen auf halbem Weg entgegenkommen. Der Vorschlag des Finanzministers ist so einfach wie radikal: Da sich die Unternehmen prinzipiell um die Abgaben gedrückt hätten, sollten in Zukunft nur noch 13 Prozent an Steuern fällig werden. Das könnte reichen, um erst einmal die ausstehenden Löhne der Staatsangestellten und die Renten zu bezahlen. Dann werde man weitersehen. Die niedrigen Steuern sollen allerdings mit aller Härte eingetrieben werden, ohne Ausnahmen.[21]

German Gref erinnert sich an die Skepsis, auf die er stieß, als er den Vorschlag präsentierte. »Putin fragte: ›Sind Sie sicher, dass die Steuersenkungen nicht auch die Staatseinkünfte weiter senken?‹ Ich sagte ja. Er hakte nach. ›Was ist, wenn Sie falschliegen?‹ Meine Antwort war: ›Dann trete ich zurück.‹ Die knappe Erwiderung des Präsidenten: ›Und wie hilft das meinem Haushalt? Ihr politischer Rücktritt wird den Verlust nicht verringern.‹«

Das Finanzministerium richtet eine eigene Abteilung für Großkonzerne ein und schickt 2000 erstmals Inspektoren zur Steuerprüfung in die Niederlassungen. Steuerhinterziehung ist kein Kavaliersdelikt mehr. Ein neues Gesetz erhöht den Druck, hebelt die lasche Praxis der Vergangenheit aus. »Ich musste nun meinen eigenen Plan umsetzen«, beschreibt der damalige Finanzminister Kudrin den Druck im neuen Amt. »Wir haben begonnen, die ausstehenden Gehälter der Soldaten, Ärzte, Lehrer und die Renten auszuzahlen, und wir haben es geschafft, dies auch regelmäßig hinzukriegen und Steuern einzutreiben.« Ab einer bestimmten Höhe wird Steuerhinterziehung jetzt automatisch zum kriminellen Akt, der vor Gericht mit hohen Geldstrafen und Gefängnis geahndet wird. Neue Bilanzregeln machen es schwerer, so einfach wie bisher Millionen aus einer Firma zu ziehen und cash über oder unter dem Tisch weiterzureichen. Kryscha, das Schutzgeld, im alten Stil bar auszuzahlen wird riskanter.

Auch bei Abramowitschs Sibneft werden die staatlichen Kontrolleure vorstellig und inspizieren die kreative Buchführung des Konzerns. Die politischen Kosten steigen – in jeder Beziehung. Für Boris Beresowski ist es unverständlich, dass sein Einfluss auf Putin schrumpft. Sein Fernsehsender ORT verstärkt die Attacken auf den Regierungschef, beschwört abschreckende Vergleiche mit der kommunistischen Diktatur früherer Jahre. Beresowski erwartet größere Dankbarkeit von dem Mann an der Spitze, den er als seine Schöpfung betrachtet.

15 Macht und Medien

Der Untergang der *Kursk* und die Folgen

Kapitänleutnant Dmitri Kolesnikow hat nur noch wenig Zeit, einige Abschiedszeilen auf ein Blatt Papier zu kritzeln. Die Luft wird knapp in dem U-Boot K-141 *Kursk* in 108 Meter Tiefe auf dem Grund der Barentssee. Er vermerkt die genaue Uhrzeit an diesem 12. August 2000, einem schwarzen Tag in der Geschichte der russischen Marine. Es ist 15:45 Uhr. »Es ist zu dunkel, um zu schreiben, aber ich werde es blind versuchen. Wir haben offenkundig keine Chance. Höchstens 10 bis 20 Prozent. Ich kann nur hoffen, dass irgendjemand das lesen wird. Es ist eine Liste des Personals. Wir versuchen hier rauszukommen.« Dann setzt der Marineoffizier noch die drei Worte »Grüße an alle« darunter und den Zusatz »Nicht verzweifeln«. Es ist ein Appell an sich selbst.[1]

Taucher werden Wochen später den Zettel und die Leichen der 118 Marinesoldaten im Rumpf des Schiffes bergen, das zu den größten und modernsten Atom-U-Booten der russischen Flotte gehörte. Offizielle Ursache der Katastrophe, so verkündet der Untersuchungsbericht später, war die Fehlfunktion eines Torpedos. Der Untergang der *Kursk* nach zwei Explosionen an Bord wird zum PR-GAU für den Präsidenten. Putin, der gerade erst in Sotschi am Schwarzen Meer eingetroffen ist, um Urlaub zu machen, unterschätzt die Tragweite des Unglücks sträflich. Am Abend ruft Verteidigungsminister Igor Sergejew an und informiert ihn, dass die *Kursk* »nicht mehr kommuniziert«, dass aber sonst alles unter Kontrolle sei.[2] In Wirklichkeit ist nichts unter Kontrolle und die Marineführung komplett überfordert.

Die Admiräle versuchen das Ausmaß des Unglücks über Tage zu vertuschen, mauern gegenüber den Angehörigen und lehnen ausländische Hilfe aus Angst vor Spionage ab. Putin fährt weiter Wasserski und aalt sich in der Sonne. Erst ein Anruf des amerikanischen Präsidenten Bill Clinton, der sich eindringlich nach dem Unglück erkundigt, reißt ihn aus der Ferienidylle. Als aus der nationalen Tragödie längst ein internationaler Skandal geworden ist, macht er sich schließlich mehr als eine Woche nach dem Unglück auf den Weg zum Flottenstützpunkt an der Barentssee. Dort erwarten ihn wütende und verzweifelte Angehörige, die seit Tagen im Unklaren gelassen werden. Sie machen ihm lautstark heftige Vorwürfe, fragen, warum er jetzt erst komme. Keiner hat ihnen gesagt, dass es keine Hoffnung mehr für die Matrosen gibt.

Es ist für Wladimir Putin das Worst-Case-Szenario. Die Kamerabilder zeigen einen hilflosen Präsidenten im schwarzen Anzug, dem die Melange aus Scham, Sprachlosigkeit und Wut anzusehen ist. Wut nicht zuletzt über sich selbst und diejenigen, die ihn in diese Lage gebracht haben. Nicht dass er nicht vor der Kamera auftreten könnte. Er kann so ziemlich jede Rolle annehmen, die gefragt ist. Doch hier ist er in der Rolle des Präsidenten, und nicht nur für die Angehörigen der Marinesoldaten ist der Präsident ein Versager.

Er weiß es, und er kann emotional nur die eigene Fassungslosigkeit liefern. »Ich konnte es mir nicht vorstellen, dass wir in einer solchen Situation sind«, sagt er blass und verloren vor einem kleinen Rednerpult im Saal des Flottenstützpunktes, »dass das Land, die Armee, die Marine in einem solchen Zustand sind.«[3]

Erst in diesem Moment wird ihm konkret klar, wie schlimm die Lage in Russland wirklich ist. »Alles ist kaputt. Kein verdammtes Ding heil«, spricht er mehr zu sich selbst als zu den Betroffenen und wird unterbrochen. Die Menschen wollen reden, nicht zuhören. Er hört zu, wiederholt seine Ohnmacht mit anderen Worten und sagt ihnen, dass die Situation hoffnungslos ist. »Niemand kann ins Innere des Schiffes«, wiederholt er. »Niemand, auch ich nicht.« Es ist der elfte Tag nach dem Unglück. Die Besatzung war schon einige Stunden nach dem Untergang tot.

Und dann folgt Boris Beresowskis letzte große Stunde als Spindoktor. Der staatliche Fernsehkanal ORT, bei dem er das Sagen hat, schneidet die Bilder der emotionalen Konfrontation und eines hilflosen Putin zusammen, mixt sie mit den heiteren Ferienaufnahmen aus Sotschi und führt den Präsidenten als talentfreien Sonnyboy vor, der nicht nur kein Gefühl für die Menschen, sondern auch die Lage nicht im Griff hat. Es ist die Situation, die Putin immer gefürchtet hat, vor der er die Medienmogule gewarnt hatte.

Die beiden Treffen, zu denen Beresowski nach dem Untergang der *Kursk* in den Kreml kommt, verlaufen unerfreulich. Wladimir Putin ist wütend darüber, dass Beresowski ausgerechnet den Staatssender für die eigenen Interessen benutzt. Der Präsident habe ihn nachdrücklich aufgefordert, seine Anteile zu verkaufen, erzählt Beresowski später auf einer persönlichen Werbetour in London und Washington für mehr Demokratie und Freiheit in Russland und empfiehlt sich als Verteidiger der Pressefreiheit. Er werde jetzt eine konstruktive Opposition gründen, verkündet der politische Patriarch. »Wir haben immer noch zu viele Kommunisten und nun ehemalige KGB-Leute, die die Demokratie hassen. Das einzige Gegengewicht zu ihnen ist die neue Klasse der Kapitalisten, die es nicht nur in Ordnung finden, sondern für notwendig halten, sich direkt in die Politik einzumischen«, erklärt er in der *Washington Post*, in welcher Mission er ab sofort unterwegs sei.[4] Er inszeniert sich als Garant für die Grundrechte in Russland, da Putin das demokratische Gleichgewicht außer Kraft setze.

Wladimir Putin reagiert noch heute kurz angebunden, wenn er zu den Ereignissen von damals gefragt wird. Nicht nur wegen der U-Boot-Tragödie. »Unsere Kritiker verweisen gern auf die neunziger Jahre und schwärmen von der echten Pressefreiheit und Demokratie. Welche Pressefreiheit? Für wen? Für einige wenige kriminelle Vereinigungen. Ich halte das, was die getan haben, für eine Diskreditierung von Grundbegriffen wie Pressefreiheit und Demokratie.«

Wahn und Wirklichkeit

Im dritten Stock des Londoner High Court of Justice rekonstruiert Richterin Elizabeth Gloster ein Jahrzehnt später mühsam Stück für Stück russische Geschichte und seziert den Fall Beresowski gegen Abramowitsch. Wie nach dem Regierungswechsel in Moskau die Ära Jelzin abgewickelt wird, die Karten im Spiel um die Macht neu gemischt und die Räuberbarone zur Räson gebracht werden. Auch der Untergang der *Kursk* spielt eine Rolle. Was das Verhältnis zu seinem Paten angehe, gibt Roman Abramowitsch im Kreise der Anwälte zu Protokoll, so seien Beresowskis Vorstellungen und die Wirklichkeit in diesem Jahr 2000 stark auseinandergedriftet. »Meine Beziehung zu Herrn Beresowski änderte sich kurz nach der *Kursk*-Tragödie«, sagt er vor Gericht aus. »Ich halte es heute noch für falsch, wie er diese Tragödie benutzte, um seine politische Fehde gegen die Regierung auszutragen.«

Dem Multimilliardär gehen die Dauerattacken Beresowskis in den Wochen nach dem Unglück zunehmend auf die Nerven. Er betrachtet sie als geschäftsschädigend und befürchtet, Investoren und potentielle Geschäftspartner könnten dadurch abgeschreckt werden. Jeder ernsthafte Mitspieler in Russland verbindet den Namen des Aufsteigers Abramowitsch automatisch mit dem des Netzwerkers Beresowski. Er beschließt, sich von seinem Mentor abzugrenzen. »Der offenkundige Verlust von Herrn Bersowskis Einfluss auf Jelzins Nachfolger zeigt, dass politischer Einfluss sich sehr schnell verändern kann«, erläutert Abramowitsch der Richterin trocken. Der Rasputin der neueren russischen Politik war ein Auslaufmodell, dessen Verfallsdatum überschritten war, aber Rasputin wollte es nicht wahrhaben.

Als die russische Staatsanwaltschaft beginnt, die verwickelten Geschäfte des »Herrn Beresowski« ins Visier zu nehmen, plant dieser, sich nach England abzusetzen, und verlangt konkret ein »Sicherheitspolster« von zunächst einmal 300 Millionen Dollar Kryscha, obwohl gar keine Rede mehr davon sein kann, dass er im Exil und angesichts der neuen Lage in Russland irgendeinen Schutz bieten könnte. Die Abnabelung wird zur Pokerrunde.

Abramowitsch kauft ihm für weitere 150 Millionen die Anteile am Fernsehsender ORT Euro ab. Er sichert sich ab, fragt bei Putin nach, der, wie es Abramowitsch mit ausgesuchter Untertreibung formuliert, »nichts dagegen« hat. Der Präsident, das habe er gewusst, sei »unglücklich« darüber gewesen, dass Beresowski trotz Minderheitsbeteiligung »in der Lage gewesen ist, den Fernsehkanal zu steuern und das Programm inhaltlich für seine Zwecke zu benutzen«. Auch Abramowitsch steht unter Beobachtung. »Es gab einige in Putins innerem Zirkel, die mir ziemliche Probleme machen konnten, hätten sie das Ausmaß meiner Zahlungen mitbekommen«, räumt er freimütig ein.

Er bezahlt seinem Paten zusätzlich über eine Milliarde Dollar für den Freikauf aus dem Kryscha-Verhältnis und belegt die Zahlungen, die in mehreren Tranchen und über verschlungene Umwege geflossen sind, auch vor Gericht. Bis auf die enorme Höhe ist die Ablösesumme ein durchaus logischer Schritt in dem Gewerbe. Die Begründung, warum es so teuer wurde, könnte direkt aus dem Hollywood-Klassiker *Der Pate* stammen: »Es war eine persönliche Entscheidung. Ich hatte die Gelegenheit, dieses Kapitel meines Lebens zu beenden«, fasst Roman Abramowitsch leicht pathetisch sein Motiv für die Abstandszahlung zusammen. »Er weckte in mir das Gefühl enormer Loyalität und Respekt, da ich ihm so viel verdankte. Wenn er die Mittel brauchte, war es für mich eine Verpflichtung, dafür zu sorgen, dass er sie hat. Er war wie ein Familienmitglied. Es war eine Frage der Ehre.«[5]

Das Urteil, das Elizabeth Gloster nach monatelanger Verhandlung Ende August 2012 am Londoner High Court fällt, lässt an Deutlichkeit nichts zu wünschen übrig. Die Beschuldigung Boris Beresowskis, sein ehemaliger Schützling Roman Abramowitsch habe ihn im Auftrag des russischen Präsidenten erpresst und ihm Aktien des Ölkonzerns Sibneft und anderer Firmen unter Wert abgekauft, da sonst der russische Staat ihn enteignet hätte, ist nicht haltbar. Die Vorsitzende Richterin lehnt die Klage auf fünf Milliarden Dollar Schadenersatz ab. In der 500 Seiten langen Begründung zerpflückt die Juristin die vorgetragenen Argumente. Boris Beresowski sei ein »wenig überzeugender und durchgängig unzuverlässiger Zeuge, der die Wahrheit als ein flüchtiges flexibles Konzept betrachtet, das je nach Bedarf zurechtgebogen werden kann«. Gelegentlich habe er »absichtlich die Unwahrheit« gesagt, und »manchmal erfand er einfach Beweise, als er in Schwierigkeiten geriet«, die Fragen zu dem Fall zu beantworten.[6]

Im Kreml ist Boris Abramowitsch seit dem Freikauf von seinem Paten gern gesehen. Er hat mit einer speziellen Form von gehobener Sozialarbeit für Oligarchen zusätzlich Buße für die Sünden der Vergangenheit geleistet. Neben seinen Milliardengeschäften zwischen Moskau und London kümmerte er sich über Jahre im entlegenen Osten Sibiriens als Gouverneur um die Provinz Tschukotka, die nur durch die Beringstraße von Alaska getrennt ist. In der Gegend, doppelt so groß wie Deutschland und neun Zeitzonen entfernt von der russischen Hauptstadt, leben Rentierzüchter und Walrossfänger. Die Region war über Jahrzehnte heruntergekommen. Abramowitsch hat dort steuersparend investiert und sie wieder aufgepäppelt.

Wladimir Putin hat sich nur noch einmal öffentlich zu dem einstigen Oligarchen im Exil geäußert. Als ihn ein Journalist 2001 während einer Pressekonferenz auf Beresowskis Attacken im Ausland gegen ihn anspricht, legt

Putin eine kleine Kunstpause ein und fragt dann: »Boris Beresowski – wer ist das?«[7]

Es ist ein wichtiger Etappensieg. Aber eben nur ein Etappensieg. Der nächste Gegner hat einen langen Atem und eine andere Strategie. Er kommt aus einer anderen Generation, und er hat ein anderes Kryscha-System entwickelt. Er hat sich ein ausländisches Schutzdach gebaut.

16 Die Schatten der Vergangenheit

Der Fall Michail Chodorkowski

Die Nachricht, die Wladimir Putin sich bei der Jahrespressekonferenz Ende 2013 in Moskau bis zum Schluss aufgehoben hat, elektrisiert die Journalisten, die aus der ganzen Welt zu Hunderten angereist sind. Er habe im Rahmen des zwanzigjährigen Jubiläums der russischen Verfassung nicht nur die Frauen der Punkband Pussy Riot begnadigt, sondern auch den einstigen Oligarchen Michail Chodorkowski, erklärte ein gutgelaunter Präsident. »Er ist schon mehr als zehn Jahre im Gefängnis, das ist eine lange Zeit.« Er habe Chodorkowski in der Vergangenheit mehrmals geraten, »in Übereinstimmung mit dem Gesetz ein entsprechendes Schreiben aufzusetzen«. Nun habe dieser ein solches Schreiben geschickt und die Bitte um Begnadigung mit dem schlechten Gesundheitszustand seiner Mutter begründet. Putin spricht ein heikles Thema an. Der prominente Häftling hat es bislang stets demonstrativ abgelehnt, ein Gnadengesuch zu stellen, weil er damit seine Schuld anerkennen würde, und Schuld ist für Chodorkowski stets ein Fremdwort geblieben. Doch wenige Wochen zuvor hat er in der *New York Times* einen Sinneswandel angedeutet: »Meine Mutter ist nun fast achtzig Jahre alt, und sie ist abermals an Krebs erkrankt und muss operiert werden. (...) Die Wahrscheinlichkeit ist hoch, dass wir uns nie mehr in Freiheit sehen.«[1]

Die Order des Präsidenten muss formal innerhalb der nächsten Monate umgesetzt werden. Doch es kommt schneller als gedacht. Noch in der Nacht wird Michail Chodorkowski im Straflager Segescha nahe der finnischen Grenze geweckt und mit einem Hubschrauber nach St. Petersburg geflogen. Dort wartet die Privatmaschine des deutschen Unternehmers Ulrich Bettermann aus dem Sauerland und fliegt ihn nach Deutschland aus. Das Empfangskomitee, das am Morgen des Tages nach Putins Ankündigung am Schönefelder Flughafen in Berlin wartet, besteht aus einem Anwalt Chodorkowskis, dem einstigen deutschen Außenminister Hans-Dietrich Genscher und dem Russlandexperten Alexander Rahr. Genscher hat seit 2011 auf Bitten von Chodorkowskis Anwälten mit Putin verhandelt und den Präsidenten zweimal getroffen, Alexander Rahr hat mit seinen Verbindungen geholfen, den Kontakt herzustellen. Der Exhäftling mietet sich nach den Jahren im Knast einige Tage unter Berlins erster Adresse, im Hotel Adlon, ein und reist dann in die Schweiz weiter, wo er seither mit Familie standesgemäß am Genfer See lebt.

Mit der Begnadigung zieht Wladimir Putin einen Schlussstrich in der wohl heftigsten Auseinandersetzung der Post-Jelzin-Ära, dem Streit um die zentrale Frage zu Beginn seiner Amtszeit, wer in Russland die Macht hat und wer nicht. Michail Chodorkowski war ein bedeutend gefährlicherer Gegner als Beresowski. Im Gegensatz zu diesem schaffte es der ehemalige Großunternehmer trotz krimmineller Vergangenheit, im Westen nach dem jähen Ende als Oligarch als eine Art persönlicher Gefangener des Kreml Karriere zu machen.[2] Und der Fall Yukos ist selbst nach seiner Freilassung noch heute ein internationaler Streitfall, der vor Gericht ausgetragen wird, auch wenn es den Konzern nicht mehr gibt. Seit Mai 2003 saß der einstige Ölmagnat in Untersuchungshaft. 2005 verurteilte ihn ein Moskauer Gericht wegen Steuerhinterziehung, Geldwäsche und Unterschlagung.

Er wolle sich nicht mehr in die Politik einmischen, sagt Chodorkowski bei der Ankunft in Deutschland auf der Pressekonferenz im symbolträchtigen Museumsgebäude des Checkpoint Charlie, dem früheren Grenzübergang zur DDR. Und er wolle auch nicht mehr um sein verflossenes Imperium kämpfen. Seine Anteile hatte er vor seiner Verhaftung verkauft. Sorgen um seine Finanzen muss er sich nicht machen. Die Schätzungen über sein Restvermögen auf Schweizer und anderen Konten schwanken. Er selbst spricht in einem Interview von mehr als 100 Millionen Dollar, die ihm geblieben seien, alles sei in der Schweiz deklariert.[3] Seither versucht er, eine Rolle zu finden, eine Position irgendwo zwischen den vielen Aktivisten, die außerhalb Russlands leben, und denen, die sich in seiner Heimat engagieren. Während der einstige Milliardär als symbolische Figur des Widerstandes bei westlichen Politikern populär war, hat er dagegen in russischen Oppositionskreisen weniger Beifall gefunden. Nachdem er mit der Entlassung aus dem Straflager seinen Märtyrerstatus als Gefangener verloren hat, ist es schwer für ihn, im Lager der Putin-Gegner Fuß zu fassen.

Michail Chodorkowskis Weg zu Reichtum und Ruhm ist eine der legendären Geschichten aus Gorbatschows

Glasnost-Ära. Wie der junge Mann, der aus bescheidenen Verhältnissen in Moskau stammt, mit Geschäften aller Art experimentiert – von Computer-Importen aus dem Westen bis zum Verkauf von französischem Cognacverschnitt. Zuerst als Chemiestudent und Funktionär in der kommunistischen Jugendorganisation Komsomol, einem gesponserten Versuchsfeld der Partei für frühe kapitalistische Gehversuche. Bald operiert er im großen Stil. Er hat nach zwei Jahren so viel Geld zusammen, dass er eine der ersten Banken des Landes namens Menap eröffnet und sich von nun an in Geldgeschäften und Spekulationen übt. Aus dieser Periode stammt der Verdacht, Michail Chodorkowski habe die Lizenz bekommen, um die Milliarden der untergehenden Parteielite auf Konten im Ausland zu verschieben, was er bestreitet.[4]

Mit diesem neuartigen Instrument aus dem real existierenden Kapitalismus – frei nach Bertolt Brecht: Was ist schon ein Bankraub gegen die Gründung einer Bank? – häuft er im Zeitraffer ein kaum vorstellbares Vermögen an. Er pflegt politische Kontakte, wird 1993 unter Präsident Jelzin stellvertretender Minister für Energie und sammelt weiteres Insiderwissen, vor allem Informationen, die den Ölsektor betreffen. Die Karriere ist als russische Rockefeller-Variante beispiellos, auch wenn sie anders endet als der amerikanische Gründermythos. Der talentierte Michail Chodorkowski arbeitet sich vom gewieften Raubritter zum Milliardär und Philanthropen hoch, verschafft sich Zugang zu westlichen Politikern, um schließlich als selbsternannter politischer Held im Kampf für Freiheit und gegen den russischen Staat im Gefängnis zu landen. Mit dem Fall des Michail Chodorkowski hat Wladimir Putin endgültig sein politisches Projekt eines starken Staates durchgesetzt. Es war ein zäher, langer Kampf, und durchaus gefährlicher als die Auseinandersetzung mit Beresowski.

Der Kauf der staatlichen Ölfirma Yukos 1995 – damals arbeitete Putin noch in der Petersburger Stadtverwaltung – ist der Coup in der geschäftlichen Karriere des Michail Chodorkowski, von dem aus er weitere Höhenflüge startet. Bei diesem Megadeal hat seine eigene Bank Menatep nicht nur die Auktion im staatlichen Auftrag organisiert, sondern den Jackpot Yukos für ein Spottgeld auch gleich an ihren Besitzer, also ihn selbst, weitergeleitet. Höhere Angebote von Konkurrenten werden aus »technischen Gründen« nicht berücksichtigt. Das Ganze funktioniert als geschlossenes Selbstbedienungssystem. Menatep arbeitet eng mit der Regierung und dem Finanzministerium zusammen. Der neue Besitzer wird künftige Öllieferungen von Yukos als Kredite für den Kauf verwenden, also Yukos mit Mitteln von Yukos bezahlen. Anatoli Tschubais, der Architekt der Privatisierung von Staatseigentum in seiner Zeit als Finanzminister, gesteht später ein: »Man kann sagen, dass Chodorkowski nicht richtiges Geld verwendete, dass er einfach Yukos' eigenes Geld und die Depots, die das Finanzministerium bei ihm parkte, benutzte und dass er manipuliert hat. Aber meine Kriterien waren einfach. Neben all den politischen Überlegungen brauchte ich das Geld für den Haushalt.«[5]

Die renommierte Zeitschrift *Foreign Affairs*, das Zentralorgan der amerikanischen Außenpolitik, beschrieb zum Amtsantritt Putins detailliert über Seiten, nach welchem ausgeklügelten Betrugsschema Chodorkowski weiter vorging.[6] Yukos zwang demnach Tochterfirmen, die Erdöl förderten, das schwarze Gold zu Dumpingpreisen an die Muttergesellschaft zu liefern, um es anschließend selbst zu sehr viel höheren Weltmarktpreisen abzustoßen. Allein 1999 kaufte Yukos demnach über 200 Millionen Barrel Öl für einen Dollar und siebzig Cent das Fass. Auf dem internationalen Markt gab es dafür 15 Dollar. Was für Michail Chodorkowski ein glänzendes Geschäft war, bedeutete für andere den Ruin.

Die Gegend um Neftejugansk, wo die Tochterfirmen angesiedelt waren, hatte unter dramatischen Folgen zu leiden. Die lokalen Steuern brachen weg. Die Arbeiter wurden mit Niedriglöhnen abgespeist. Der Wert der Förderunternehmen sank rapide. Yukos betrog damit auch die Minderheitsgesellschafter dieser Produktionsfirmen, deren Aktienwert verfiel. Zum Teil hatten sich ausländische Investoren eingekauft, aber auch 13 000 russische Arbeiter und Rentner aus der Gegend von Tomsk, die jeweils eine Handvoll Aktien als die neue Form der Geldanlage erworben hatten und nun wertloses Papier in den Händen hielten. Die meisten sahen ihren Notgroschen schmelzen und verkauften hektisch, um wenigstens ein paar Rubel zu erlösen. Yukos kaufte gern auf.[7]

Wladimir Petuchow, der Bürgermeister von Neftejugansk, bat bereits 1998 den Kreml dringend um Hilfe. Ein paar Wochen später war er tot, auf der Straße erschossen. Er hatte vorher auf einem Aktionärstreffen von Yukos gegen die Praktiken des Konzerns protestiert. Yukos' ehemaliger Sicherheitsbeauftragter wurde dafür zu lebenslanger Freiheitsstrafe verurteilt. Chodorkowski selbst bestritt, in irgendeiner Weise in den Auftragsmord verwickelt gewesen zu sein. Sein konkretes Talent bestand unter anderem darin, Aktienanteile an Yukos-Firmen auf Offshore-Konten im Ausland zu bunkern.[8] »Während Chodorkowski reicher und reicher wird, wird die Schlange westlicher Investoren, die betrogen werden, immer länger«, kommentierte der *Sunday Telegraph* die Aktivitäten.⁹ Das, was in Russland selbst noch unter dem Namen Yukos blieb, entwickelte sich für ausländische Investoren wie die Westdeutsche Landesbank oder die japanische Daiwa-Bank zunehmend zu einer leeren Schachtel, schön verpackt. Der Ruf von Yukos und seinem obersten Manager war mehr als zweifelhaft. Die *New York Times* beschrieb im Detail, wie Chodorkowski in der Praxis seine Minderheitsgesellschafter bei den Tochterfirmen ausnahm, und warnte vor dem Unternehmer. »Jeder russische Kapitalist«, so das Blatt, müsse glaubhaft versichern können, dass »ein Dollar, der in Russland investiert wird, nicht ein Dollar ist, der gestohlen wird. Die Yukos-Affäre zeigt, dass Russland noch weit von diesem Ziel entfernt ist.«¹⁰

Der Artikel über die kriminellen Praktiken erschien im April 1999, drei Jahre bevor der Oligarch von der russischen Justiz im Oktober 2003 wegen Betrugs verhaftet wurde. Zuvor hatte er auch seine Bank Menatep Konkurs gehen lassen. Der gerichtlich bestellte Konkursverwalter konnte sich keinen Überblick über die verschlungenen Geschäftswege verschaffen, da ausgerechnet der LKW mit den Bankunterlagen in jenen Tagen in einen Fluss stürzte.

Image und Einfluss

Auch wenn die russische Regierung unter Jelzin ihn machen ließ, was er wollte, hat Chodorkowski die Botschaft aus dem Westen begriffen. Und die unmissverständlichen Forderungen Putins zwingen ihn zu einer anderen Strategie. Wenn er seinen Reichtum weiter vermehren und sichern will, braucht er seit dem Machtwechsel nun das westliche Ausland. Um international mitzuspielen, muss er sich ab jetzt an bestimmte Regeln halten. Das Kapital hat außerhalb Russlands feinere Methoden für Geschäfte in großem Stil entwickelt. Außerdem will er in der Politik weiter mitmischen, trotz der Warnung des neuen Präsidenten.

»Es gab einen Mentalitätswechsel«, verkündet er seine Einsicht in die Notwendigkeit öffentlich und mit einem Anflug von Bedauern. »Die Menschen verstehen jetzt, dass sich Transparenz, gute Beziehungen zu Investoren und ehrliches Geschäftsverhalten auch kurzfristig positiv auszahlen.«[11] Er beginnt, internationale Mindeststandards für sein Unternehmen einzuführen. Chodorkowski heuert die amerikanische PR-Firma APCO mit Sitz und besten Verbindungen in Washington an. Für APCO arbeiten einflussreiche Berater. Es ist der Beginn einer öffentlichen Verwandlung und der Auftakt zu einer gründlichen Fassadenrenovierung: statt Lederjacke und Schnauzer Maßanzug und randlose Brille, statt Ausbeutung und Betrug die ganz legalen Tricks internationaler Buchhaltungskonzerne, die in der obersten Spielklasse, in der er angekommen ist, völlig ausreichen.

Mit der Hilfe der PR-Firma, die vorrangig für multinationale Konzerne arbeitet, lernt der Oligarch schnell das kleine Einmaleins der wirklich Großen und deren Spielfeld kennen. Eigene Wohltätigkeitsorganisationen beispielsweise sind eine anerkannte Größe zur Verbesserung des Images und helfen außerdem noch Steuern sparen. Tue Gutes und sprich darüber, der Grundsatz galt bereits für die Pioniere wie die Rockefellers oder Fords, und er gilt auch heute, wie die Multimilliardäre Bill Gates oder George Soros zeigen.

Chodorkowskis Kreation heißt »Open Russia« und soll für mehr »Kontakte zwischen Ost und West« sorgen. Die Yukos-Schöpfung ist »eine internationale, unabhängige, karitative Einrichtung, die als private Stiftung dient«.[12] Es ist eine Kopie der wohl erfolgreichsten Organisation dieser Gattung, der »Open Society« von George Soros. Der in Ungarn geborene US-Milliardär und Währungsspekulant ist in Washington bestens vernetzt, betreibt seit Jahrzehnten ein privates Außenministerium zwecks Förderung seiner politischen Ideen, trainiert junge Aktivisten für den effizienten Einsatz im Namen der Demokratie und arbeitet gern mit dem amerikanischen State Department zusammen. Soros mischte und mischt erfolgreich bei Regierungswechseln im ehemaligen Ostblock mit. In Serbien, Georgien oder der Ukraine.

Das Gründungspersonal ist sorgfältig ausgewählt. Die Liste der Herren, die sich Ende 2001 im Londoner Somerset House versammeln, um Open Russia aus der Taufe zu heben – die Immobilie gehört zu den Liegenschaften der Bankiersfamilie Rothschild –, wartet mit klangvollen Namen auf. Henry Kissinger etwa oder der Hausherr Lord Rothschild selbst. Aus New Jersey ist der amerikanische Senator Bill Bradley angereist. Die Yukos-Interessen in England wird der einstige britische Außenminister David Owen vertreten.

Eine ähnlich erlesene Runde, diesmal aus Gründen der Geographie mit mehr US-Personal bestückt, kommt ein Jahr später zur opulenten Gala und Einführung von Open Russia in Amerika zusammen. Man trifft sich im historischen Thomas-Jefferson-Gebäude der Library of Congress. Chodorkowski hat deren Direktor James H. Billington eine Million Dollar gespendet.[13] Die Summe ist gut angelegt, Billington ist nebenbei auch ein renommierter Historiker und Nestor für russische Geschichte in den USA und deswegen in Regierungszirkeln enorm einflussreich. Er ist seit der Amtszeit von Ronald Reagan im Geschäft und findet die richtigen Worte für das exklusive Rehabilitationsprogramm. »Es passiert nicht oft«, sagt er den Gästen passenderweise, »dass Sie jemanden treffen, der erfolgreich war und nun Gutes tun will.«[14] Für das von Billington ausgerichtete National Book Festival, das der First Lady Laura Bush sehr am Herzen liegt, spendet der russische Unternehmer gleichfalls großzügig. Dafür darf er sich mit dem Präsidentenpaar fotografieren lassen und bekommt eine handschriftliche Widmung. Die Präsidialverwaltung in Moskau beobachtet Chodorkowskis Initiativen mit Argusaugen. Putins Berater gehen davon aus, dass der umtriebige Geschäftsmann mit der Stiftung die Grundlage für eine künftige eigene Partei schafft.

Chodorkowski wird Berater bei der Carlyle-Gruppe, jener notorisch einflussreichen Investmentbank-Gruppe des erweiterten Bush-Clans. Er wird Expräsident Bush senior und James Baker, den ehemaligen US-Außenminister, kennenlernen, ebenso Condoleezza Rice oder US-Vizepräsident Dick Cheney, und er wird mit US-Energieminister Spencer Abraham über Öl diskutieren, vor allem über mögliche Geschäfte mit Amerika. Aber auch mit John Browne von BP, British Petrolium, ist er im Gespräch. Der beste Schutz für die Auseinandersetzungen zu Hause ist es, sich amerikanische oder britische Investoren mit ins Boot zu holen. Russland hat, um ein altes Bonmot zu zitieren, eine unvorhersagbare Vergangenheit, die verletzlich macht, und der Westen soll als Schutzschild dienen. Zu Hause verlässt sich Chodorkowski mehr auf die traditionelleren Stützen der russischen Gesellschaft. Teile seines Sicherheitspersonals hat er aus den Reihen des einstigen KGB angeheuert.[15]

Er macht Termine mit den Vorstandschefs von ExxonMobil und Chevron. Deren Verbindungen ins Weiße Haus sind eng, und dort stößt die Initiative des jungen Mannes auf Wohlwollen. George W. Bush und seine Mannschaft sind interessiert an dem Öl. Russland besitzt weltweit mit die größten Reserven. Für die US-Regierung ist es wichtig, neben den führenden Ölländern wie Saudi-Arabien, Irak und Iran eine weitere energiepolitische Option zu haben. Zunehmend unberechenbare Entwicklungen in den islamischen Ländern irritieren sie. Chodorkowski wird zur Schlüsselfigur, die Amerika Zugang zum Rohstoffparadies Russland verspricht. Er beauftragt die Schweizer Bank UBS, einen Verkauf von Russlands zweitgrößtem Ölkonzern zu prüfen, und er lässt, allen Dementis zum Trotz, durchblicken, dass er für höhere Aufgaben in der Politik zur Verfügung steht. In Russland unterstützt er die Opposition und finanziert Abgeordnete.[16]

Der eigenen Regierung hat er im Parlament schon einmal die Grenzen aufgezeigt, als das Kabinett im Frühjahr 2003 angesichts der nun wieder steigenden Ölpreise auf dem Weltmarkt beschließt, dass auch der Staat von diesen profitieren soll. Wladimir Putin lässt im Parlament ein Gesetz zur Erhöhung der Steuer auf den Rohstoff einbringen. Der Anruf, den Wirtschaftsminister German Gref in der Nacht vor der Abstimmung über diesen Entwurf in der Duma von einem Yukos-Geschäftsführer bekommt, ist wenig subtil.

»Der Manager sagte, Herr Gref, wir wissen, was Sie für die Entwicklung der Marktwirtschaft getan haben. Aber Ihr Vorschlag bedroht unsere Interessen. Also teilen wir Ihnen mit, das Gesetz wird nicht verabschiedet. Wir haben dafür gesorgt«, erinnert sich Gref. »Finanzminister Kudrin und ich gingen dann ziemlich verzweifelt aus dem Parlament. Die Ölpreise stiegen, aber nur die Ölunternehmen wurden reicher.« Die Regierung muss den Gesetzentwurf zurückziehen. Für Finanzminister Kudrin war es nichts anderes als Erpressung.[17]

»Bei Sitzungen des Komitees, das im Parlament für Steuern zuständig war, saßen Yukos-Anwälte dabei und gaben vor, wie gewählt werden soll«, schreibt die Zeitung *Chicago Tribune*. »Jede Gesetzesvorlage wurde entweder verwässert oder durch Chodorkowskis Lobbyarbeit zu Fall gebracht.«[18] Putin habe vergeblich versucht, mit Gesetzen die Macht und den Profit der russischen Ölfirmen zu begrenzen. Dem Vorstandsvorsitzenden von British Petroleum, John Browne, mit dem Chodorkowski gerade in Verhandlungen steht, versichert der Yukos-Chef, er habe das Parlament im Griff. »Ich wurde bald ziemlich nervös. Er erzählte, wie er Leute in die Duma wählen ließ. Wie er dafür sorgen würde, dass die Ölfirmen kaum Steuern bezahlten, und wie viele einflussreiche Leute er kontrollierte.«[19] John Browne gewinnt den Eindruck, dass der Russe den Giganten BP um jeden Preis dafür erwärmen will, sich bei Yukos einzukaufen, und sagt das Geschäft schließlich ab. Er hat Putins Warnung im Ohr, dass die Unternehmen sich nicht in die Politik einmischen sollten. Putins Erinnerung an diese Phase des Konflikts mit Chodorkowski hat einen ganz persönlichen Beigeschmack: »Ich habe mehr Schmutz von dem Mann essen müssen, als ich je brauchte.«

Richterspruch und Menschenrechte

Chodorkowski gerät zunehmend unter Zeitdruck. Im Februar 2003 kommt es zu einer öffentlichen Kollision zwischen ihm und dem Präsidenten, die im Fernsehen übertragen wird. Er bezichtigt Manager staatlicher Ölfirmen der Korruption, woraufhin Wladimir Putin ihn fragt, ob er denn seine Steuern bezahle. In Moskau laufen Ermittlungen des Staatsanwalts gegen Yukos-Mitarbeiter wegen Unterschlagung und Mord. Einer der engsten Mitarbeiter Chodorkowskis wird verhaftet.[20] Der amerikanische Botschafter in Moskau schreibt einige Wochen später in einem vertraulichen Bericht an das US-Außenministerium, die Aktion sei eine Warnung an den Firmenchef gewesen, die darauf hinauslaufe, dass er sich politisch zurückhalten und nicht weiter die Opposition mit hohen Geldsummen unterstützen solle, um im Parlament eigene Gesetze durchzusetzen oder zu blockieren. Der Botschafter gibt allerdings Entwarnung. »Die meisten politischen Beobachter glauben, dass Yukos und der Kreml die Eskalation herunterfahren und ihre unterschiedlichen Auffassungen unter der Hand regeln.«[21]

Wladimir Putin ist nicht abgeneigt, mit George W. Bush auf dem Energiesektor eine intensivere Kooperation zu vereinbaren. Er sieht darin Vorteile, allein schon wegen des technischen Know-how der Amerikaner und der Aussicht, die Kosten für die Erschließung der russischen Öl- und Gasfelder zu senken. Die beiden Männer haben sich bereits mehrmals getroffen und eine gewisse Sympathie füreinander entwickelt. Die Terroranschläge vom 11. September 2001 haben nicht nur zu einer Annäherung beider Länder auf der offiziellen Ebenen geführt, sondern auch die persönliche Beziehung der Regierungschefs gefestigt. Wladimir Putin und seine Frau haben George und Laura Bush einen Monat später auf deren Ranch in Crawford, Texas, besucht und sind sich beim Abendessen nähergekommen. Man will, so die vorsichtige Formulierung, in Zukunft enger zusammenarbeiten.[22] Die beiden Präsidenten stehen von nun an in regelmäßigem Kontakt.

Auf den Besucher, den der Chef der New Yorker Börse, umgeben von zwanzig weiteren US-Wirtschaftsführern, an einem Freitag im September 2003 in der Wall Street Nummer 11 empfängt, wartet ein Mann ganz besonders. Lee Raymond, der Vorstandsvorsitzende von ExxonMobil und ein guter Freund des amerikanischen Vizepräsidenten Dick Cheney, ist mit Wladimir Putin verabredet, um über den geplanten Ankauf von Yukos zu reden. Mit Michail Chodorkowski hat er gesprochen und sich im Prinzip mit ihm geeinigt. Jetzt will er sich beim Kreml-Chef absichern.[23]

Für den russischen Präsidenten ist das Business-Meeting in der Wall Street der zweite wichtige Termin an diesem Wochenende, und beide drehen sich im Kern um Wladimir Putins Verständnis und Vision von der russischen Gesellschaft. Er wird sich, wie schon geschildert, in New York mit den Vertretern der russischen Kirche im Exil treffen, um die Wiedervereinigung der orthodoxen Kirche in Russland mit dem abgespaltenen Teil in der Diaspora weiter voranzutreiben. Und auch der Termin im Finanzdistrikt von Manhattan, nur ein paar Meter von der klaffenden Wunde der zerstörten Twin Towers entfernt, betrifft eine Grundsatzentscheidung nach dem Ende der Sowjetunion und der nachfolgenden Privatisierung der Wirtschaft. Welchen Einfluss soll er multinationalen Konzernen hinsichtlich der Rohstoffressourcen Russlands zugestehen, die für die weitere wirtschaftliche Entwicklung des Landes von zentraler Bedeutung sind? Das Desaster der vergangenen Jahre hat ihm klargemacht: Ohne die Gesetze einer Marktwirtschaft wird sich Russland nicht regenerieren. Aber um russische Interessen zu schützen, braucht er Regelungen, mit denen er die Entwicklung in Russland beeinflussen kann.

Lee Raymond ist mit jener gusseisernen Verhandlungskultur ausgestattet, die in der Welt der führenden Ölgiganten zur Grundausstattung gehört. ExxonMobil kauft nach dem altbewährten Prinzip der Branche ein – entweder ganz oder gar nicht. Der Vorschlag, den der Vorstandsvorsitzende in dem Vieraugengespräch in einem Konferenzzimmer der New Yorker Börse präsentiert, ist eine Bedingung und keine Diskussionsgrundlage. Sie lautet: Der Ölmulti übernimmt mit 51 Prozent der Aktien die Mehrheit bei Yukos. »Sie können dann entscheiden, was Sie mit den anderen 49 Prozent anfangen wollen. Ob beispielsweise die Regierung sich einkaufen will oder die Anteile an die Börse gehen sollen«, erklärt der Manager dem russischen Präsidenten konziliant, so als wären die 49 Prozent ein besonderes Entgegenkommen seines Konzerns. Er müsse jetzt nur von ihm wissen, ob ExxonMobil die 51 Prozent kriegen kann, sonst könne man das Geschäft vergessen.[24]

Putins Nachfrage, ob dies bedeute, dass er dann Lee Raymond fragen müsse, wo, wann und wie Yukos in Russland investiere und arbeite, beantwortet der Manager jovial mit einem breiten Yes. Das sei ja genau der Grund, warum das Unternehmen die Mehrheit wolle, und im übrigen halb so schlimm. ExxonMobil arbeite mit dieser Methode bereits in vielen anderen Ländern der Welt. Das werde er dann heute nicht entscheiden, lautet die knappe Antwort des Präsidenten, für die der Konzernchef volles

Verständnis zeigt. Schließlich sei das keine Frage, die man übers Knie brechen dürfe. Der Präsident habe in der Sache sicher noch Gesprächsbedarf – niemand könne es ihm verdenken, dass er sich zuvor noch mit seinen Leuten beraten wolle. Am Ende sprüht der Mann aus der Führungsetage von ExxonMobil vor Optimismus, dass der Deal doch wohl klappen werde. Das ist eine eklatante Fehleinschätzung. Es wird Jahre dauern, bis ExxonMobil wieder ins Geschäft kommt.[25]

Putin akzeptiert den Mehrheitsanspruch des amerikanischen Ölgiganten nicht, den Lee Raymond als Selbstverständlichkeit einfordert. Ihn stört allerdings noch mehr die herablassende Arroganz, mit der ihm der Manager mitteilt, wie die Dinge zu laufen haben, und ihm wohlwollend Zeit einräumt, sich doch auf den aktuellen Stand der Dinge zu bringen, wie Geschäfte dieser Preisklasse international abgewickelt werden. Nach der NATO-Erweiterung ist dies eine weitere Schlüsselerfahrung für ihn, wie der Westen Russland sieht und behandelt.

Einen Monat später wird der Vorstandsvorsitzende des Yukos-Ölkonzerns spektakulär bei einer Zwischenlandung seines Privatjets in Nowosibirsk festgenommen. Offiziell geht es bei der Auseinandersetzung zwischen dem russischen Staat und dem Unternehmer Michail Chodorkowski um die Strafsache 18/41 aus dem laufenden Jahr 2003, um gewöhnliche Verbrechen wie Steuerhinterziehung, Betrug oder Unterschlagung, auch wenn die Größenordnung in dem speziellen Fall atemberaubend ist. Inoffiziell geht es um die Frage, wer die Macht im Staat hat und wer wie weit gehen darf. »Ich wusste Bescheid, dass es um Steuern in Milliardenhöhe ging und Yukos die Lücken der Gesetze ausnutzte, um das Geld in die eigene Tasche zu schieben. Putin hat aber das genaue Prozedere nicht mit mir besprochen«, erinnert sich Alexej Kudrin. In zwei Prozessen werden Chodorkowski und sein mitangeklagter Geschäftspartner Platon Lebedew zu hohen Gefängnisstrafen verurteilt.[26] Nach der Anklage und den Steuerzahlungen geht Yukos in Konkurs. Der Konzern wird aufgelöst, die Vermögenswerte kommen unter den Hammer, um Steuerschulden zu begleichen, so die amtliche Begründung. Für Wladimir Putin ist es der logische Abschluss einer langwierigen Schlacht: »Das Geld vom Verkauf der Yukos-Assets kam in den Staatshaushalt. (...) Wurde dieses Geld einst dem Volk gestohlen, muss dieses Volk es nun zurückbekommen.«[27]

Der Fall Chodorkowski avanciert im Westen zu einem Paradebeispiel für den Mangel an zivilen Umgangsformen und Menschenrechten in Russland. Chodorkowskis internationale Anwälte entwickeln zusammen mit seiner PR-Agentur ein zusätzliches Image. Zum Bild des geläuterten erfolgreichen Kapitalisten, der jetzt auch international die ihm gebührende Achtung genießt, kommt das Profil eines aufrechten Menschenrechtlers, der unter schwierigsten Bedingungen einen einsamen Kampf gegen ein brutales, korruptes Regime führt.

Der einstige Konzernherr, der Teile seines Vermögens rechtzeitig ins Ausland transferiert und an seine Teilhaber verkauft hat, wird zu einem »Solschenizyn light« stilisiert. Regelmäßig gibt Chodorkowski aus der Zelle Zeitungen Interviews oder verfasst für westliche Medien philosophische Beiträge über den Zustand des Landes. Er wird zum Experten dafür, wie Russland sich verändern muss. So wie auch er sich schließlich verändert hat. Chodorkowski erklärt, gibt Ratschläge, deutet aktuelle politische Entwicklungen und stellt offene Fragen. Er sei allenfalls ein Opfer der Umstände, beschreibt er sein unverschuldetes Schicksal. »Hier herrschte in den Übergangszeiten nach dem Zusammenbruch des Sowjetsystems das Gesetz des Dschungels. Keiner wusste genau, welche Vorschriften noch galten – ich nutzte das aus, wie andere Unternehmungslustige auch.«[28] Die russische Opposition bleibt allerdings auf Abstand.

Die Auseinandersetzungen der Anwälte mit der russischen Justiz sind hart und aggressiv, die Reaktionen der angegriffenen Gerichte sind es nicht minder. Chodorkowskis Team seziert wirkliche oder vermeintliche Fehler der Justiz und insinuiert medienwirksam, die Verhandlung sei nicht mehr als eine Neuauflage alter stalinistischer Schauprozesse der Sowjetunion. Die westlichen Korrespondenten greifen den Kampf für mehr Menschenrechte in Russland gern auf.

Die PR-Strategie, an die politische Correctness des Westens zu appellieren, geht auf. Amnesty International erklärt Chodorkowski trotz heftiger Debatten innerhalb der Organisation zum politischen Gefangenen. Das zu erreichen »war ein langer Kampf«, errinnert sich Juri Schmidt, einer seiner engagierten Anwälte, bei einem Gespräch in seiner Kanzlei, »aber wir haben es schließlich geschafft«. Der Anwalt aus St. Petersburg ist auf Menschenrechtsfälle spezialisiert und kennt den Juristen Putin noch aus den Zeiten, als dieser stellvertretender Bürgermeister war. Er war schon damals sein Gegner. Die Anerkennung durch Amnesty International führt international zu weiterer Unterstützung, auch in Deutschland. Die Bundestagsabgeordnete der Grünen Marieluise Beck etwa wählt den Prozess in Moskau zu einem Schwerpunkt ihrer politischen Arbeit der nächsten

Jahre, fliegt regelmäßig ein und bedient die versammelte deutsche und ausländische Presse. Zusammen mit ihrem Mann Ralf Fücks, Chef der Heinrich-Böll-Stiftung, der kraft seines Amtes die Kampagne wirkungsvoll ergänzt, ist sie unermüdlich unterwegs, Unrecht anzuprangern.[29] Auch Politiker wie Angela Merkel oder Barack Obama monieren »die Einseitigkeit« russischer Gerichte und appellieren öffentlich an den russischen Präsidenten, den ehemaligen Oligarchen freizulassen.

Es ist eine politische Doppelstrategie. Neben dem moralischen Feldzug klagen Anwälte und frühere Yukos-Aktionäre vor dem Europäischen Gerichtshof für Menschenrechte in Straßburg. Sie behaupten, der Prozess gegen Chodorkowski und Yukos sei ausschließlich politisch motiviert gewesen, und die Steuernachforderungen in Milliardenhöhe seien erhoben worden, um die Firma in den Konkurs zu treiben und das Unternehmen unter Wert zu verkaufen. Die Aktionäre verlangen 75 Milliarden Dollar Schadenersatz vom russischen Staat.[30]

Die Richter in Straßburg sehen das anders. Sie verurteilen Russland, den einstigen Yukos-Aktionären 1,5 Milliarden Euro Entschädigung zu zahlen, weil einige der Strafgelder unzulässig gewesen seien. In der zentralen Frage aber, ob das Verfahren gegen Michail Chodorkowski ein politischer Prozess gewesen sei, sprechen sie Russland frei.[31]

»Der Fakt, dass ein möglicher politischer oder geschäftlicher Rivale direkt oder indirekt davon profitiert, kann Behörden nicht daran hindern, ihn strafrechtlich zu verfolgen, wenn ernsthafte Vorwürfe gegen ihn vorliegen.« Die Richter sahen in den vorliegenden Beweisen des russischen Gerichts durchaus »ausreichenden Verdacht« für das Strafverfahren. Sie kritisierten einige Umstände während der

Untersuchungshaft, aber die erhoffte Rehabilitation des einstigen Oligarchen fand in Straßburg nicht statt.[32]

Der internationale Schiedsgerichtshof in Den Haag, an den sich die Aktionäre gleichfalls wenden, sieht den Fall anders. Es verurteilt den russischen Staat zu 50 Milliarden Dollar Schadenersatz, weil es im Gegensatz zu den Richtern im Europäischen Gerichtshof den Prozess als einen politischen Prozess einstuft.[33] Der internationale Schiedsgerichtshof ist kein Gericht im klassischen Sinne, sondern eine Art Schlichtungsstelle. Er bietet Kontrahenten eine Plattform, einen Streit ohne ordentliche Gerichte beizulegen, eine Form von Regelung, wie sie bei Vereinbarungen wie dem Freihandelsabkommen TTIP zwischen den USA und Europa vorgesehen sind, um der Wirtschaft die Möglichkeit zu geben, außerhalb der üblichen Gerichte gegen Entscheidungen von Regierungen vorzugehen. Das Verdikt ist rechtlich verbindlich. Russland klagt gegen den Bescheid vor einem ordentlichen Gericht in den Niederlanden. Die Aktionäre haben begonnen, russisches Eigentum im Ausland pfänden zu lassen.[34] Nach den ersten Sperrungen russischer Konten in EU-Staaten im Juni 2015 hat Wladimir Putin Widerstand angekündigt: »Unsere Position ist klar, Russland erkennt die Rechtmäßigkeit dieses Gerichtes nicht an.«[35] Der Fall Yukos ist offenkundig auch nach der Begnadigung von Michail Chodorkowski noch lange nicht zu Ende.

17 Der Probelauf

Die NATO und der Krieg in Georgien

Der Dirigent Waleri Gergijew erregt sich auch Wochen später noch über das lange Interview, das er der *New York Times* Anfang 2015 gegeben hat, wenn er daran denkt, was daraus geworden ist.[1] »Ich sehe aus wie ein Idiot, weil die siebzig Prozent gestrichen haben von dem, was ich gesagt habe. Dabei habe ich ihnen schon im voraus erklärt, sie werden es nicht mögen, was ich ihnen erzähle.« Gergijew fröstelt, er ist erkältet und bestellt sich einen doppelten Whisky. Das Hotel Ritz-Carlton in Moskau ist die standesgemäße Unterkunft des Maestros, wenn er in der russischen Hauptstadt weilt. Er bereitet gerade Osterkonzerte für die Karwoche in verschiedenen Städten Russlands vor. Es nervt ihn, in den vergangenen Monaten ständig auf Politik und nicht auf Musik angesprochen zu werden.

»Als der amerikanische Journalist mich nach der Krim fragte, habe ich zurückgefragt: Wie viele Menschen sind denn bei der Übernahme der Krim getötet worden? Nur einer, und zwar durch einen Unfall. Die mochten diese Antwort nicht und haben sie nicht gedruckt, obwohl sie ausdrücklich danach gefragt haben.«

Der Direktor und Chefdirigent des Mariinski-Theaters in St. Petersburg, Jahrgang 1953, ist seit über zwanzig Jahren weltweit einer der wichtigsten kulturellen Botschafter Russlands. Ob an der Metropolitan Opera in New York, bei den Wiener Philharmonikern, beim London Symphony Orchestra oder künftig als Chefdirigent der Münchner Philharmoniker, es gibt kaum ein Orchester von Weltruf, das den Musiker nicht schon als Dirigenten verpflichtet hat oder gern verpflichten würde. Waleri Gergijews musikalische Qualitäten stehen außer Frage, allerdings hat der Mann in den Augen des Westens bedauerlicherweise einen Makel. Er gilt als Freund Wladimir Putins und dient bei Gastspielen in westlichen Metropolen als bevorzugte Zielscheibe für die Kritik am russischen Präsidenten. Der Abend zuvor in Paris war eine Ausnahme, als er mit den Münchner Philharmonikern ungestört ein Konzert gegeben hat. »Ausverkauft«, sagt er lapidar. »Das Orchester ist exzellent. Es geht um Musik. Die Menschen, die mich angreifen, benutzen die Konzerte gezielt als PR-Kampagnen. Sie benutzen die Marke Gergijew, um ihre Ideologie zu promoten.«

Auch bei seiner Berufung zum Chefdirigenten in München war die Aufregung groß, verlangten die Grünen und Aktivisten der Schwulenszene, er solle sich öffentlich von Wladimir Putin und dessen Politik distanzieren. Eine Vorstellung, die der Musiker nicht nur aus freundschaftlicher Verbundenheit absurd findet. Er tue es nicht, er müsse nichts und niemandem öffentlich abschwören, wehrte er sich und verteidigte seine Sicht der Dinge. Die Stadt München verpflichtete den Dirigenten bis 2020.

Waleri Gergijew hat aus seiner Nähe zum russischen Präsidenten nie einen Hehl gemacht. Beide kennen sich aus den schwierigen Jahren in St. Petersburg, als der junge Dirigent dem bankrotten Mariinski-Theater zu neuem Weltruhm verhalf. Als neuer Direktor hatte Gergijew mit existenziellen Problemen des ältesten Opernhauses Russlands samt Ballett und Symphonieorchester zu kämpfen: »Wir unterstanden dem Staat. Aber Moskau bezahlte keine Löhne mehr. Ich habe alles getan, um die Leute zu halten. Wladimir Putin, der damals stellvertretender Bürgermeister war, versuchte zu helfen, weil er die Bedeutung des Mariinski-Theaters erkannte.«

Jahre später werden das Mariinski-Theater und sein Dirigent Gergijew auch jenen Russen ein Begriff sein, die mit Musik nicht sehr viel zu tun haben. Am 7. August 2008 greifen georgische Truppen Südossetien an, um die seit langem abtrünnige Provinz wieder der Zentralregierung in Tiflis zu unterstellen. Moskau schickt umgehend russische Truppen nach Georgien, die innerhalb weniger Tage die georgische Armee aus Südossetien vertreiben und den alten Zustand wiederherstellen. Der Kaukasische Fünftagekrieg zwischen Tiflis und Moskau bringt im August 2008 – ähnlich wie ein paar Jahre später der Umsturz in der Ukraine – Europa kurzfristig an den Rand eines Krieges. Vierzehn Tage später, am Abend des 21. August 2008, steht der Dirigent im zerbombten Zchinwali, der Hauptstadt Südossetiens, und wird vor den Trümmern des zerschossenen Parlamentsgebäudes mit dem Petersburger Orchester die siebte Symphonie von Dmitri Schostakowitsch spielen. Davor wird er ebenso leidenschaftlich Georgien wegen dessen militärischer Attacke gegen Südossetien anklagen, die Hunderte von Menschen das Leben kostete, und den Tausenden, die sich in ihren Sonntagskleidern oder Uniformen auf dem Platz versammelt haben, sein Beileid aussprechen. Es ist einer jener Momente, die pathetisch und ergreifend zugleich sind. Das Orchester flog direkt vom BBC-Proms-Festival in London ein. Die Vorstellung wird live nach Russland übertragen. Gergijew und seine Frau stammen aus Ossetien.

Der Kommentator der *Washington Post* geißelt die musikalische Aussage als »politisches Statement«. Der Dirigent habe sich nun »mit dem russischen Nationalismus verbündet, mit all seinen antidemokratischen Konsequenzen«.[2] »Sein Patriotismus«, schreibt der *Guardian* einen Tag nach dem emotionalen Freiluftauftritt, »ist ohne Zweifel echt.«[3]

Die Musik ist sorgsam ausgewählt und von symbolischer Bedeutung. Dmitri Schostakowitsch schrieb seine siebte Symphonie, die »Leningrader« genannt wird, während der Belagerung der Stadt. Das Werk wurde 1942 uraufgeführt. Für Gergijew ist der Auftritt keine Frage der Politik, sondern der Haltung. »Mein Konzert war eine Hommage an die Toten und nicht für einen Kommentar der *Washington Post* gedacht. Wenn Russland nicht interveniert hätte, wären Tausende von Osseten getötet worden. Es geht bei der Musik nicht nur um Hitler, sondern um das Böse, das in unser Leben gebracht wurde«, erklärt er das spontane Engagement.

»Sowohl der britische als auch der deutsche Verteidigungsminister waren in den Konzerten.« Die Erinnerung an seine damalige Gefühlslage ist Gergijew noch sehr präsent. »Ich hatte nur eine Frage an sie: Wer hat denn den Krieg angefangen? War das einfach eine Laune Russlands, weil der Himmel so blau war? Es kam darüber kein Gespräch zustande. Die haben mir nur freundlich zugehört und nichts gesagt.« Nicht nur der Musiker Waleri Gergijew ist wegen der Ereignisse in Südossetien aufgebracht, sondern auch Wladimir Putin – mit weitreichenden Konsequenzen.

Nicht erst seit dem Ende des Zarenreiches 1917 wehrte sich Südossetien in teils blutigen Auseinandersetzungen gegen den Versuch Georgiens, die Region einzugemeinden. Der Landstrich im Herzen des Kaukasus bekam einen autonomen Status in der Georgischen Sozialistischen Sowjetrepublik. In den folgenden Jahrzehnten kamen die Konflikte kaum zum Tragen, weil ein Georgier namens Iossif Wissarionowitsch Dschugaschwili, besser bekannt als Josef Stalin, die Sowjetunion im stählernen Griff der Diktatur hielt und ein System schuf, das noch lange nach seinem Tod Bestand hatte. Dass die russische Luftwaffe Jahrzehnte später bei dem Einsatz um Südossetien einmal seinen Geburtsort Gori bombardieren würde, hätte er sich wohl kaum vorstellen können. Nach dem Scheitern des Großprojekts UdSSR brachen die Konflikte erneut auf. Der Süden Ossetiens fiel an Georgien, der Norden an Russland. Doch schon damals widersetzte sich Südossetien und erklärte sich für unabhängig. Zu ähnlichen Autonomiebestrebungen kam es auch im nordwestlichen Landesteil Abchasien.

Seither ist die Geschichte Georgiens eine Chronik angekündigter und tatsächlich ausgebrochener Kriege. Was die Regierung in Tiflis 2008 im Westen als neuen Kalten Krieg und Kampf gegen eine drohende Wiederherstellung der einstigen Sowjetunion durch Moskau verkauft,[4] war ein fatales Pokern Georgiens mit dem Ziel, sich die abtrünnige Provinz im Namen von Freiheit und Demokratie nach hundert Jahren endlich einzuverleiben.

Für Wladimir Putin hat der Konflikt mit Georgien die Vorstellung bestätigt, dass militärische Mittel offenkundig die Sprache sind, die der Westen versteht, wenn es darum geht, die eigenen russischen Interessen klarzumachen. Der Krieg wird zur Zäsur und lässt bei ihm die lange gehegte Vermutung zur Gewissheit werden, dass der Westen und vor allem die USA jede Gelegenheit suchen, um Russland zu destabilisieren. Es ist nicht nur die Vorgeschichte der Auseinandersetzung, die Putin bestärkt. Es ist auch die gezielte Art und Weise, wie die USA einen jahrzehntelangen ethnischen Konflikt nutzen und zuspitzen, bestimmt von Fehleinschätzungen und ideologischen Konzepten, mit geopolitischen Grenzziehungen und politischen Grenzüberschreitungen. Und die Unfähigkeit der westlichen Politik, die Sprengkraft einer solchen Entwicklung zu erkennen. Georgien ist der Probelauf für die Ukraine.

Konkret scheitert der Versuch des damaligen Präsidenten Micheil Saakaschwili, Georgien mit tatkräftiger Unterstützung der USA schneller in die NATO zu bringen.[5] Die Gelegenheit ist günstig. In den Vereinigten Staaten hat der Wahlkampf begonnen, und der Name Wladimir Putin und die bloße Erwähnung Russlands lösen noch immer ein Grundrauschen aus, das sich gut nutzen lässt. Angstgefühle aus Zeiten des Kalten Krieges. Als Saakaschwili im Frühjahr 2008 in Washington vorstellig wird und um die Aufnahme in die NATO anhält, sagt der amerikanische Präsident Unterstützung zu. Es ist George W. Bushs letztes Amtsjahr. Für die Republikaner geht der Senator und rechte Hardliner John McCain ins Rennen. Der Präsidentschaftskandidat plädiert schon lange für Georgiens Bündnisbeitritt, kennt den aufstrebenden Mann bereits seit 1997 und ist mit ihm befreundet. McCain ist seit Jahren als

Missionar für Demokratie in den einstigen Sowjetrepubliken unterwegs. Er wird auch auf dem Majdan stehen. Sein Slogan wechselt je nach politischer Krise und geographischem Bedarf. »Wir sind alle Georgier« oder auch »Wir sind alle Ukrainer«.[6] Ein bewährtes Rezept, nicht nur in den Vereinigten Staaten.

McCain ist ein erbitterter Gegner des russischen Präsidenten und macht aus der Abneigung kein Geheimnis. Der Kandidat der Republikaner fordert auf dem Höhepunkt von Krisen stets zuverlässig den Einsatz der NATO. Sein außenpolitischer Berater steht seit Jahren als bezahlter Lobbyist auf der Gehaltsliste der georgischen Regierung, schreiben die *Washington Post* und die *New York Times*.[7] Die Konfrontation zwischen Georgien und Russland hat sich nach dem ersten Besuch eines amerikanischen Präsidenten in dem Land vor drei Jahren stetig zugespitzt.

Kochrezept für einen Umsturz

Die Autofahrt vom Internationalen Flughafen Tiflis ins Zentrum der Hauptstadt Georgiens dauert eine knappe halbe Stunde. Die mehrspurige Straße heißt George W. Bush Avenue, ein Name, der an die Stippvisite des amerikanischen Präsidenten im Mai 2005 erinnern soll. Am »Platz der Freiheit« vor dem Rathaus, das mit amerikanischen und georgischen Fahnen drapiert ist, stehen Zehntausende, um den ersten Besuch eines US-Präsidenten in ihrem Land zu feiern. Sie lauschen gebannt, auch wenn die Lautsprecher gelegentlich ausfallen und der Wortlaut der Rede von Bush nur bruchstückhaft rüberkommt. Es ist die übliche

Botschaft, die der erste Mann der USA auf seiner Tournee durch den einstigen Ostblock verkündet: Freiheit und Demokratie seien nun weltweit auf dem Vormarsch und auch in Georgien angekommen, und die Menschen könnten stolz sein auf das, was sie erreicht haben. Mit einem kleinen Seitenhieb auf Wladimir Putin fügt George W. Bush noch hinzu, die Souveränität des Landes müsse »von allen Nationen respektiert« werden.[8] Die historischen Konflikte um Südossetien und andere Landstriche sind Washington durchaus bekannt, und auch die ehrgeizigen öffentlichen Versprechen des georgischen Präsidenten aus dem zurückliegenden Wahlkampf, die widerborstigen Gegenden wiedereinzugliedern, wenn es sein muss, mit Gewalt.

Der hohe Besuch ist eine gezielte Belohnung für Micheil Saakaschwili. Der junge Mann hat in Amerika studiert und ist seit einem Jahr Präsident. Saakaschwili ist von sich prinzipiell überzeugt und verfügt über eine gediegene amerikanische Sozialisation. Er studierte an der Columbia University in New York sowie in Washington. Der Exaußenminister der Sowjetunion und spätere Präsident Georgiens Eduard Schewardnadse nahm das politische Talent einst unter seine Fittiche und machte ihn bald zum Minister. Sein Zögling nutzte die Gelegenheit, stürzte Schewardnadse und das marode System nicht viel später, 2004, begünstigt durch die landesweite Empörung wegen massiver Wahlfälschung – und mit aktiver Unterstützung aus Washington. Micheil Saakaschwili ist ein begeisterter Anhänger der amerikanischen Sicherheitsstrategie, die Bush junior zu Beginn seiner Präsidentschaft verbindlich neu fassen ließ. »Die großen Kämpfe des 20. Jahrhunderts zwischen Freiheit und Totalitarismus endeten mit einem überzeugenden Sieg für die Kräfte der Freiheit und einem dauerhaften Modell für nationalen Erfolg: Freiheit. Demokratie und freie Marktwirtschaft.«[9]

Saakaschwili setzt bei der Amtsübernahme erfolgreich auf eine neue Technik, die in den Jahren zuvor in Osteuropa perfektioniert wurde. Es ist offiziell ein Machtwechsel von innen, mit logistischem Beistand von außen. Voraussetzung ist eine generelle Unzufriedenheit mit einem meist angeschlagenen System. Die Aktivisten sind jung, idealistisch und haben meistens im Ausland studiert. Sie sind flink und flexibel im Umgang mit den neuen Medien, produzieren ständig »News«, kanalisieren den generellen Unmut und organisieren wirkungsvoll Demonstrationen im Rahmen von Bewegungen, die poetische Namen wie Rosenrevolution, Orange Revolution oder auch Zedernrevolution tragen. Meist sind sie gewitzter und schneller als der schwerfällige Staatsapparat. In Osteuropa werden sie von hauptsächlich regierungsnahen amerikanischen Stiftungen gefördert, Organisationen mit guten Verbindungen zu neokonservativen Politikern und durchaus auch guten Kontakten zu Geheimdiensten, die Training und technische Ausrüstung stellen. »Die Revolutions-GmbH« hat der *Spiegel* den politischen Wanderzirkus getauft und in einer zweiteiligen Serie schon im November 2005 präzise beschrieben, wie Revolutionen der Neuzeit vorbereitet werden.[10] Was in Georgien 2003 und in der Ukraine 2004 »wie ein spontaner Volksaufstand gegen Autokraten« wirkte, sei in Wirklichkeit in weiten Teilen »sorgfältig geplant« gewesen. In Tiflis trägt die neue Bürgerrechtsbewegung mit zahlreichen Studenten den griffigen Namen Kmara! (Genug!). Finanziert wird sie von der Stiftung Open Society des amerikanischen Milliardärs George Soros, die bestens mit der amerikanischen Administration verwoben ist. Mit Soros-Geldern wird unter anderem »im Juni 2003 in Zchwaritschamija ein dreitägiges Training in Sachen friedlicher Revolution finanziert«, schreibt der *Spiegel*. Über tausend Aktivisten üben für die anstehende Eskalation mit der Staatsgewalt.

Am 22. November 2003 stürmt der Volkstribun Micheil Saakaschwili mit Freunden an dem überforderten Polizeipersonal vorbei das Parlament. Der Präsident tritt zurück, Richard Miles, der US-Botschafter vor Ort, moderiert den Abgang der Regierung Schewardnadse. George Soros sei ein guter Freund, sagt anschließend der neue erste Mann im Staat, und habe auch »die Studentenorganisation bezahlt, die sich aktiv an der Revolution beteiligte«.[11]

Wladimir Putin betrachtet die Entwicklung im Nachbarland und Saakaschwili mit Misstrauen. Es ist nicht nur die Beobachtung, dass sich das Nachbarland Georgien zum amerikanischen Vorposten entwickelt, es ist auch eine Frage der Chemie zwischen den beiden Politikern. Für Putin ist Saakaschwili ein größenwahnsinniger Provokateur, der die Verhältnisse verkennt und unter einer Profilneurose leidet, während Saakaschwili Putin für jemanden hält, dem man endlich zeigen muss, wo es auf dem Schulhof langgeht, und am besten gleich damit droht, im Zweifel den großen Bruder zu holen. Der neue erste Mann in dem kleinen Staat mit gut vier Millionen Einwohnern an der Grenze zu Russland kultiviert die selbstgewählte geschichtliche Rolle, lässt im Westen und Osten keine PR-Gelegenheit aus, um zu betonen, wie er als David stellvertretend für die freie Welt gegen den übermächtigen Goliath antritt. »Wir sind jetzt bereit, dieses Freiheitsprogramm durchzusetzen – unserem Volke zuliebe, unseren Werten und den Vereinigten Staaten zuliebe, die uns etwas bedeuten, weil sie dem Rest der Welt ihre Ideale aufzeigen«, erklärt er Bush bei einem

Besuch in Washington.¹² Es ist diese Kombination aus Größenvorstellung und Drohung, worauf Putin schon von Natur aus allergisch reagiert. Die uneindeutig eindeutige Haltung Washingtons vergrößert den Ärger. Bush nimmt seine explizit geäußerten Warnungen, die Osterweiterung der NATO Richtung Georgien zu stoppen, auf die leichte Schulter. Die Konfrontation ist programmiert.

Mahnungen auf amerikanischer Seite wie die des Außenministers Colin Powell sind rar, der dem jungen Mann ziemlich früh einen guten Rat gibt, bevor er selbst 2005 zurücktritt: »Sie denken, es geht um grundlegende Interessen Ihres Landes. Wir sind uns da nicht so sicher, aber auf jeden Fall geht es nicht um unsere nationalen Interessen. Also bringen Sie sich selbst nicht in eine Situation, die Sie überfordert. Und glauben Sie ja nicht, dass wir jederzeit kommen und Sie retten werden.«¹³ Powells Nachfolgerin Condoleezza Rice ist öffentlich weniger strikt. Als sie bei Putin wegen der Spannungen mit Georgien im Vorfeld der Krise interveniert und eine Botschaft von Bush überbringt, der US-Präsident lasse ihm ausrichten, das könnte die amerikanisch-russischen Verhältnisse belasten, bittet Putin die Botin, ihrem Chef die lapidare Antwort zu übermitteln, »dass ich tun muss, was ich tue«.¹⁴

Der Hoffnungsträger in Georgien stellt Bush zweitausend Soldaten des kleinen Landes für den Irakkrieg in jener »Koalition der Willigen« zur Verfügung, während Deutschland unter Bundeskanzler Gerhard Schröder, Frankreichs Präsident Jacques Chirac und Russland die Teilnahme an dem Krieg ablehnen. Er wird über 100 000 Iraker das Leben kosten und eine ganze Region bis heute destabilisieren. In der vierten Etage des Verteidigungsministeriums in Tiflis sitzen nun amerikanische Militärausbilder und bringen die kleine Armee Georgiens auf Vordermann. Das Pentagon liefert Waffen, und der georgische Präsident wird den Verteidigungshaushalt in den ersten vier Jahren seiner Herrschaft fast versechsfachen.[15]

Wer den ersten Schuss in dem Konflikt abgegeben hat, steht unterdessen fest. Georgiens Präsident Saakaschwili hat den Krieg begonnen und die abtrünnige Provinz Südossetien unter einem Vorwand angreifen lassen.[16] Schon sein Vorgänger Eduard Schewardnadse versuchte in einem blutigen Krieg 1992 vergeblich, Südossetien zu erobern. Seit dem Waffenstillstandsabkommen von damals besitzt Russland ein offizielles Mandat für die Stationierung von Soldaten in dem Sprengel, die den Waffenstillstand überwachen sollen.[17] Die offizielle Behauptung Saakaschwilis, unmittelbar vor der Attacke seien weitere russische Truppen in Georgien einmarschiert, und sein Befehl zum Angriff sei nichts anderes als Notwehr gewesen, entpuppt sich ein Jahr später als Lüge.

Der über tausend Seiten dicke Untersuchungsbericht voller Analysen, Dokumente und Zeugenaussagen, den die Schweizer Diplomatin Heidi Tagliavini mit mehr als zwanzig militärischen und juristischen Experten und zahlreichen Menschenrechtlern im Auftrag der Europäischen Union erstellt und 2009 offiziell vorgelegt hat, räumt mit den Schutzbehauptungen der georgischen Führung auf. »Es gab keine bewaffnete Attacke durch Russland vor dem Beginn der militärischen Operation Georgiens«, stellt der Bericht fest. Die Beschuldigung Georgiens, »vor der Attacke« habe sich eine größere Anzahl russischer Soldaten in Südossetien befunden, konnte »nicht belegt werden«. Ebenso wenig wie die Behauptung, »ein russischer Angriff stünde unmittelbar bevor«.[18] Die Experten der Europäischen Union werfen beiden Seiten Kriegsverbrechen im Laufe der Auseinandersetzungen vor, doch darüber, wer den ersten Stein geworfen hat, besteht kein Zweifel. »Für die Entwicklung unserer Beziehungen zu beiden Konfliktparteien ist es schon wichtig, wer welchen Anteil gehabt hat«, begründete Bundesaußenminister Frank-Walter Steinmeier die Einsetzung einer unabhängigen Untersuchungskommission, die der Deutsche drei Wochen nach dem Konflikt im EU-Ministerrat durchsetzte.[19]

Der Artilleriebeschuss der Hauptstadt Zchinwali durch georgische Truppen begann dem Bericht zufolge in der Nacht vom 7. auf den 8. August, das Scharmützel zog sich über fünf Tage hin und weitete sich durch den Einmarsch russischer Truppen auf Gebietsteile Georgiens aus. In Südossetien wurden Hunderte von Menschen getötet und über 1700 verwundet. Auf russischer Seite fielen offiziell 67 Soldaten. Die Zahl der Flüchtlinge belief sich auf über 100 000. Das politische Vabanquespiel, das Saakaschwili trotz Warnungen auch von amerikanischer Seite angezettelt hatte, kostete rund 200 eigene Soldaten und Polizisten das Leben. »Der Konflikt hat tiefe Wurzeln in der Geschichte der Region«, resümiert die Untersuchungskommission, er war »der Höhepunkt zunehmender Spannungen und Provokationen«. Ein Höhepunkt, der offenbar gut vorbereitet war.

Die Nachricht von dem Angriff erreicht Wladimir Putin in Peking kurz vor der Eröffnung der Olympischen Spiele. Das Statement des russischen Ministerpräsidenten, der drei Monate zuvor das Amt des Präsidenten an Dmitri Medwedew abgegeben hat, lässt an Deutlichkeit nichts zu wünschen übrig. »Georgien hat einen militärischen Angriff gestartet mit schweren Waffen, Artillerie und Panzern«, verkündet er auf einer eilends einberufenen Pressekonferenz. »Es ist eine ziemlich traurige Angelegenheit, und es wird Vergeltungsmaßnahmen nach sich ziehen.«[20]

Er wird in den nächsten Stunden mit George W. Bush sprechen, der auch zu den Olympischen Spielen angereist ist. »Ich habe ihn im Stadion getroffen«, erinnert sich Wladimir Putin. »Und mein Gefühl war, dass Washington den Konflikt nicht stoppen würde. Er hatte die falschen Berater.« Bushs offizielle Antwort übermittelt der US-Präsident via amerikanisches Fernsehen. Er habe Putin sehr klar gesagt, dass die Eskalation der Gewalt nicht annehmbar sei, und Vizepräsident Dick Cheney legt in Washington nach, dass die russische Gewalt gegen Georgien »nicht unbeantwortet bleiben darf«.[21]

Gleich nach der Eröffnungszeremonie fliegt Putin unangekündigt zurück und landet noch in der Nacht in Wladikawkas an der Grenze zu Südossetien. Das Fernsehen zeigt einen entschlossenen Ministerpräsidenten, der Flüchtlingslager besucht, mit russischen Generälen spricht und verwundete Soldaten im Krankenhaus tröstet. Aufgaben, für die eigentlich Präsident Medwedew zuständig ist. Die russische Armee fliegt Angriffe auf die gegnerischen Truppen und marschiert mit Panzern in Georgien ein. Binnen Tagen unterschreibt Saakaschwili einen Waffenstillstand, den der französische Präsident Nicolas Sarkozy im Namen der EU aushandelt.

Washington ist nicht militärisch beigesprungen. Bush beschränkt sich nach seiner Rückkehr ins Weiße Haus auf das markige Urteil, Russland riskiere seinen Platz »in den politischen, ökonomischen und Sicherheitsstrukturen im 21. Jahrhundert«,[22] und kündigt zusätzlich an, dass zwei Militärmaschinen Decken und Lebensmittelkonserven nach Tiflis fliegen werden. Währenddessen verkündet Saakaschwili in Tiflis vor Tausenden von jubelnden Anhängern auf dem Rustaweli-Boulevard pathetisch »unseren Abschied von der Sowjetunion«.[23] Dass neben ihm, in den Chor einstimmend, Polens Präsident Lech Kaczyński und die Staatsoberhäupter von Litauen, Lettland und Estland stehen, die auf seinen Wunsch in die georgische Hauptstadt geflogen sind, beeindruckt Bush nicht mehr. Sie unterstützen Saakaschwili und haben noch eigene Rechnungen mit der einstigen Sowjetunion offen, die sie begleichen wollen. Aber die Kalkulation geht nicht auf.

»Was hätten wir denn anderes tun können, als militärisch zu antworten? Einfach nur die Blutflecken abwischen und mit hängenden Köpfen herumlaufen?«, fragt Wladimir Putin im nachhinein rhetorisch. Er hat sich in Peking die westlichen Nachrichten angesehen, um zu erfahren, welche Reaktionen Georgiens Angriff ausgelöst hat. »Kein Aufschrei, nichts, als ob überhaupt nichts passiert wäre. Es war alles nur unsere Schuld.« Wieder einmal sieht er sich darin bestätigt, dass er nur der eigenen Stärke trauen kann.

Die Moskauer US-Botschaft schickt kurz nach dem Konflikt am 26. August einen Kabelbericht mit dem Stempel »vertraulich«, eine Einschätzung der vergangenen Wochen, nach Washington, unter anderem an die CIA und das Außenministerium.[24] Darin steht, was man sich so an diesen Tagen in Moskau bei einem Glas Wein auf den Empfängen der Diplomaten erzählt. Dabei geht es, wie so oft, vor allem um Personen und weniger um die Ursachen des Krieges, die dem Konflikt zugrunde liegenden Interessen. Der Erkenntnisgewinn ist überschaubar.

»Medwedew zuckte zurück, als der Georgienkonflikt

begann. Der außenpolitische Berater Putins Uschakow erzählte dem deutschen Botschafter, dass Putin in tiefer Sorge war wegen des Fehlers von Medwedew, am 8. August nicht sofort Entschlossenheit zu zeigen. Putin hat mehrmals von Peking aus telefonisch interveniert. (…) Als der Konflikt abkühlte und Medwedew zusammen mit dem französischen Präsidenten das Waffenstillstandsabkommen aushandelte, (…) kam es wieder zur richtigen Balance, obwohl uns die Franzosen erzählten, dass Putin bei dem Treffen dabei war. (…) Nach dem Konflikt mit Georgien bezweifelt niemand, dass Putin die Nummer 1 des politischen Systems ist.«[25]

Der Kommentar des Politikers Wladimir Putin zu Nachrichten dieser Art fällt gleichfalls nicht überraschend aus: »Die Entscheidung für den Einmarsch war die Entscheidung des Präsidenten. Kein einzelner Panzer hätte sich ohne den Befehl des Präsidenten Dmitri Medwedew in Bewegung gesetzt.« Wladimir Putin legt offiziell Wert auf die Etikette.

Das Jahr des Georgienkonflikts bestimmt das politische Verhaltensmuster der nächsten Jahre: öffentlich verkündete Kompromisse, die keine sind. Sie münden 2014 in die Ukrainekrise. Das politische Führungspersonal der Weltmächte beteuert gegenseitiges Verständnis, wird aber nicht müde, darauf hinzuweisen, dass es so, wie der jeweils andere sich verhalte, nun einmal nicht gehe. Angela Merkel stellt früh fest, dass der Konfrontationskurs des Micheil Saakaschwili gefährlich ist. Sie folgt aber der Linie Amerikas mit kleinen kosmetischen Korrekturen. Seit dem Beginn ihrer politischen Karriere teilt sie grundsätzlich den außenpolitischen Kurs der US-Regierung und wird keinen wirklichen Streit über deutsche und amerikanische Interessen beginnen. Eine Haltung, die Merkel konsequent auch bei Bushs Nachfolger durchhält. Die Amerikaner sind »ein so wesentlicher Partner, dass wir eng kooperieren, weil wir es im gegenseitigen Interesse brauchen, weil wir es wollen und weil wir gemeinsame Werte teilen«, wiederholt sie im Sommer 2015 beim G-7-Gipfel auf Schloss Elmau an der Seite von Barack Obama ihr unerschütterliches Mantra der Vergangenheit.[26] Anfang April 2008, vier Monate vor Kriegsausbruch, war es nicht viel anders.

Lösung und Scheinlösung

Das traditionelle Essen an diesem Vorabend des NATO-Gipfels im monumentalen Prachtpalast Ceaușescus in Bukarest dauert länger als geplant. George W. Bushs Vorschlag, die Ukraine und Georgien im Schnellverfahren in das Militärbündnis aufzunehmen, stößt auf Widerstand im Kreis der Mitgliedstaaten. Frankreich und Deutschland sind dagegen, Italien und die Benelux-Staaten schließen sich dieser Haltung an. Für die Ukraine gelte, argumentieren die Regierungschefs, dass die Mehrheit im Land keine Nähe zur NATO wünsche, sodass man möglicherweise die Regierung durch einen solchen Vorstoß gefährden würde. Die Lage in beiden Ländern sei zu instabil, außerdem sollte man Russland nicht vor den Kopf stoßen, gibt der deutsche Außenminister Frank-Walter Steinmeier zu bedenken und lenkt damit die Aufmerksamkeit der Anwesenden auf die Perspektive Moskaus.[27] Das Thema Putin steht für Stunden im Mittelpunkt einer erregten Debatte. Die Diskussion zieht sich hin und nimmt an Schärfe zu. »Der Westen« ist größer geworden, und damit haben sich auch die Interessen geändert. Polen und die baltischen Staaten gehen Angela Merkel an, sie wollen die NATO-Erweiterung, erinnern an die deutsche Vergangenheit und an eine moralische Bringschuld. »Die Osteuropäer sind emotional geworden«, erinnert sich die amerikanische Außenministerin Condoleezza Rice. »Leider ging es fast so weit, dass sie sich für die Taten der Deutschen in den dreißiger und vierziger Jahren geradezu bedankt haben.«[28]

Auch Bush ist genervt. Der Antrag kann nur einstimmig verabschiedet werden. Er will zum Abschluss seiner Ära noch ein markantes Zeichen setzen – für die amerikanischen Geschichtsbücher und gegen das »Reich des Bösen«. Die Ablehnung einiger europäischer Länder interessiert ihn dabei nicht besonders.[29] Die Zweifel und Vorbehalte sind ihm schon von mehreren Gesprächen mit Merkel bekannt, die zuvor per Videokonferenz stattgefunden haben. Er hat sie zwar zur Kenntnis genommen, den Widerstand aber als unbedeutend eingestuft. Als der Druck nach dem Essen höher wird, fällt wieder einmal der Pragmatikerin Angela Merkel die Rolle zu, in gewohnter Manier einzulenken. Einen Eklat aus Überzeugung will die Bundeskanzlerin vermeiden.

Die Länder können beitreten, schlägt sie vor, aber erst nach einer Atempause. Merkels Routine, mehr auf die Headlines des nächsten Tages zu achten als auf Inhalte, geht auf. Die NATO beschließt auch die Aufnahme von Kroatien und Albanien und winkt dann ein weiteres Lieblingsprojekt des scheidenden Präsidenten durch, einen Raketenschild an den Grenzen Russlands. »Ich fahre sehr zufrieden nach Hause«, sagt die Kanzlerin in ihrem Schlussstatement und macht sich auf den Weg zum Flughafen.[30] Den feinen Unterschied zwischen jetzt oder etwas später, den Angela

Merkel für die NATO-Mitgliedschaft Georgiens und der Ukraine so überzeugend vorgetragen hat, wird als Tagessieg der Deutschen von den Deutschen gefeiert.[31] Es ist eine schöne Formulierung für den Augenblick und für Diplomaten. Sie schlägt sich in dem Abschlusskommuniqué nicht nieder.[32]

Der Streit um den genauen Zeitpunkt ändert wenig an der Substanz, die in Moskau misstrauisch beobachtet wird. Es geht um eine grundsätzliche Entscheidung der Allianz, und die ist klar definiert. »Die NATO begrüßt die euroatlantischen Bestrebungen der Ukraine und Georgiens, die dem Bündnis beitreten wollen. Wir kamen heute überein, dass diese Länder NATO-Mitglieder werden. Beide Nationen haben wertvolle Beiträge zu Bündnisoperationen geleistet.« So steht es unter Punkt 23 geschrieben, und genau so wird die Entscheidung von Russland verstanden.[33] »Eine Festlegung in dieser Art hat die Allianz in ihrer 59 Jahre währenden Geschichte noch nicht getroffen«, schreibt die *Frankfurter Allgemeine Zeitung* dazu.[34]

Zum Ende der Konferenz ist auch Putin eingeladen und darf eine Rede halten. Bei einem Besuch in Moskau hatte ihm Angela Merkel vier Wochen zuvor bereits verdeutlicht, dass er natürlich kein Mitspracherecht in der Frage habe, wen die NATO aufnimmt und wen nicht, und dabei zum wiederholten Mal betont, dass sich die Expansion des Bündnisses gen Osten keineswegs gegen Russland richte. Die offizielle Antwort erteilt Putin jetzt in Bukarest. Die Tonlage, die er in der Runde der Regierungschefs anschlägt, ist gedämpft, seine Botschaft hingegen unmissverständlich: »Wir haben kein Vetorecht, und wir tun auch nicht so, als ob wir eines hätten. Aber wir wollen, dass Ihnen allen bewusst ist: Auch wir haben Interessen. In der Ukraine leben derzeit um die 17 Millionen Russen.« Er weist mit Nachdruck auf die russische Schwarzmeerflotte und die Krim hin und warnt die versammelten Strategen, dass eine NATO-Erweiterung die Lage in der Ukraine destabilisiere. Und er fragt, warum Russland nach Lage der Dinge denn kein Interesse haben sollte.

»Erklärungen, dass dies keine Bedrohung für uns sei, reichen nicht aus«, fährt er fort. »Nationale Sicherheit wird nicht auf Versprechen aufgebaut. Vor allem, weil wir ähnliche Versprechen schon mehrfach vor früheren Ausdehnungswellen der NATO gehört haben.« Und dann ergänzt er: »Das Entstehen eines mächtigen Militärblocks an unseren Grenzen würde in Russland als direkte Bedrohung der Sicherheit unseres Landes betrachtet werden.«[35]

Als Zeichen des guten Willens stimmt er anschließend einem Transitabkommen mit der NATO zu, das ihr gestattet, für den »Kampf gegen Terrorismus« Güter durch Russland nach Afghanistan zu transportieren.

Für den nächsten Abend hat er George W. Bush in seine Sommerresidenz Botscharow Rutschej in Sotschi eingeladen. Es wird das letzte offizielle Treffen der beiden Politiker in ihrer Rolle als Präsident sein. Wladimir Putin will ihm seinen Nachfolger Dmitri Medwedew vorstellen und noch einmal über die geplante Raketenaufstellung in Osteuropa reden. Er selbst wird einen Monat später auf den Sessel des Ministerpräsidenten wechseln.

Der Morgen danach am Schwarzen Meer ist eine nostalgische Abschiedsvorstellung zweier Männer, die sich während ihrer Dienstzeit über zwanzig Mal getroffen haben, sich persönlich nicht unsympathisch finden, über viele politische Probleme diskutiert und selten übereingestimmt haben, wobei Wladimir Putin mit Bushs Cowboyrhetorik besser zurechtgekommen ist als mit der unverbindlichen Sprache seines Nachfolgers Barack Obama. An den unterschiedlichen Positionen der »beiden alten Schlachtrösser«, wie Bush jovial den Ton vorgibt, ändert das offizielle Statement für einen künftigen »strategischen Rahmen« zwischen den USA und Russland nichts, auch wenn die amerikanische Seite von bedeutenden Fortschritten bei den Verhandlungen zum Raketenschirm spricht.[36]

»Ich glaube sagen zu können, es handelt sich um einen bedeutenden Durchbruch«, erklärt der amerikanische Präsident, darum bemüht, dieser Abschiedsvorstellung den Glanz eines historischen Ereignisses zu verleihen. Wladimir Putin ist freundlich, spricht von Bushs Ehrlichkeit und Offenheit und hebt hervor, dass »dies wertvoll gewesen« sei. Nur in der Sache stimme er nicht überein. »Es geht nicht um Sprache, nicht um diplomatische Phrasen oder das richtige *wording*. Es geht um den Kern des Problems«, sagt er mit Blick auf die russischen Interessen. »Lassen Sie mich das klar benennen: Unsere grundsätzliche Haltung zu den amerikanischen Plänen hat sich nicht verändert.« Der Rest sind gegenseitige Freundlichkeiten und texanische Lyrik. »In vielen politischen Momenten schauen Ihnen Menschen gerade in die Augen und erzählen Sachen, die sie nicht wirklich meinen«, antwortet Bush zum Abschied vor der versammelten Presse, wendet sich dann Wladimir Putin zu und fährt fort: »Er schaut einem in die Augen und sagt, was er denkt. Für Männer ist das der einzige Weg, zu Gemeinsamkeiten zu kommen.«[37] Doch weitere Gemeinsamkeiten wird es nicht mehr geben.

Wladimir Putin wird als Reaktion auf die NATO-Erweiterungspläne mit einer seiner letzten Verfügungen als Präsident am Ende dieser zweiten Amtszeit Südossetien und

Abchasien weitere Unterstützung zusichern. Im Juli wird die US-Außenministerin Condoleezza Rice gemeinsam mit dem georgischen Präsidenten Saakaschwili in Tiflis öffentlich auftreten und versichern, sich auch künftig für eine baldige Aufnahme des Landes in die NATO einzusetzen, auch wenn sie, wie die *New York Times* schreibt, ihn zuvor hinter verschlossenen Türen ermahnt hat, Provokationen zu unterlassen.[38]

Einen Monat nach dem NATO-Beschluss in Bukarest gibt Saakaschwili schließlich den Befehl zum Angriff auf Südossetien und bittet die USA um die Rückgabe jener georgischen Leihgabe, die im Nahen Osten unter US-Kommando kämpft und ihm als Eintrittsticket für die transatlantische Freundschaft gedient hat. John F. Tefft, der amerikanische Botschafter in Tiflis, schickt am Morgen des 8. August ein dringendes Schreiben nach Washington. »Um 4 Uhr bat der georgische Nationale Sicherheitsrat um die Rückkehr von 1000 georgischen Soldaten aus dem Irak innerhalb der nächsten 24 Stunden.« Saakaschwili habe die allgemeine Mobilmachung im Land ausgerufen. Er beschuldige Russland der »offenen Aggression und ruft die internationale Gemeinschaft zur Hilfe auf«.[39]

Wladimir Putins Kommentar zur Amtszeit und zur Russlandpolitik von Präsident Bush fällt bedauernd aus. »Anscheinend musste er tun, was Amerika von ihm erwartete, und er hatte leider die falschen Berater.«

Russland wird noch im selben Jahr eine durchgreifende Militärreform verabschieden. Der georgische Präsident Saakaschwili verliert zwei Jahre später die Parlamentswahlen und emigriert 2013 in die USA. »Am Ende hasste ihn das eigene Volk kaum weniger als zuvor Präsident Eduard Schewardnadse, den er gestürzt hatte«, lautet das Fazit des

Spiegel bei dem Gang des einstigen Hoffnungsträgers ins selbstgewählte Exil.[40] Seither verfolgen ihn die Behörden seiner einstigen Heimat wegen Amtsmissbrauchs per Haftbefehl.

Saakaschwili mischte schon früh bei den Demonstrationen auf dem Majdan im Nachbarland mit. Im Sommer 2015 legt er die eigene georgische Staatsbürgerschaft ab. Petro Poroschenko, der seit Juni 2014 amtierende Präsident der Ukraine, verleiht seinem Freund Saakaschwili die ukrainische Staatsbürgerschaft und setzt ihn als Gebietsgouverneur von Odessa ein, der Hafenstadt am Schwarzen Meer. Den Krieg in Osten der Ukraine vergleicht der neue Statthalter seither mit dem einstigen Krieg in Georgien. Er geriet in seiner alten Heimat zuletzt wieder in die Kritik, weil er georgische Soldaten dazu aufgerufen hatte, im Dienst der ukrainischen Armee gegen prorussische Separatisten im Donbass zu kämpfen.[41]

Jetzt soll er sich, so der ausdrückliche Wunsch der ukrainischen Zentralregierung, wie in Georgien um Separatisten kümmern. Nicht nur in der Gegend von Odessa, wo sehr viele russischsprachige Menschen leben, sondern auch in der Nachbarschaft. Diesmal geht es um Transnistrien, einen schmalen Landstreifen nicht weit von Odessa entfernt, eingeklemmt zwischen Moldawien und der Ukraine. Transnistrien ist Moskau verbunden. Die etwa 500 000 Einwohner der Region hatten sich 1992 für Russland entschieden und wurden bislang über den Hafen in Odessa und anschließend über den ukrainischen Landweg versorgt. Ein eingefrorener Konflikt, wie es in der Diplomatensprache heißt. Präsident Poroschenko hat zum Amtsantritt des neuen Gouverneurs die Versorgung über Land per Gesetz gestoppt, und Saakaschwili bringt viel Erfahrung aus Südossetien und Abchasien mit, wie sich eingefrorene Konflikte wieder auftauen lassen. Als Wladimir Putin davon erfährt, reagiert er spontan mit einer ironisch-sarkastischen Geste. Er bekreuzigt sich.

18 Sotschi und *Soft Power*

Wie Syrien und ein Whistleblower die Spannungen zwischen Moskau und Washington anheizen

Der Zug mit dem Namen Lastotschka, Schwalbe, der sich an diesem Dezembermorgen 2013 im frisch renovierten Bahnhof Sotschi fast geräuschlos in Bewegung setzt, hat fünf rote Waggons – und einen prominenten Fahrgast samt Gefolge an Bord. Wladimir Putin ist kurz vor dem Beginn der Olympischen Winterspiele zu einer seiner regelmäßigen Inspektionsreisen aufgebrochen. Die Fahrt vom Meer in die Berge nach Krasnaja Poljana, von der Halle für die Eishockeyspiele in der Ebene bis zu den steilen Abfahrten der Skiläufer, dauert vierzig Minuten. Lastotschka ist einer von über dreißig Zügen, die ein deutscher Konzern vor kurzem geliefert hat, und es ist nicht das einzig Neue in Sotschi. Es geht um mehr als nur um Olympia.

Wladimir Putins Plan ist es, den vernachlässigten Landstrich – ein postsowjetisches Florida am Schwarzen Meer, für Dauerstaus im Sommer und ständige Strom- und Wasserausfälle im Winter berühmt-berüchtigt – in eine attraktive Tourismusregion zu verwandeln. Sotschi ist Putins nationales Vorzeigeprojekt, und es ist für ihn, neben all seiner Sportbegeisterung, auch ein *Soft-Power*-Projekt, das zu Hause dem Selbstbewusstsein dient und seiner Nation in der übrigen Welt, wenn es denn gut läuft, Respekt verschaffen soll. Russland hat in der Geschichte der Olympischen Winterspiele bislang die meisten Medaillen gewonnen.

Der Präsident ist unter Druck und umringt von Managern, die verantwortlich sind für die größte Baustelle des Landes, mit all den Fehlplanungen, Verzögerungen und Pannen, die Unternehmen dieser Größenordnung mit sich bringen, Korruption inklusive. Während der nächsten Stunden ist er ausschließlich auf Baustellen unterwegs und wird überall mit den gleichen beunruhigenden Versicherungen konfrontiert. Alles sei selbstverständlich im Zeitplan, so die Botschaft, alles würde definitiv rechtzeitig fertig – auch wenn es nicht danach aussieht, *work in progress* eben.

Immerhin ist ein halber Meter Schnee gefallen, der die Lage besser aussehen lässt, als sie möglicherweise ist. Die Skisprungschanze etwa wurde erst mit zweijähriger Verspätung fertig und war siebenmal teurer als veranschlagt. Das hat den Vizechef des nationalen Olympischen Komitees, Achmed Bilalow, den Kopf gekostet. Seine Baufirma zeichnete für das Projekt verantwortlich.

Dreimal hat sich Sotschi um die Spiele beworben, und zweimal ist die Stadt durchgefallen. Beim dritten Mal flog Putin 2007 selbst nach Guatemala, um persönlich vor der IOC-Vollversammlung auf Englisch für den russischen Austragungsort der Olympischen Winterspiele 2014 zu werben. Und diesmal hatte die Konkurrenz aus Salzburg und Pyeongchang in Südkorea das Nachsehen.[1]

Das Großereignis ist nicht nur für Putin ein Prestigeprojekt. Es bietet sich seit der Entscheidung des IOC auch als ideale Plattform für Putin-Gegner an. Je näher die Spiele rücken, desto heftiger werden die Vorwürfe, vor allem aus dem Ausland. Diskussionen um einen möglichen Boykott machen die Runde, und die stets grundsätzlich geäußerten Zweifel, wenn die Spiele nicht gerade in England oder den USA stattfinden, ob denn das Olympische Komitee nicht einfach nur williger Erfüllungsgehilfe von Diktatoren wie Putin sei.[2]

Zu der berechtigten Kritik am Milliardenspektakel des Olympischen Komitees und an den offenbar ewig gültigen Marketingregeln, nach denen es abläuft, kommt wie immer die lange Liste von ebenso moralisch wertvollen wie utopischen Forderungen an das IOC, mit den Neubauten von Sportstadien gefälligst auch die Gesetze und Gesellschaftsform eines Landes zu ändern, mit deren Politik man nicht einverstanden ist. Es geht um bekannte Themen wie Homophobie und Menschenrechte. Da in Sotschi viel gebaut wird, kommen Vorwürfe wie Umweltzerstörung und mangelnde Nachhaltigkeit hinzu. Und schließlich geht es seit kurzem auch darum, dass die Spiele möglicherweise nicht wirklich sicher sind, weil kaukasische Terroristen aus dem Umfeld von Dagestan oder Tschetschenien mit Anschlägen gedroht haben. Washington verkündet vorsorglich eine Terrorwarnung.[3]

Es ist seit Monaten die Schlacht, die regelmäßig bei Olympischen Spielen oder Fußballweltmeisterschaften geschlagen wird und die Wladimir Putin zwar gelegentlich nervt, aber im Großen und Ganzen als dramaturgischer Standard des Polittheaters kaltlässt. Was ihn an diesem Tag allerdings berührt, ist die Absage des deutschen Bundespräsidenten, an den Olympischen Spielen teilzunehmen. Nicht dass er gänzlich überrascht ist. Der deutsche Präsident pflegt bekanntermaßen eine ausgeprägte Aversion gegen sein Pendant in Moskau.[4] Joachim Gauck reist zwar viel, nur um die russische Hauptstadt hat er bislang einen großen Bogen gemacht. In Berlin musste er aus protokollarischen Gründen den russischen Gast empfangen, als Putin ein Jahr zuvor die deutsche Hauptstadt besuchte.

Die Begegnung war kurz und unterkühlt. Der einstige Pastor predigte über mangelnde Menschenrechte in Russland. Der Westen sei »eine Verabredung von Werten«, und Russland falle für ihn nicht darunter. Aus seiner Abneigung gegenüber Putin hat Gauck schon in der Vergangenheit keinen Hehl gemacht. Der »Antikommunist von Gottes Gnaden«, wie der *Tagesspiegel* einst titelte[5], plädiert für ein stärkeres weltweites Engagement der Bundeswehr und ist leidenschaftlicher NATO-Anhänger. »Und gerade wenn die Vereinigten Staaten nicht ständig mehr leisten können, müssen Deutschland und seine europäischen Partner für ihre Sicherheit zunehmend selbst verantwortlich sein«, lautet der außenpolitische Glaubenssatz, den er im Januar 2014 auf der Münchner Sicherheitskonferenz offiziell verkündete[6] – womit der Bundespräsident seine persönliche Nebenaußenpolitik betreibt, die ihm kraft Amtes eigentlich nicht zusteht.

Ein Teil des Ressentiments gegen Russland liegt in seiner Familiengeschichte begründet. Gaucks Vater, ein ehemaliger Marineoffizier im Zweiten Weltkrieg, wurde in der DDR 1951 unter dem Vorwurf der Spionage von einem Militärtribunal verurteilt und in einen sowjetischen Gulag verschleppt. Er kam zwar 1955 dank der Verhandlungen des damaligen Bundeskanzlers Konrad Adenauer wieder frei, aber das persönliche Schicksal des Vaters hat Gauck geprägt[7], auch wenn es die Sowjetunion nicht mehr gibt und Wladimir Putin sicher vieles ist, aber ganz gewiss kein Kommunist.

Gaucks Wortmeldung ist der Auftakt zu einer ganzen Serie von Absagen aus dem Westen. Einige Tage später werden weitere unerfreuliche Botschaften eintrudeln. Angela Merkel wird nicht nach Sotschi kommen, dann sagt der französische Präsident François Hollande ab und schließlich auch Barack Obama. Der US-Präsident schickt kein Mitglied des Kabinetts, sondern die lesbische Tennislegende Billie Jean King nach Sotschi. Es gilt, ein Zeichen zu setzen. Zwei Jahre zuvor in London führte noch seine Frau Michelle als First Lady der USA die Delegation an. Doch von der konzertierten Brüskierung weiß Wladimir Putin auf seiner Inspektionsfahrt in der roten Schwalbe noch nichts.

Das Verhältnis zwischen den USA und Russland ist in diesem Jahr 2013 konstant schlecht geblieben. Nicht nur, weil die Chemie zwischen den Präsidenten nicht stimmt. Die Interessen beider Staaten gehen diametral auseinander. Daran hat auch die neue Außenministerin Hillary Clinton nichts geändert, die beim ersten Treffen mit ihrem russischen Kollegen medienwirksam eine kleine Schachtel überreicht, mit besten Grüßen von Barack Obama. Der Akt entpuppt sich als eine klassische Freud'sche Fehlleistung. »Ich habe ein Geschenk für Sie«, sagt die US-Politikerin vor den laufenden Kameras und übergibt Lawrow ein Symbol für einen politischen Neuanfang zur zweiten Amtsperiode des wiedergewählten amerikanischen Präsidenten. Es ist ein gelbes Plastikteil, auf dem ein roter Druckknopf mit der Aufschrift »Reset« montiert ist. Daneben steht die vermeintliche russische Übersetzung »Peregruska«. Der Außenminister bricht in schallendes Gelächter aus und versichert, er werde das Geschenk trotz eines kleinen Fehlers in Ehren halten. »Peregruska«, sagt Lawrow, »ist die falsche Übersetzung.«[8] Das Wort bedeute Überladung, Überlastung.

Dabei ist es geblieben. Der Konflikt in Syrien zeigt schnell, wie weit die Vorstellungen von Obama und Putin auseinanderklaffen. Was im Zuge des »arabischen Frühlings« als harmlose Demonstration der Bevölkerung gegen ein diktatorisches Regime begann, hat sich durch die brutale Reaktion der syrischen Regierung schnell zu einer Auseinandersetzung der härteren Art entwickelt. In dem einzigen säkularen Staat der Region tobt bald ein blutiger Stellvertreterkrieg zwischen Schiiten und Sunniten, finanziert von Saudi-Arabien, der Türkei und den Golfstaaten, durchgeführt mit Waffen *made in USA* und *made in Russia*. Syrien wird schließlich der feuchte Traum fundamentalistischer Islamisten, zum Sinnbild und Paradebeispiel für ein staatenübergreifendes Kalifat, mit guten Aussichten auf Erfolg. Der ursprüngliche Kampf um mehr Bürgerrechte, die gegen ein diktatorisches System durchgesetzt werden sollten, spielt keine Rolle mehr.

In den ersten Telefonaten zu der Krise lehnt Wladimir Putin die Vorschläge Obamas ab, Baschar al-Assad mit militärischen Mitteln zu stürzen. Es geht ihm dabei nicht nur um die einzige russische Marinebasis im syrischen Mittelmeerhafen Tartus. Und auch nicht ausschließlich darum, dass Syrien ein langjähriger Partner Russlands ist. Der Pragmatiker befürchtet die weitere Destabilisierung der Region. »Wir haben gesehen, was der Irakkrieg angerichtet hat. Der Zerfall Syriens wird die Katastrophe nur weiter vergrößern«, beschreibt er die russische Haltung und verweist nicht zum ersten Mal auf den Sturz von Libyens

Diktator Muammar al-Gaddafi. Seither herrscht in dem nordafrikanischen Land das Chaos.⁹

Außerdem erinnert sich der russische Präsident nur zu gut an die Unterstützung islamischer Fundamentalisten durch die Golfstaaten in Tschetschenien und im Kaukasus. Obamas Versicherungen, nach dem Sturz Assads würde in dem Land Demokratie einkehren und Saudi-Arabien und Katar würden die Unterstützung der Fundamentalisten einstellen, hält er für naiv. Der Kampf zwischen den Schiiten in Teheran, die Assad stützen, und den Sunniten in Riad, die ihn stürzen wollen, wäre damit, so seine Einschätzung, keineswegs beendet.

»Ich hänge nicht an Assad«, betont er und lehnt die Fixierung auf den Sturz des syrischen Präsidenten als kurzsichtig ab, eine Lösung sehe er nur in einer Übergangsregierung mit dem Machthaber und der Opposition. Aus Putins Sicht ist Baschar al-Assad wegen seiner Allianz mit dem Iran nicht nur ein bedeutender Machtfaktor, sondern darüber hinaus auch eine militärische Notwendigkeit gegen eine weitere fundamentalistische Islamisierung der Region. Für einige Monate sieht es so aus, als ob sich Russland mit seiner Vorstellung durchsetzt. Tatsächlich einigen sich die fünf UN-Vetomächte kurze Zeit später, Ende Juni 2012, in Genf auf eine Übergangsregierung in Damaskus mit einem Regierungschef Assad. Die Zahl der durch den Bürgerkrieg ums Leben gekommenen Menschen liegt zu diesem Zeitpunkt bei 60 000.¹⁰

Doch die ausgehandelte Lösung ist nicht mehr als ein paar Schriftzeichen auf Papier. Schon eine Woche später verkündet der internationale Vermittler Kofi Annan nicht nur sein persönliches Scheitern, sondern auch das Scheitern der Genfer Verabredung.¹¹ Im Namen der »Freunde Syriens«, zu denen neben Saudi-Arabien auch Katar und die Türkei gehören, allesamt entschiedene Gegner Assads und Sponsoren des Kriegs, kündigt US-Außenministerin Hillary Clinton den mühsam erreichten Konsens von Genf auf und fordert eine militärische Option durch den UN-Sicherheitsrat.[12]

Der einstige UN-Generalsekretär Kofi Annan verbindet seinen Rücktritt als Syrien-Sondergesandter der UNO mit einer herben Kritik an den USA: »Wenn Sie als Vorbedingung für Gespräche fordern, Assad muss zurücktreten, machen Sie es unmöglich, die Leute an einen Tisch zu bringen. Es war klar, dass er das nicht akzeptieren würde.«[13] Assad wird noch Jahre an der Macht bleiben.

Snowden und die Frage der Besonderheit

Der UN-Sicherheitsrat wird den gewünschten Blankoscheck für eine militärische Lösung nicht ausstellen. China und Russland sind dagegen. Und da Syrien ein großes Arsenal chemischer Waffen besitzt, verkündet Barack Obama schon einmal vorsorglich, dass im Fall eines Chemiewaffeneinsatzes durch das Assad-Regime »eine rote Linie überschritten« wäre. Bis jetzt, sagt er, habe er noch keine militärische Intervention eingeleitet.[14] In den folgenden Monaten kommt es zu keiner Einigung zwischen Barack Obama und Wladimir Putin, trotz zahlreicher Telefonate. Von »Reset«, irgendeinem Neuanfang zwischen Russland und Amerika, ist nicht mehr die Rede. Der Konflikt schwelt und eskaliert weiter, und auch die gegenseitige Abneigung des Führungspersonals wächst.

»Immerhin hat sich Obama gegen einen Boykott der Olympischen Spiele in Sotschi ausgesprochen«, merkt Wladimir Putin in unserem Gespräch während der Zugfahrt in Sotschi an. »Anders als einst Präsident Jimmy Carter, als die USA 1980 noch die Olympischen Spiele in Moskau boykottierten.« Damals waren sowjetische Truppen nach Afghanistan einmarschiert, um die kommunistische Regierung in Kabul gegen die islamischen Mudschaheddin zu stützen, und die USA organisierten den Olympiaboykott als internationale Bestrafungsaktion. Auch Deutschland verzichtete auf die Teilnahme an den Wettkämpfen. Die russischen Truppen erlitten eine herbe Niederlage und verließen das Land 1989.

Nach dem Anschlag auf das World Trade Center in New York wiederholte sich der Vorgang unter anderen Vorzeichen. Jetzt marschierten amerikanische Truppen mit ihren NATO-Verbündeten in Afghanistan ein und erklärten der fundamentalistischen Taliban-Regierung den Krieg. Heute haben Amerika und die NATO nach schweren Verlusten die meisten Soldaten abgezogen und eine prowestliche Regierung eingesetzt, deren Spielraum gering ist. Der Krieg tobt nach wie vor, und die Aussichten, dass die Regierung überlebt, stehen schlecht.

Putin weiß noch nicht, dass Merkel und Obama nicht zu den Olympischen Winterspielen kommen werden. Der Sonderzug mit dem Präsidenten hat die Küstenebene verlassen und fährt in Richtung Berge und zum Biathlonstadion, parallel zur fast fertiggestellten Schnellstraße, einer der teuersten Investitionen für Olympia 2014.

Wladimir Putin hält Barack Obama zum einen für naiv – was er selbstverständlich nie öffentlich sagen würde. Zum anderen erklärt er den eigenen Hardlinern im russischen Nationalen Sicherheitsrat regelmäßig, dass es ohne Amerika auch nicht geht. Seine Erwartungen an eine konziliantere Gangart der USA hat er nach den Erfahrungen in diesem Jahr 2013 weiter heruntergeschraubt. Die Auseinandersetzungen mit dem amerikanischen Präsidenten in den vergangenen Monaten sind nicht weniger geworden, wie der G8-Gipfel in Nordirland gezeigt hat.

Ein Gruppenbild mit Dame im Juni, ein halbes Jahr vor der Stippvisite auf den Olympia-Baustellen: Die Runde aus den Vertretern der wichtigsten Industrienationen blickt nicht besonders fröhlich in die Kameras der Fotografen. Die Verhandlungen im irischen Golfhotel am Lough Erne, vierzig Hubschrauber-Minuten von Belfast entfernt, verlaufen nicht gerade herzlich. Barack Obama hat den Konflikt mit Wladimir Putin verschärft und im Vorfeld angekündigt, jetzt auch offiziell Waffen an die Gegner des syrischen Präsidenten Baschar al-Assad zu liefern. Nun sollen die Staats- und Regierungschefs der acht führenden Industrieländer das Gleiche tun. Baschar al-Assad habe Giftgas gegen die Opposition eingesetzt, behauptet Obama. Putin sieht wiederum islamische Fundamentalisten als Täter, die das Ziel verfolgen, ein militärisches Eingreifen des Westens zu forcieren.[15]

Dass Giftgas eingesetzt wurde, steht fest. Nur wer es war, ist trotz zahlreicher Presseberichte mit eindeutigen Schuldzuweisungen nicht bewiesen. Die Ermittler der UNO schreiben in ihrem gerade zum Abschluss gebrachten Untersuchungsbericht: »Es war auf Basis des vorliegenden Beweismaterials nicht möglich, die konkrete chemische Substanz, die Abschusssysteme oder Täter festzustellen. In Syrien beschuldigen sich Regierung und Opposition gegenseitig, Giftgas einzusetzen.«[16]

Europa ist gespalten. Premierminister David Cameron würde gern mit den Amerikanern marschieren, aber die

Stimmung in Großbritannien hindert ihn daran. Angela Merkel hat kein Interesse, sich militärisch in Syrien zu engagieren. Die Kämpfe haben sich ausgeweitet und greifen zunehmend auf den Irak über. Den Teilnehmern der Runde ist durchaus noch die Erinnerung an die gefälschten Beweise präsent, die ein paar Jahre zuvor als Kriegsgrund der USA gegen den Irak aus dem Hut gezaubert worden waren. Im Abschlusskommuniqué steht in Sachen Syrien schließlich nur der unverbindliche Satz, es gelte, so schnell wie möglich eine handlungsfähige Übergangsregierung für das Bürgerkriegsland einzusetzen. Nur wie das gehen soll, bleibt ein Geheimnis, über das man auch bei sorgfältiger Lektüre nichts erfährt.[17] Die Zahl der Toten ist auf 100 000 gestiegen. Die beiden Kontrahenten sagen zum Abschluss routinemäßig das, was man so sagt, wenn man sich nicht einig ist.

»Wir haben über Syrien gesprochen. Natürlich sind wir nicht einer Meinung«, verkündet Wladimir Putin auf der gemeinsamen Pressekonferenz, »aber wir haben die Absicht, die Gewalt einzudämmen, die Gewaltspirale zu brechen und eine friedliche Lösung zu finden.«

»Was Syrien angeht«, verkündet der US-Präsident, »haben wir unterschiedliche Betrachtungen des Problems.« Im übrigen werde man aber selbstverständlich auf verschiedenen Gebieten zum Wohl beider Staaten weiter zusammenarbeiten. Und außerdem freue er sich auf die Olympischen Spiele in Sotschi. Selten hat die Körpersprache die emotionale Distanz der beiden Politiker so deutlich angezeigt wie bei der Live-Übertragung an diesem Tag.[18]

Es liegt nicht nur an der Streitfrage Syrien, dass der Gipfel für Barack Obama und Gastgeber David Cameron höchst unangenehm und peinlich wird. Zum Auftakt des

Treffens berichten die Medien ausführlich und detailliert darüber, wie der britische und der amerikanische Geheimdienst beim G20-Treffen in London kurz zuvor die Telefonate und E-Mails der versammelten Politiker, vom türkischen Finanzminister bis hin zum damaligen russischen Präsidenten Medwedew, systematisch abgehört und mitgelesen haben. 45 Analysten haben sich Tag und Nacht nur darum gekümmert, wer mit wem worüber kommuniziert hat. Und es ist kein einmaliger Ausrutscher des Gastgebers oder Washingtons, sondern jahrzehntelange Routine von gigantischem Ausmaß.[19]

Die Enthüllungen laufen seit Tagen. Die Aufdeckung des elektronischen Lauschangriffs beim letzten großen Politgipfel hat die Stimmung auf dem aktuellen Treffen merklich eingetrübt. Dabei steht nicht so sehr die Tatsache im Vordergrund, dass Spione nun mal spionieren, sondern vor allem die Größenordnung, die erstmals deutlich wird.

Die Belege stammen aus dem elektronischen Datenschatz von Edward Snowden, der Tage zuvor seine als IT-Techniker der National Security Agency (NSA) über Jahre gesammelten Unterlagen der *Washington Post* und der britischen Tageszeitung *The Guardian* zur Verfügung gestellt hat. Die Enthüllungen, wie der US-Geheimdienst gezielt Daten ausländischer Politiker und Firmen sammelt und speichert, ist für die NSA der Albtraum schlechthin. Der größtmögliche anzunehmende Unfall, der einem weltweit operierenden Geheimdienst zustoßen kann, macht bis heute Schlagzeilen. Der einstige CIA-Agent Edward Snowden, ein junger Mann um die dreißig, wird auf seiner Odyssee von der NSA-Außenstelle auf Hawaii über Hongkong einige Tage nach dem Gipfel im Transitbereich des Moskauer Flughafens Scheremetjewo stranden.

»Mein Geheimdienstchef hat mich angerufen und mir gesagt, dass Edward Snowden auf dem Weg nach Moskau ist, um dort umzusteigen und weiterzufliegen«, antwortet Wladimir Putin auf meine Frage, wann er erstmals von Snowden gehört habe. »Wir waren erst einmal vorsichtig. Wir wussten ja, dass er für die CIA gearbeitet hatte.« Der einstige Agent hat seine Identität nach den ersten Veröffentlichungen in Hongkong preisgegeben. Seitdem sucht die USA den Whistleblower und hat nach dessen Abflug aus Hongkong seinen Pass sperren lassen. In über zwanzig Ländern – auch in Deutschland – beantragt Snowden Asyl, und alle weisen ihn zurück. Niemand will sich mit Amerika anlegen.

Barack Obama ruft Wladimir Putin in den kommenden Wochen mehrmals an und verlangt die Auslieferung Snowdens. Doch Putin lehnt ab. Die USA und Russland haben kein Auslieferungsabkommen, begründet er die Weigerung.[20] Gelegentlich merkt Putin mit klammheimlicher Freude an, Edward Snowden habe der Menschheit ja durchaus einen wertvollen Dienst erwiesen. Dem amerikanischen Ex-Agenten wird schließlich in Russland Asyl gewährt, und seither streuen westliche Geheimdienste in regelmäßigen Abständen den Verdacht, Snowden sei ein Spion und Verräter und habe mit Russland den klassischen Deal des Gewerbes abgeschlossen: Informationen gegen Asyl und Geld. Einen Vorwurf, den Edward Snowden ebenso regelmäßig als Verleumdung zurückweist.[21]

Bundeskanzlerin Angela Merkel erfährt nach dem Gipfel in Irland, dass auch ihr Handy vom amerikanischen Geheimdienst abgehört wird. »Ausspähen unter Freunden – das geht gar nicht«, empört sich die Bundeskanzlerin kurzzeitig[22], spricht von einem No-Spy-Abkommen mit den

USA, aus dem nichts wird, und hält sich im übrigen zurück. Bei einem Anruf sichert ihr Barack Obama eine Art von persönlicher elektronischer Immunität zu und beteuert, er habe von der ganzen Angelegenheit, jedenfalls was Merkel betreffe, leider nichts gewusst. Der US-Präsident verspricht, dies solle nun auch in Zukunft nicht mehr passieren. Für andere Politiker oder deutsche Firmen gilt die Versicherung nicht.

Was Angela Merkel zu diesem Zeitpunkt ebenfalls noch nicht weiß: Die NSA hat auch ihre Vorgänger Gerhard Schröder und Helmut Kohl abgehört. »Auf der Liste stehen insgesamt 56 Nummern, von denen etwa zwei Dutzend bis heute die aktuellen Nummern aus Merkels engster Umgebung sind. Darunter sind auch die Durchwahlen ihrer Büroleiterin und Vertrauten Beate Baumann, des Kanzleramtsministers Peter Altmaier und des für die Koordination der Geheimdienste zuständigen Staatssekretärs Klaus-Peter Fritsche«, beschreibt die *Süddeutsche Zeitung* im Juli 2015 die allumfassende Operation, die von der Enthüllungsplattform Wikileaks veröffentlicht wird. »Der Vorsitzende der CDU/CSU-Bundestagsfraktion, Volker Kauder, ist unter ›Parl Merkel Advisor Kauder‹ aufgeführt.«[23] Der amerikanische Geheimdienst ist auch bestens über die Gespräche auf der Arbeitsebene im Kanzleramt informiert. »Auf der Liste sind auch mehrere Anschlüsse der Kanzleramtsabteilungen 2, 4 und 6 zu finden. Diese sind für die Bereiche Außen- und Sicherheitspolitik, für Wirtschafts- und Finanzpolitik sowie die Aufsicht über den BND zuständig.«

Seither tagt im Berliner Reichstagsgebäude ein Untersuchungsausschuss des Deutschen Bundestages und durchleuchtet die enge Zusammenarbeit zwischen dem Bundesnachrichtendienst und der NSA. Die Parlamentarier fanden heraus, dass die NSA eigene Suchbegriffe wie auch Telefonnummern und E-Mail-Adressen unkontrolliert in die Rechner des deutschen Geheimdienstes eingeben konnte. In zahlreichen Fällen, so viel ist jetzt schon klar, verstößt die Kooperation gegen deutsche Gesetze. Auch François Hollande, der französische Präsident, erfährt später, dass seine Telefonate wie die seiner Vorgänger der Grande Nation und der französischen Regierung nicht nur bei Gipfeltreffen, sondern routinemäßig abgehört wurden. Das Gleiche gilt für Einrichtungen der Europäischen Union in Brüssel.[24] Dem amerikanischen Präsidenten gehen die Enthüllungen sichtlich gegen den Strich.

Eine Woche nachdem Putin entschieden hat, dem Whistleblower Edward Snowden Asyl zu gewähren, sagt Barack Obama ein für September 2013 geplantes Treffen mit ihm ab. Seit dem Ende der Sowjetunion hat noch kein Präsident einen solchen Zweiergipfel platzen lassen. Es gebe derzeit nichts Produktives zu bereden, begründet er den Affront. Zum anstehenden Gipfeltreffen der G20-Staaten Anfang September in St. Petersburg werde er aber kommen, versichert der US-Präsident.[25] Im East Room, dem repräsentativen Festsaal in der ersten Etage des Weißen Hauses, führt Obama unter dem Bild von George Washington aus, dass er eigentlich kein Problem mit Putin habe. Eigentlich. Seine Beziehungen seien gar nicht so schlecht, beteuert er, um dann noch einmal kräftig Öl ins Feuer zu gießen. »Ich habe Herrn Putin ermuntert, mehr nach vorn zu denken als nach hinten. Mit gemischtem Erfolg.« Mit Dmitri Medwedew habe er solche Probleme nicht gehabt, sondern »viele Fortschritte« erzielt. »Manchmal rutschen die Russen eben zurück in das Denken des Kalten Krieges«, schiebt er eine weitere Spitze hinterher, bevor er den wahren Grund für die Absage nennt. Er sei enttäuscht, dass Russland Edward Snowden nicht an die USA ausgeliefert habe.[26]

Wladimir Putin versteht den Auftritt so, wie er gemeint ist: als Retourkutsche und öffentliche Ohrfeige. Der Fall Snowden hat das demonstrative Selbstverständnis der USA beschädigt, moralisch etwas Besonderes zu sein. Im Gegenzug lässt der russische Präsident seinen außenpolitischen Berater Juri Uschakow in Moskau lediglich knapp erklären, die USA seien offenkundig nicht bereit, »eine gleichberechtigte Partnerschaft aufzubauen«.[27]

Putin weiß: Barack Obama kann den Konflikt im Nahen Osten nicht ohne Russland lösen. Dass die Vereinigten Staaten mit ihrem Weltmachtanspruch und ihrer militärischen Potenz eine Ausnahmestellung beanspruchen, ist keine neue Erfahrung. Aber Putin ist fest davon überzeugt, dass Amerika nicht mehr der Nabel der Welt ist, weil sich auf dem Globus langsam mehrere Machtzentren wie China, Indien oder Brasilien herauskristallisieren. Und in einer multipolaren Welt wird nun mal mit harten Bandagen gekämpft. Wie sich eine Machtverschiebung anfühlt, haben er selbst und Russland tief in der eigenen Seele erfahren. Der Pragmatiker setzt auf einen langen Atem – und darauf, dass man sich mehrmals im Leben begegnet. Die nächste Begegnung steht in vier Wochen an.

Für uns oder gegen uns

Was Putin in den folgenden Tagen viel mehr berührt als das Scharmützel mit dem Weißen Haus, ist der Tod von Anatoli Rachlin, einer wichtigen Bezugsperson aus seiner früheren Welt. Er trauert um den Mentor seiner Jugendjahre, der ihm Judo beigebracht und ihn über ein Jahrzehnt trainiert hat. »Der Sport war für mich zentral, hat mich diszipliniert, motiviert, geprägt. Du entwickelst ein Gefühl, was in einer Situation wichtig ist und was nicht«, beschreibt Wladimir Putin die Erfahrung aus dieser Zeit. »Ich weiß nicht, was aus mir ohne Sport geworden wäre.« Seit über fünfzig Jahren treibt er nach wie vor regelmäßig Sport, hat ihn als unabdingbaren Bestandteil in den Tagesablauf eingebaut und lässt schon mal andere warten, um sein Pensum zu absolvieren. Als er zum ersten Mal Präsident wird, lässt er Anatoli Rachlin für die Feier des Amtsantritts suchen. Die Polizei stöbert ihn schließlich in einem Hotel auf und kutschiert ihn in den Kreml. Anatoli Rachlin war mit einer Truppe Jugendlicher zu einem Wettkampf unterwegs. Mit den Olympischen Spielen in Sotschi vierzehn Jahre später hat sich der Sportfan Wladimir Putin nicht zuletzt auch einen persönlichen Wunsch aus Jugendzeiten erfüllt.

Die Trauerfeier für den Trainer in der St. Petersburger Kirche – zusammen mit gealterten Sparringspartnern von einst, mit einigen ist Putin nach wie vor befreundet – weckt die Erinnerung an den anderen, früheren, weit weniger öffentlichen Lebensabschnitt. An die Welt der Hinterhöfe und der unzähligen Trainingseinheiten, an schweißgetränkte Tatami-Matten in zugigen Sporthallen, an die unzähligen Wochenenden, an denen er mit der Mannschaft von Wettkampf zu Wettkampf zieht und als Jugendlicher sein Selbstbewusstsein polstert. Er bringt es zum Stadtmeister von St. Petersburg. Flashbacks, Lichtjahre entfernt von späteren Gipfeltreffen und ihren protokollarischen Inszenierungen und den taktischen Zügen des Politgeschäfts. Es ist einer der seltenen Momente, die ihn überwältigen und die andere, emotionale Seite des Wladimir Putin aufreißen, die der Politiker sonst gut im Griff hat. Wladimir Putin bricht am offenen Sarg in Tränen aus. Er stürmt am Ende der Totenfeier an den Leibwächtern vorbei und läuft wie betäubt allein durch menschenleere Straßen, die routinemäßig aus Gründen der Sicherheit für den Präsidentenbesuch gesperrt sind – mit ziemlich hilflos wirkenden Bodyguards und einer Fernsehkamera, die ihm in gebührendem Abstand folgt und die Verlorenheit einfängt. Eine Szene, wie geschrieben für ein Psychodrama.[28]

Der Konstantinpalast in Strelna, einem kleinen Vorort von St. Petersburg. Das Schloss mit dem weitläufigen Park liegt am Ufer des Finnischen Meeresbusens. Der Komplex für offizielle Empfänge der russischen Regierung ist ein Architekturdenkmal aus dem 18. Jahrhundert, das erst Anfang des 19. Jahrhunderts vollendet wurde und nach Großfürst Konstantin Pawlowitsch Romanow, dem ersten Bewohner des Palastes und Spross der Zarenfamilie, benannt ist. Die Limousinen, die an diesem milden Spätsommertag Anfang September im Abstand von zwei Minuten vorfahren, um die Oberhäupter wichtiger Länder zum G20-Gipfel zu bringen, sind alle in staatstragendem Schwarz lackiert, werden von Chauffeuren in dunklen Anzügen gesteuert und tragen einen Mercedesstern. Nur der Wagen, der als letzter in die Schlosseinfahrt einbiegt, sieht anders aus. *The beast*, wie das Auto des US-Präsidenten salopp genannt wird, das für derartige Gelegenheiten aus der amerikanischen Hauptstadt eingeflogen wird, damit sich der Präsident in fremden Gefilden sicher fühlen kann, ähnelt mehr einer Festung auf Rädern als einer Karosse von General Motors. Der gepanzerte Cadillac Nummer 1 ist mit Utensilien ausgestattet, die vorrangig James-Bond-Phantasien vorbehalten sind.

Auch die Besetzung der Rollen sieht ähnlich aus wie in den Filmen. Der Präsident sitzt im Fond, und neben dem Leibwächter auf dem Beifahrersitz steuert an diesem Morgen eine attraktive blonde Frau den Wagen.

Die Begrüßung Barack Obamas durch Gastgeber Wladimir Putin, inklusive Standardlächeln für die Kameras, dauert keine halbe Minute, dann entschwinden die Politiker in den Konferenzraum, wo der Rest der Welt bereits wartet. Kein vertrautes An-die-Arme-Fassen, kein obligates Schulterklopfen unter Männern von Bedeutung wie sonst bei den Treffen prominenter Politiker. Im Saal ist die Situation zum Auftakt angespannt. Die beiden Kontrahenten sitzen nahe beieinander, nur durch die Präsidenten von Australien und Südafrika voneinander getrennt. Wladimir Putin trägt ebenso emotionslos wie routiniert allgemeine Grußworte und die Agenda des Treffens vor. Obama lässt den Blick nach oben schweifen und betrachtet mit gelangweilter Miene Deckengemälde und Kronleuchter. Es geht auf diesem Gipfel wieder einmal um Krieg und Frieden in Syrien.

Diesmal will Obama Ernst machen, das hat er schon vor der Anreise verkündet, als erneut Nachrichten vom Einsatz chemischer Waffen in Damaskus die Runde gemacht haben. Und diesmal ist er besser vorbereitet. Über mehrere Tage hat das Weiße Haus zu Hause die Stimmung aufbereitet und die wichtigsten Journalisten der Nation generalstabsmäßig über die offizielle Sicht der Ereignisse in dem fernen Land namens Syrien unterrichtet, hat sie mit vertraulichen Lageeinschätzungen und regierungsamtlichen Papieren über Einzelheiten zu den Massakern vor Ort versorgt.

»Die Einschätzung ist ungewöhnlich detailliert«, beschreibt die *Washington Post* die intensive Betreuung, »es fehlen allerdings Fotos, Aufnahmen oder andere handfeste Beweise, um die Behauptungen zu stützen.« Trotz der angedeuteten Skepsis stimmt die Schlagzeile der Zeitung die Leser fürsorglich darauf ein, was der Präsident einen Tag später – es ist Ende August – vor laufenden Kameras verkünden wird. »Mehr als 1400 Tote in Syrien durch Angriff mit chemischen Waffen«, titelt Washingtons einflussreichste Zeitung.[29] Die *New York Times* veröffentlicht gleichzeitig die amtliche Einschätzung, die das Weiße Haus den Journalisten zugänglich gemacht hat. Das Blatt hat dem Präsidenten bereits per Kommentar empfohlen, was in der Lage zu tun ist: »Bomb Syria, even if it is illegal« – Bombardiere Syrien, auch wenn es gegen das Recht verstößt.[30]

Die Lage erklärt Barack Obama dem Fernsehpublikum 24 Stunden später im Rosengarten seines Amtssitzes an der Pennsylvania Avenue: Die Welt habe den schlimmsten Einsatz chemischer Waffen des 21. Jahrhunderts erlebt. »Über tausend Menschen wurden ermordet, Hunderte von Kindern, Mädchen und Jungen von ihrer eigenen Regierung vergast.« Deswegen habe er beschlossen, einen militärischen Schlag gegen Syrien durchzuführen. »No boots on the ground« – ohne Bodentruppen, verspricht der US-Oberbefehlshaber. »Das Land wird stärker, wenn wir diesen Kurs nehmen«, versichert er. Schließlich sei er »der Präsident der ältesten parlamentarischen Demokratie der Welt«.[31]

Diesmal will Obama nicht auf Untersuchungsergebnisse von UN-Waffeninspektoren warten und auch nicht auf den offiziellen Segen des UN-Sicherheitsrates. Für den Militärschlag gegen Baschar al-Assad sind bereits vier US-Zerstörer, bestückt mit Cruise Missiles, im Mittelmeer angekommen. Die Raketen haben sich bewährt. Sie können über 1500 Kilometer weit ins Ziel fliegen und sind in den vergangenen Jahren bereits mehrfach zum Einsatz gekommen – in Afghanistan, im Irak und zuletzt in Libyen. Im Pentagon erstellen Experten eine Liste der Ziele, die der Präsident nur noch abnicken muss. So weit ist alles vorbereitet. Und um sich politisch weiter abzusichern, wirbt er vor dem Abflug nach St. Petersburg zu Hause für eine breite Zustimmung. Er bietet dem Kongress an, über den Einsatz abzustimmen, obwohl er dies, wie er betont, als Präsident eigentlich nicht nötig habe. Ein riskanter Vorschlag, wie sich bald herausstellen wird.

Der konkrete Vorwurf der amerikanischen Regierung lautet: Assads Truppen haben nach den Erkenntnissen der US-Geheimdienste in der Nacht zum 21. August Raketen mit Sarin in etliche Vorstädte von Damaskus geschossen. Die UN-Waffeninspektoren werden später den Einsatz der hochgiftigen Substanz bestätigen. Nur wer den Befehl dazu gegeben hat, darüber gibt der Untersuchungsbericht keine Auskunft. »Die Raketen sahen durchaus professionell aus«, erklärt der schwedische Chefermittler der UN-Truppe der BBC. »Aber wir haben keine Beweise, die belegen, wer es war.«[32] Und Åke Sellström bestätigt auch nicht die Behauptung der Menschenrechtsorganisation Human Rights Watch, die Geschosse seien von einem neun Meilen entfernten Camp der Assad-Truppen abgefeuert worden, und damit sei die Schuldfrage eindeutig geklärt.[33] Zwei Meilen wären eine plausible Schätzung – »two miles could be a fair guess« –, sagt er. Die UNO habe gleichfalls Ballistikexperten herangezogen. Die Zahl der Toten, die der menschenverachtende Angriff gefordert hat, schwankt zwischen 300 und 1500, je nach politischem Lager. Unstrittig ist, dass es mehrere Hundert Opfer gibt.[34]

Ein paar Tage später wirbt Barack Obama während des Abendessens in St. Petersburg bei den zwanzig Regierungschefs um internationale Unterstützung für den Einsatz. Doch viele zögern. Nicht nur der Gastgeber des Gipfels Wladimir Putin hat gegen den Militärschlag Front gemacht und verlangt von den Amerikanern, konkrete Beweise vorzulegen. Auch bei anderen Staatsoberhäuptern stößt Obama auf Zurückhaltung. Einerseits halten sie es durchaus für möglich, dass es Truppen des Assad-Regimes waren, die den internationalen Tabubruch begangen haben. Andererseits sei es aber nicht auszuschließen, dass islamische Fundamentalisten ihre Finger im Spiel hatten, um den Westen zum Eingreifen zu zwingen. Auch die Einzelgespräche nach der anschließenden Aufführung von Verdis *La Traviata* bringen wenig. Manche wollen erst den Bericht der Waffeninspektoren abwarten. Und der britische Premier Cameron, der gern mit Obama in den Krieg ziehen möchte, darf nicht. Das Parlament in London hat Tage zuvor den geplanten Waffengang kategorisch ausgeschlossen. Von den Europäern schlägt sich nur Frankreich auf die Seite der USA. Selbst Bundeskanzlerin Angela Merkel lehnt ein militärisches Engagement ab. Und aus Rom hat sich Papst Franziskus mit einer offiziellen Botschaft an den Gipfel gewandt und eine Friedenslösung für Syrien gefordert. »Finden Sie einen Weg, den Konflikt zu lösen, und legen Sie das sinnlose Streben nach einer militärischen Lösung beiseite«, mahnt er in einem offenen Brief.[35]

Barack Obama sitzt in der Falle. Es ist keine moralische Frage, die dem Friedensnobelpreisträger zu schaffen macht. Seine innenpolitische Spekulation erweist sich als Fehleinschätzung, aus Washington kommen schlechte Nachrichten. Der angekündigte Militärschlag ist kein Selbstläufer, melden ihm seine Leute. Die Strategie, zur eigenen Absicherung den Kongress einzubinden, ist zum Bumerang geworden. Zwar sind die Abgeordneten noch im Sommerurlaub, aber erste Sondierungen der Administration ergeben, dass keine Mehrheit für Obamas Feldzug zustande kommen wird. Den Republikanern um John McCain genügt der angekündigte Einsatz nicht, sie setzen auf eine umfangreichere militärische Intervention, um Assad zu stürzen. *Regime change*, Machtwechsel, heißt die Forderung aus dem Lager der Hardliner.[36] Einige Demokraten wollen nach dem Irak-Desaster keinen weiteren Kampfeinsatz mehr, auch aus Angst, tiefer in einen Konflikt gezogen zu werden, für den es keine Exit-Strategie gibt. Verliert Obama die Zustimmung des Kongresses, wird er außenpolitisch für den Rest seiner Laufzeit nichts mehr zu melden haben, und die geht immerhin noch bis 2016. Der Gipfel in St. Petersburg wird zum Heimspiel für Wladimir Putin.

Kurz vor Abschluss des Treffens am nächsten Tag geht er im Konferenzraum des Konstantinpalastes auf Barack Obama zu und spricht ihn an. Die Männer nehmen sich zwei Stühle und verziehen sich in eine Ecke des Saals. Dort unterbreitet Putin dem US-Präsidenten einen Vorschlag. Um aus der Sackgasse zu kommen, solle Assad doch sein gesamtes Arsenal an chemischen Waffen der internationalen Gemeinschaft übergeben und vernichten lassen. Die Idee ist nicht neu, Putin hatte den Plan schon vor Monaten vorgeschlagen und war damit in Washington auf wenig Gegenliebe gestoßen. Für den amerikanischen Präsidenten ist er jetzt die einzige Option, ohne weiteren Gesichtsverlust aus der verfahrenen Situation herauszukommen und nicht noch eine Niederlage durch den Kongress zu kassieren. Barack Obama stimmt zu.

Drei Wochen später, am 28. September 2013, verabschiedet der UN-Sicherheitsrat zum ersten Mal nach dem Ausbruch der Gewalt in Syrien einstimmig eine Resolution, mit der Damaskus aufgefordert wird, seine Chemiewaffen auszuliefern und zerstören zu lassen. Syrien kooperiert, und seither arbeiten Experten nach einem ausgeklügelten Plan daran, die Bestände aufzuspüren und sicher abzutransportieren. Die Interpretation, wer sich den Fortschritt gutschreiben darf, fällt, wie zu erwarten, unterschiedlich aus. Ohne die amerikanische Androhung von Gewalt wäre es nie zu einer solchen Lösung gekommen, lässt das Weiße Haus im nachhinein verlauten.[37] Wladimir Putin wählt einen anderen Weg, um den Etappensieg auszukosten. Er wendet sich direkt an die Amerikaner.

Ein paar Tage nach dem Treffen in St. Petersburg veröffentlicht die *New York Times* einen Artikel des russischen Präsidenten. In dem Text mit dem Titel »Ein Appell zur Zurückhaltung aus Russland« kritisiert er grundsätzlich die strategische Haltung der USA, Militärschläge als normale Fortsetzung der Politik mit anderen Mitteln zu betrachten »In Syrien geht es weniger um Demokratie als vielmehr um einen blutigen Konflikt verschiedener Religionen, der von außen angeheizt wird«, schreibt er. Es sei alarmierend, dass es für die USA offenbar selbstverständlich geworden sei, interne Konflikte anderer Länder durch militärische Interventionen zu lösen. Im Ausland würden die USA deswegen ihren Ruf als vorbildliches Modell für Demokratie verspielen und zunehmend als ein Staat gelten, »der sich nach dem Motto ›Für uns oder gegen uns‹ allein auf nackte Gewalt verlässt«. Zum Schluss schreibt er den Amerikanern noch ins Stammbuch, was ihn von jeher stört: dass er vom Anspruch des amerikanischen Exzeptionalismus, von jener traditionellen Berufung darauf, dass Amerika und Amerikaner dank ihrer Geschichte zu etwas Höherem bestimmt seien, herzlich wenig halte, auch wenn sich schon Obamas Vorgänger darauf berufen hätten. »Es ist ziemlich gefährlich, Menschen darin zu bestärken, sie seien etwas Besonderes«, schreibt er. »Wir sind alle unterschiedlich, aber wenn wir schon Gottes Segen einfordern, sollten wir nicht vergessen, dass er alle Menschen gleich geschaffen hat.«[38]

Das Weiße Haus ist ziemlich fassungslos. Weniger wegen des Inhalts als vielmehr vor allem darüber, dass es Putin irgendwie geschafft hat, den Artikel in der *New York Times* unterzubringen. In einer Rede vor den Vereinten Nationen antwortet Barack Obama kurze Zeit später direkt auf den Artikel, um Putins Deutung zumindest für die eigenen Landsleute nicht unwidersprochen im Raum stehen zu lassen.

»Ich glaube, Amerika ist etwas Besonderes. Auch deswegen, weil wir bereit sind, unser Blut und Vermögen nicht nur für unsere eigenen Interessen, sondern für die Interessen aller zu opfern.«[39]

Wladimir Putin steht nicht allein mit seiner Sicht, auch für den einen oder anderen Staat ist die hartnäckige Vorstellung von dieser ganz speziellen Form amerikanischer Exklusivität nicht besonders attraktiv, und das vor allem deshalb nicht, weil sie für sich zudem das Privileg reklamiert, damit auch gleich die Interessen aller nach dem Grundsatz festzulegen: Was gut für Amerika ist, ist auch gut für den Rest der Welt.

Das war drei Monate vor unserer Fahrt in der Lastotschka, der roten Schwalbenbahn, und die Probleme haben sich seitdem nicht verringert. »Es ist ziemlich viel passiert in diesem Jahr, und es sieht nicht danach aus, dass sich das ändert«, merkt Putin trocken auf dem Rückweg von dem Kontrollrundgang in Sotschi an. Die Inspektion der Olympiaanlagen an diesem Tag im Dezember hat wie erwartet wenig Neues ergeben – außer weiteren Versicherungen optimistischer Baustellenleiter, dass alles im Lot sei, und den üblichen Fernsehbildern für die Nachrichten, die zeigen sollen, dass sich der Präsident zuverlässig um alles kümmert. Vieles wird erst in letzter Minute fertig, aber Wladimir Putin ist überzeugt, dass es fertig wird. Keine Katastrophe, allenfalls ein paar unangenehme Überraschungen, die sich nicht vermeiden lassen. Auf dem Rückweg in die Residenz bringen ihn seine Mitarbeiter auf den neuesten Stand einer ganz anderen Krise: Die Situation in der Ukraine spitzt sich zu.

»Können Sie mir erklären«, fragt er mich, kurz bevor er sich verabschiedet, »was der deutsche Außenminister auf dem Majdan zu suchen hat?«

Es ist eine rhetorische Frage. Wladimir Putin erwartet keine Antwort und eilt in die nächste Sitzung. Seit der Krise in Kiew trifft sich der Nationale Sicherheitsrat mit den Geheimdienstchefs und Verteidigungsminister Schoigu in immer kürzeren Abständen.

19 Frust und Freiheit

Das zähe Tauziehen um die Ukraine

Auf dem Majdan, dem zentralen Unabhängigkeitsplatz von Kiew, versammeln sich an diesem Abend Tausende von Menschen und protestieren gegen die Regierung, stehen um Metallfässer mit loderndem Feuer und wärmen sich gegen den beißenden Frost und die eigene Frustration. Seitdem der Präsident Janukowytsch die Unterzeichnung des Assoziierungsabkommens mit der EU nach Jahren endloser Verhandlungsrunden auf die lange Bank geschoben hat, sind die Proteste wieder massiver geworden. Anstelle eines Abkommens nur mit der Europäischen Union schlägt die ukrainische Regierung vor, eine gemeinsame Kommission mit der EU, der Ukraine und Russland zu bilden, um strittige Handelsfragen zu klären, statt sich jetzt ein für alle Mal auf ein Lager festzulegen. Brüssel hat Kiew vor die Wahl gestellt, sich entweder für Europa oder für Russland zu entscheiden. Und Wladimir Putin arbeitet weiter daran, die Ukraine von einem Beitritt zur Zollunion zwischen Russland, Weißrussland und Kasachstan zu überzeugen. Für die Ukraine ist Russland bislang der wichtigste Handelspartner.

»Aufrufe, zum Majdan zu kommen, um die Unterzeichnung des Abkommens einzufordern, machen die Runde. Aufrufe, warme Sachen, Isomatten, Thermoskannen mit heißem Tee und Proviant für die Nacht mitzubringen«, schreibt der Schriftsteller Andrej Kurkow für diesen Tag der Absage, den 21. November 2013, in sein *Ukrainisches Tagebuch*.[1] Er lebt 500 Meter vom Majdan entfernt. Die Auseinandersetzung wird sich über Wochen hinziehen und Stück für Stück eskalieren.

Es ist die Wut gegen »die da oben« und über die eigene Misere, über Armut, Arbeitslosigkeit und Korruption, die sich gegen diese Absage der Regierung richtet, gegen den Korb, den sie der Europäischen Union gerade gegeben hat, auch wenn die Unterzeichnung des Abkommens nichts daran geändert hätte, dass ein EU-Beitritt noch Lichtjahre entfernt geblieben wäre. Europa, das ist auf dem Unabhängigkeitsplatz ein eingebrannter Traum von Wohlstand und Ordnung, ein Versprechen, statt des mühevollen Alltags und all der Entbehrungen, die damit verbunden sind, noch eine andere Perspektive zu haben. Und es geht um alte politische Rechnungen, die schon länger fällig sind. Das Land selbst steht kurz vor dem Staatsbankrott. Aber nicht nur die Hoffnung auf eine bessere Zukunft, auch ein direkter Protest gegen den harten Polizeieinsatz einige Tage zuvor lassen zahlreiche Menschen in dieser Vorweihnachtszeit auf den Majdan strömen, um ein Zeichen zu setzen.

Der Platz ist seit den vergangenen Auseinandersetzungen gesichert, von Revolutionsposten bewacht. Ein straffes, durchorganisiertes Regiment sorgt dafür, dass jeden Tag dank einer ausgeklügelten Logistik mehr und mehr Demonstranten mit Bussen aus der Provinz nach Kiew transportiert werden. Vornehmlich aus der Westukraine, weniger aus dem Ostteil des Landes, etwa aus Donezk, Charkiw oder der Krim.[2]

Als Hauptquartier mit Großküche und Schlafplatz dienen das nahe Gewerkschaftsgebäude und das Rathaus. Der Widerstand ist unterdessen paramilitärisch organisiert. Es gibt Spaliere von Militärzelten, auch mit der Aufschrift »Rekrutierungsstelle für Freiwillige«, und einen Kommandanten namens Andrij Parubij aus Lemberg. Der Politiker hat aus seiner rechtsradikalen Überzeugung nie ein Geheimnis gemacht. Ehemalige Soldaten bilden »Selbstverteidigungseinheiten« mit eigenen Befehlshabern, die in zwei Gruppen unterteilt sind: die Einheit »Polizei« und die Einheit »Militär«. Die einen sorgen für Ordnung auf dem Platz, die anderen schlagen sich mit der Berkut, der beinharten Spezialeinheit der ukrainischen Milizija, die dem Innenministerium unterstellt ist. Ein »Stab des nationalen Widerstandes« koordiniert, welche Regierungsgebäude gerade blockiert werden und welche nicht. Zur politischen Führung gehören neben anderen die drei oppositionellen Parteiführer Vitali Klitschko, Arseni Jazenjuk und Oleh Tjahnybok, der Chef der nationalistischen Swoboda-Partei.[3]

Der Streit, wie das Assoziierungsabkommen der Ukraine mit der EU aussehen soll, tobt schon seit längerem. Deutschland und die EU bieten den einstigen Sowjetrepubliken nicht nur die Entscheidungsfreiheit für die Menschenrechte des Westens an, sondern setzen sich auch für amerikanische Geopolitik ein. Das Ziel hat Zbigniew Brzezinski gut anderthalb Jahrzehnte zuvor in seinem bereits zitierten berühmten Buch *Die einzige Weltmacht* mit dem prägnanten Untertitel *Amerikas Strategie der Vorherrschaft* derart klar beschrieben, dass alles Gerede von Verschwörungstheorien, die im Jahr 2015 die Runde machen, ziemlich albern klingt. »Eine langfristige amerikanische Geostrategie für Europa wird die Fragen der europäischen Einheit und echter Partnerschaft mit Europa mit aller Bestimmtheit angehen müssen«, schreibt Brzezinski als Empfehlung für die künftige US-Außenpolitik nach dem Ende der Sowjetunion. »Die Ukraine, ein neuer und wichtiger Raum auf dem eurasischen Schachbrett, ist ein geopolitischer Dreh- und Angelpunkt, weil ihre bloße Existenz als unabhängiger Staat zur Umwandlung Russlands beiträgt. Ohne die Ukraine ist Russland kein eurasisches Reich mehr.«[4]

Die logische Konsequenz liegt für den damaligen Berater des Weißen Hauses auf der Hand: »Da die EU und die NATO sich nach Osten ausdehnen, wird die Ukraine schließlich vor der Wahl stehen, ob sie Teil einer dieser Organisationen werden möchte.«[5] Nach der Lektüre solcher Zeilen kann sich allenfalls noch die Frage stellen, ob Fachliteratur von diesem Kaliber im Kanzleramt nicht oder nur als Science fiction zur Kenntnis genommen wird, oder ob die Politik den Preis einer Konfrontation bereits eingerechnet hat und darauf hofft, dass es schon nicht so schlimm kommen werde.

Um die EU in Richtung Osten auszudehnen, hat Brüssel auf einem Gipfeltreffen in Prag am 7. Mai 2009 ein Programm mit guten Absichten und dem vielversprechenden Namen »östliche Partnerschaft« aufgelegt. Die Europäische Union will den ehemaligen Sowjetrepubliken wie Moldawien, Weißrussland, Aserbaidschan, Georgien und auch der Ukraine zu Freiheit, Demokratie und Stabilität – und damit auch zu mehr Wohlstand – verhelfen, spätere Aufnahme in die EU nicht ausgeschlossen. Voraussetzung ist allerdings, dass die Kandidaten sich zu benehmen wissen und sich an die rigorosen Vorgaben aus Brüssel halten. Das ist der eine Teil des Angebots.

Den anderen, geopolitischen Teil beschreibt der *Spiegel* so: »Und natürlich ging es auch darum, wenngleich weniger offen ausgesprochen, den Einfluss Russlands zu begrenzen – und zu definieren, wie weit Europa in den Osten reicht. Für Russland steht mit der Ukraine nicht nur sein geopolitisches Gewicht auf dem Spiel, sondern auch genau jene Region, die vor tausend Jahren der Nukleus des russischen Reiches war. Ukraine heißt auf Deutsch ›Grenzland‹, die Hauptstadt Kiew ist für viele die Mutter aller russischen Städte.«[6]

Und darüber gibt es schon länger Streit mit der Ukraine. Bereits am 9. September 2008, vier Wochen nach dem russisch-georgischen Krieg, verhandeln die EU und die Ukraine in Paris über ein Freihandelsabkommen.[7] Man sei »zutiefst besorgt über die Ereignisse in Georgien«, heißt es in dem gemeinsamen Kommuniqué.[8] Nach dem militärischen Konflikt im Kaukasus ist Brüssel zwar einerseits bestrebt, die Ukraine näher an sich zu binden, wünscht aber andererseits keinen Beitritt Kiews zur Europäischen Union. Beide Seiten kommen jetzt überein, die Zusammenarbeit mit einem »Assoziierungsabkommen« zu verbessern. »Erstmals benutzen wir diese Vokabel, wenn wir über die Ukraine sprechen«, sagt der damalige EU-Vorsitzende, der französische Staatspräsident Nicolas Sarkozy.[9]

Wladimir Putin hat seine eigenen Pläne. Das Konkurrenzunternehmen Russlands zur »östlichen Partnerschaft« trägt den Namen Zollunion. In Duschanbe, der Hauptstadt Tadschikistans, einigte sich Moskau im Oktober 2007 mit den Präsidenten von Weißrussland und Kasachstan auf ein gemeinsames Zollgebiet. Seither verhandelt Putin parallel zur EU mit der Ukraine als »wirtschaftlichem Schlüsselpartner« um den Beitritt zur Zollunion. Rund drei Millionen Ukrainer arbeiten in Russland. Die Ukraine mit ihren 46 Millionen Einwohnern ist im geopolitischen Machtspiel mit Abstand das wichtigste Land unter den früheren kommunistischen Staaten. Es geht um eine Freihandelszone mit einer gemeinsamen Zollgrenze nach außen und freiem Verkehr von Kapital und Arbeit. Auch Armenien, Usbekistan und Tadschikistan zeigen Interesse. Putin will eine eurasische Wirtschaftszone schaffen, die dann auf Augenhöhe mit der EU die Bedingungen für diesen riesigen Markt festlegen kann.

Wladimir Putins politisches Ziel ist es, einen Wirtschaftsraum zu schaffen, der von Wladiwostok bis Lissabon reicht. Ende November 2009 wählt er das Hotel Adlon in Berlin, um vor deutschen Spitzenmanagern seine Überlegungen zu einer Freihandelszone und einer gemeinsamen Industriepolitik mit der EU auszuführen, Gedanken, die er am Tag zuvor als Artikel in der *Süddeutschen Zeitung* platziert hat. Eine Freihandelszone ohne Zölle, eine gemeinsame Industriepolitik und Visafreiheit lauten seine Vorschläge an die EU.[10] Davon, führt er aus, könnten beide Seiten profitieren, natürlich auch Russland. »Die Wahrheit ist, dass Russland nach dem Zusammenbruch der UdSSR den direkten Zugang zu seinen größten Exportmärkten verloren hatte. Es kam zu Problemen mit den Transitländern, die einseitige Vorteile aus ihrer Monopolstellung zu ziehen bestrebt waren. Darin wurzeln bekannte Streitigkeiten.« Und dann weist er noch einmal nachdrücklich auf einen zentralen Punkt seiner Vorstellungen hin: »Von ausschlaggebender Bedeutung ist unsere Lernfähigkeit, nicht in Worten, sondern in Taten, unsere gegenseitigen strategischen Interessen zu berücksichtigen.«

Auch Jahre später ist Putin von dem Vorschlag von damals noch überzeugt. »Eine Annäherung an Europa ist theoretisch nicht schlecht für uns«, beschreibt er während unseres Gesprächs in Sotschi Ende 2013 seine Gründe für die strategischen Überlegungen. »Wir haben Bodenschätze, und Europa hat technisches Know-how. Wir profitieren beide langfristig davon.«

Sein Ziel ist es immer noch, ein gemeinsames Abkommen mit der EU und der Ukraine zu entwickeln, das langfristig auch die unterschiedlichen technischen Standards von Russland und Staaten wie Weißrussland und auch der Ukraine so ändert, dass die mit dem Westen kompatibel und damit konkurrenzfähig werden. Für ihn ist es eine Frage der Zeit, der Chancengleichheit und hoher Investitionen, die Wirtschaft auf Vordermann zu bringen – und außerdem die Antwort auf den Expansionsdrang des Westens. Deswegen hat er sich auch all die Jahre um die Aufnahme in die Welthandelsorganisation bemüht, die mit ihren verbindlichen Regeln international festlegt, was geht und was nicht. Nach achtzehn Jahren zäher Verhandlungen hat Russland diese Hürde genommen und ist seit 2012 Mitglied.

Die ignorante Haltung der EU, die russischen Vorschläge abzulehnen, ohne sie ernsthaft in Betracht zu ziehen, hat ihn verärgert. »Die haben uns über all die Jahre letztlich nur eins gesagt: Die Ukraine geht euch nichts an. Wir greifen ja auch nicht in euer Verhältnis zu China ein, und ihr greift nicht in unser Verhältnis zu Kanada ein.« Die wirtschaftliche Abkoppelung der Ukraine sieht er als direkten politischen Angriff. Die technokratische Sicht und die Haltung der Brüsseler Spitzen, das Verhältnis Russlands zur

Ukraine sei nicht weiter von Bedeutung, hält er für eine gezielte Strategie gegen sein Land. Die Vorstellung, einen derart schweren Eingriff mit massiven Folgen für die politische Nachbarschaft nicht zu besprechen, sondern nur bürokratisch zu exekutieren, macht ihn als Politiker fassungslos. »Es ist nicht besonders schwer herauszufinden, dass unser Verhältnis zur Ukraine ein ganz anderes ist als das zwischen Brüssel und Kanada, es ist wirklich nicht schwer«, lautet sein knapper Kommentar. Im Bundeskanzleramt rätseln die Experten bereits seit geraumer Zeit, warum »Putin sich zunehmend abgrenzt« und »Angela nicht mehr so durchdringt« zu ihm.

Wiktor Janukowytsch hat 2013, damals noch im Präsidentenamt, die Angebote für den Schritt der Ukraine in Richtung Europa sortiert. Er verhandelt mit Brüssel und Moskau gleichzeitig, kalkuliert, was sich für ihn rechnet und was nicht. Brüssel spricht wolkig vom »Fenster der Gelegenheit« in diesem entscheidenden Jahr, von »roadmaps« und einem »einzigartigen Moment«.[11] Die Wortgirlanden stehen in krassem Gegensatz zu den Ergebnissen der Verhandlungen. Die Ukraine steht kurz vor dem Bankrott. Das Angebot aus Brüssel ist übersichtlich, um die 600 Millionen an Hilfe hat die Europäische Union im Falle der Unterschrift geboten. Die Kredite, die das Land in den nächsten Monaten zurückzahlen muss, liegen bei 15 Milliarden Euro, und die Devisenreserven sind um die Hälfte geschrumpft. Der Internationale Währungsfonds ist bereit, einige Milliarden Kredit zu geben, aber unter den üblichen rigorosen Bedingungen griechischer Art: Subventionen streichen, höhere Steuern, die Landeswährung abwerten. Die Erhöhung der Gaspreise um 40 Prozent ist nur eine der zahlreichen Forderungen.[12] Für Janukowytsch käme es einem politischen Selbstmord gleich, solche Auflagen anzunehmen. Er weiß, dass er damit jede Aussicht verspielen würde, in gut einem Jahr als Präsident wiedergewählt zu werden.

Zwölf Monate zuvor, als die Lage noch etwas besser aussah, war der ukrainische Präsident durchaus bereit gewesen, das Assoziierungsabkommen zu unterschreiben. Doch damals, 2012, stellte die EU im Namen der Menschenrechte plötzlich eine zusätzliche Bedingung. Janukowytsch solle zuerst noch Julija Tymoschenko, die einstige Ministerpräsidentin der Ukraine, aus der Haft entlassen. Die Intimfeindin des Präsidenten war zuvor wegen der Veruntreuung staatlicher Gelder zu sieben Jahren Gefängnis verurteilt worden. Die EU übernimmt die Behauptung der Oppositionspolitikerin, der Prozess sei ausschließlich politisch motiviert gewesen. Auch Angela Merkel ruft Janukowytsch an und fordert ihn auf, Tymoschenko freizulassen. »Ich will Ihnen helfen«, sagt die Bundeskanzlerin in ihrer patenten politischen Kalkulation »aber Sie müssen Julija Tymoschenko freilassen.«[13]

Die Ikone der Opposition, die zuvor die Präsidentschaftswahlen in der Ukraine verloren hat, wird zum politischen Hebel. Die EU-Kommission und auch der deutsche Bundespräsident Joachim Gauck bilden die moralische Speerspitze für die umstrittene Politikerin im Gefängnis, sagen im selben Jahr den Besuch der Fußball-Europameisterschaft ab, die in der Ukraine und Polen ansteht. Die Bundesregierung erwägt, ob sie nicht generell zum Boykott aufrufen soll, eine Vorstellung, über die sich der ehemalige Präsident des Bundesverfassungsgerichts Hans-Jürgen Papier öffentlich erregt und die er als »abwegig« und als »Effekthascherei« einstuft. Deutschland könne die Ukraine ohne weiteres »vor dem Europäischen Gerichtshof verklagen«, wenn die Regierung Zweifel an dem Urteil habe. Dieser Weg werde wohl aber »nicht als medienwirksam angesehen«.[14]

Die Bulletins Tymoschenkos über ihre Lage im ostukrainischen Frauengefängnis Katschanowka verschärfen die politische Tonlage der Erklärungen, die aus Berlin kommen. Die oppositionelle Politikerin besteht medienwirksam darauf, als politische Privatpatientin ihren Bandscheibenvorfall in der Haft nur von ausländischen Medizinern behandeln zu lassen, woraufhin das Bundeskanzleramt ein Spezialistenteam organisiert und es unter Führung des Chefarztes der Berliner Charité in die Charkiwer Vollzugsanstalt schickt. Die deutschen Ärzte bestätigen die Diagnose. Berlin bietet wiederum im Namen der Menschenrechte Behandlung in Deutschland an.[15]

Der medizinische Sondereinsatz für Julija Tymoschenko ist ein exklusiver Fall in der Geschichte der deutschen Diplomatie. Dass Justiz und Gerechtigkeit in der Ukraine kein Traumpaar sind und waren, ist durchaus bekannt. Dass sich allerdings die deutsche Außenpolitik ohne Not für den Machtkampf innerhalb der ukrainischen Eliten einspannen lässt, ist ein weniger geläufiger Vorgang. Deutsche Politik ergreift Partei in einem anderen Land, erklärt mit dieser Haltung den amtierenden Präsidenten, der 2010 die Wahlen gegen Tymoschenko gewonnen hat, zum politischen Gegner und setzt auf Empörung als Politik-Ersatz.

Der Glanz der Vergangenheit

Nach der Fußball-Europameisterschaft im Sommer 2012 wird der schrille Tonfall nur um einige Nuancen gemäßigter. Statt von politisch motivierter Inhaftierung, einer Art Siegerjustiz also, spricht man in Brüssel jetzt lieber von »selektiver Justiz«. Delikte von der Art, wie sie der oppositionellen Politikerin vorgeworfen würden, hätten schließlich noch viele andere begangen, und die seien doch auch nicht gleich vors Gericht gezerrt, geschweige denn zu mehrjährigen Haftstrafen verurteilt worden. Deswegen müsse Tymoschenko nach wie vor freigelassen werden.[16] Für die ukrainische Regierung ist die Forderung allerdings gleichfalls nach wie vor ein politisches Ultimatum, das sie nicht erfüllen kann, ohne sich selbst aufzugeben.

Die Idee, ausgerechnet Julija Tymoschenko zum Gradmesser für die Rechtsstaatlichkeit der Ukraine zu machen, ist auch nach westlichen Maßstäben ein ziemlich blauäugiges Unterfangen. Ihr Ruf als aufrechte Kämpferin ist ein Relikt aus den Zeiten der »Orangen Revolution« von 2004, als es erstmals zu Massenprotesten im Land gekommen war. Schon damals träumten viele von mehr Demokratie und Rechtsstaat, demonstrierten für ein Ende korrupter Machteliten. Tausende von Menschen mit orangefarbenen Schals, Mützen und Fahnen protestierten wochenlang auf dem Majdan in der Winterkälte gegen Wahlfälschungen. Ihre Helden hießen Wiktor Juschtschenko und Julija Tymoschenko, beide verhältnismäßig neu im politischen Geschäft. Ihnen gelang ein politischer Erdrutsch. Nach einer vom obersten Gericht des Landes getroffenen Entscheidung mussten die Präsidentschaftswahlen, die kurz zuvor abgehalten worden waren, wegen Unregelmäßigkeiten wiederholt werden.

Es ist die klassische Frontstellung in der Ukraine. Wiktor Juschtschenko ist der Mann des Westens und auch der westlichen Ukraine. Sein Gegner heißt Wiktor Janukowytsch, ein aus dem russischsprachigen Osten der Ukraine stammender Vertreter des alten Systems, der dem scheidenden Präsidenten Leonid Kutschma nachfolgen soll. Beide Kandidaten haben in ihren Hochburgen bis zu verdächtigen 96 Prozent der Stimmen erhalten. In der wiederholten Abstimmung siegt Juschtschenko. Er wird Präsident und Julija Tymoschenko seine Ministerpräsidentin. Der größte Schokoladenfabrikant des Landes, der Oligarch Petro Poroschenko, hat sich schon während der Unruhen mit seinem Fernsehsender *Kanal 5* auf die Seite der Sieger geschlagen und sponsert das neue Duo nach Kräften. Er wird nach der Revolution kurze Zeit Chef des Nationalen Sicherheits- und Verteidigungsrates der Ukraine.

Der Machtwechsel funktioniert in Kiew wie schon zuvor in Georgien nach einem bekannten Muster: Unzufriedenheit im Volk, kanalisiert zu politischer Aktion mit Unterstützung westlicher Nichtregierungsorganisationen. Die schlagkräftige Protestbewegung, die für die Präsidentenwahl gegründet und trainiert wird, trägt den griffigen Namen »Pora!« (»Es ist Zeit!«). Die Finanziers sind dieselben wie beim Umsturz in Georgien, wie der *Spiegel* Ende 2005 schreibt. »65 Millionen Dollar an US-Steuergeldern fließen seit 2002 allein vom US-Außenministerium für die Wahl in der Ukraine.«[17] Und im Kongress bemängelt der republikanische Abgeordnete Ron Paul, dass die US-Regierung Millionen für den Kandidaten Juschtschenko in der Ukraine ausgegeben hat.

Selbst die *Frankfurter Allgemeine Zeitung* stellt fest: »Niemand bestreitet, dass ausländische Hilfe für den Erfolg der Orange-Revolution entscheidend gewesen ist«, und führt die lange Liste der amerikanischen Förderer namentlich auf. »Viele Organisationen, die in der Ukraine aktiv waren, von der staatlichen USAID über die Parteiinstitute der Demokraten und Republikaner NDI und IRI, das National Endowment for Democracy und die Eurasia Foundation bis zum Freedom House werden direkt oder indirekt von amerikanischen Steuergeldern finanziert, die teils vom Weißen Haus, teils vom Kongress kommen.«[18] Die Namen der handelnden Akteure nennt die Zeitung gleichfalls. Zu ihnen gehören der frühere amerikanische Geheimdienstkoordinator R. James Woolsey als Vorsitzender des Freedom House und der ehemalige NATO-Oberbefehlshaber General Wesley Clark ebenso wie die einstige Außenministerin Madeleine Albright und selbstverständlich der Milliardär George Soros mit seinen Stiftungen.

Nur für die Ukraine wird der Führungswechsel kein großer Erfolg. In Europas Armenhaus lähmt der jahrelange Machtkampf der neuen Mannschaft die weitere Entwicklung. Außer der öffentlich deklarierten Absicht, die Ukraine in die Europäische Union und in die NATO zu führen, ändert sich wenig. Das hoffnungsvolle Führungsduo Tymoschenko und Juschtschenko ist hoffnungslos zerstritten, zerfleischt sich während der folgenden Jahre in immer neuen internen Auseinandersetzungen. Die Partner von einst beschuldigen sich gegenseitig der Korruption. Freiheit, Demokratie und Gerechtigkeit, wofür Hunderttausende wochenlang auf die Straße gingen, sind kein Thema mehr. Die Revolution vergisst ihre Kinder. Als der einstige Verlierer Wiktor Janukowytsch 2010 wieder antritt, gewinnt er die Wahlen gegen Julija Tymoschenko, diesmal regulär, wie die Wahlbeobachter der OSZE bestätigen, auch wenn die unterlegene Kandidatin das Ergebnis vergeblich anficht.[19]

»Julija Tymoschenko ist weder eine Ikone der Freiheit noch ein Symbol für politische Rechtschaffenheit, [sondern] das genaue Gegenteil«, kritisiert Günter Verheugen im Dezember 2013 den moralischen Anspruch der Bundesregierung, politisch Fakten zu schaffen. Der langjährige EU-Kommissar, zuständig für Unternehmen und Industrie, hat mit der Ministerpräsidentin von einst eigene einschlägige Erfahrungen gesammelt. Für ihn hat die Politikerin mit dem blonden Haarkranz die Hoffnungen, die mit der Orangen Revolution verbunden waren, zunichte gemacht. Sein Urteil lässt an Klarheit wenig zu wünschen übrig: »Korruption und Misswirtschaft waren in der Ukraine nach der Machtübernahme durch Frau Tymoschenko noch schlimmer als zuvor.«[20]

Auch Wladimir Putin hat die Entwicklung in der Ukraine nicht vergessen. Er rechnet, trifft sich mehrmals mit Janukowytsch, wird auch in Brüssel vorstellig und macht Druck. »Natürlich haben wir reagiert. Die Ukraine ist schließlich Mitglied der Freihandelszone mit Russland, genießt Steuerprivilegien. Deswegen haben wir beschlossen, die Sonderregelungen im Handel mit der Ukraine zu streichen. Wir haben 17 Jahre dafür gekämpft, in die Welthandelsorganisation in dieser Konstellation aufgenommen zu werden. Jetzt sind wir Mitglied, und jetzt wird mal eben die Ukraine aus diesem Verbund gestrichen.«

Im Februar 2013 verkündet EU-Kommissionspräsident José Manuel Barroso kompromisslos: »Ein Land kann nicht zugleich Mitglied einer Zollunion sein und in einer weitreichenden Freihandelszone der EU.«[21] Der russische Präsident und Barroso sind sich in den vergangenen Jahren bereits mehrfach in die Quere gekommen. Für Putin ist der ehemalige portugiesische Premierminister ein Kalter Krieger, der keine Gelegenheit auslässt, in der EU gegen Russland Front zu machen.

In einem vertraulichen Bericht meldet die Moskauer US-Botschaft am 26. Februar 2009 an das Außenministerium in Washington, dass beide ein paar Tage zuvor bei einem Treffen in Moskau in der Frage der östlichen Partnerschaft wegen der EU-Erweiterung aneinandergeraten seien. Putin »sieht in dem EU-Kommissar das trojanische Pferd der neuen Mitgliedstaaten ... Putins spitze Bemerkung, ›dass sich bestimmte Institutionen nicht der Entwicklung besserer Beziehungen zwischen der EU und Russland in den Weg stellen sollten‹, wurde als gezielter Schlag gegen Barroso wahrgenommen.« Bei dem Treffen zwischen Putin und Barroso sei es »persönlich geworden«.[22] José Manuel Barroso macht aus seiner brüsken Art kein Geheimnis. »Ich sprach mehrmals mit Putin, und er wies darauf hin, wie wichtig für Russland die Zollunion sei und die spezielle Rolle der Ukraine. Aber hätten wir denn das [Assoziierungsabkommen] aufgeben sollen?«[23] Für Barroso ist die Vorstellung abwegig, für ihn gibt es in dieser Situation nur ein Entweder-Oder. Die Konfrontation nimmt stetig zu.

Ein Kommentator der populären Tageszeitung *Moskowski Komsomolez* schreibt im November 2013, die Ukraine vor die Wahl zwischen Russland und Europa zu stellen sei in etwa das Gleiche, wie zu fragen: »Bitte, Liebster, entscheide dich auf der Stelle: Welche Hand willst du verlieren, die rechte oder die linke?«[24] Die Ukraine könne weder ausschließlich mit Russland noch ausschließlich mit der EU assoziiert sein. Im selben Monat macht Wladimir Putin dem ukrainischen Präsidenten ein Angebot. »Wir haben zu dem Zeitpunkt der Ukraine 15 Milliarden Dollar für den Haushalt angeboten und weitere fünf Milliarden für Infrastrukturmaßnahmen. Und wir haben die Energiepreise um ein Drittel gesenkt unter der Bedingung, dass sie die laufenden Kosten weiter bezahlen und auch ihre Schulden. Aber so ist es nicht gekommen. Irgendjemand wollte zeigen, dass er Herr im Hause ist.«

Putin bot finanzielle Förderung an, während die Europäische Union Forderungen stellte. In den Augen des einstigen EU-Kommissars Günter Verheugen ist so etwas *business as usual*, das übliche Geben und Nehmen im politischen Geschäft. In dem schon zitierten Interview vom Dezember 2013 kontert er die Unterstellung des Reporters, mit dieser Finanzspritze und der Reduzierung der Gaspreise habe Russland doch wohl die Ukraine erpressen wollen, mit der einfachen Frage: »Wenn wir irgendwem helfen, unter Umständen mit wesentlich mehr Geld als mit 15 Milliarden, sprechen Sie dann auch davon, wir nehmen dieses Land in den wirtschaftlichen Würgegriff?«

Absage und Aufgebot

Janukowytsch beschließt, das Angebot Wladimir Putins anzunehmen und die leere Staatskasse aufzufüllen. Die ukrainische Regierung habe sich aus »Gründen der nationalen Sicherheit« dafür entschieden, die Unterzeichnung des Assoziierungsabkommens auf Eis zu legen, heißt es nach einer Kabinettssitzung. Die Wirtschaftsbeziehungen zu Russland müssten wiederbelebt und der Binnenmarkt für Beziehungen auf Augenhöhe mit der EU vorbereitet werden.[25] Im übrigen seien die Bedingungen, die der Internationale Währungsfonds an die Bereitstellung frischen Geldes knüpfe, nur erniedrigend, teilt er einige Tage später der versammelten Polit-Elite Europas im Palast des einstigen Großfürsten von Litauen mit. »... wenn wir unter normalen Bedingungen verhandeln können, dann können wir über eine Unterzeichnung sprechen.«[26] In dieser Ansage kommt auch der Frust der letzten Wochen zum Tragen.

Wladimir Putin ist an diesem 28. November 2013 in Rom und besucht den Papst. Von dort richtet er die dringende Empfehlung an den EU-Gipfel »Östliche Partnerschaft« in Vilnius, noch einmal über ein Dreiergespräch nachzudenken, das der ukrainische Präsident Janukowytsch ja schon vor längerem vorgeschlagen habe, und dabei kann er sich eine Spitze nicht verkneifen: »Ich würde unsere Freunde in Brüssel sehr bitten – meine persönlichen Freunde, die guten in der EU-Kommission –, sich doch zurückzuhalten mit scharfen Äußerungen.« Die Ukraine stehe bei russischen Unternehmen mit rund 30 Milliarden US Dollar in der Kreide. Russland setze auf Zusammenarbeit, »aber nicht zum eigenen Nachteil«.[27] Masochismus ist dem russischen Präsidenten fremd.

Auf dem zweitägigen Gipfel der Europäischen Union, der Ende November 2013 mit großem Aufwand in Vilnius inszeniert wurde, wollten die Staats- und Regierungschefs der 28 EU-Mitglieder den ehemaligen Sowjetrepubliken Ukraine, Weißrussland, Armenien, Aserbaidschan, Georgien und Moldau offiziell – mit Brief und Siegel – die östliche Partnerschaft antragen. Das Vorzeigeprojekt wird zum Flop. Im wiederaufgebauten Großfürstlichen Schloss, das als neues patriotisches Denkmal Litauens dienen soll, setzen nach der Kehrtwende der Ukraine nur noch zwei der sechs Nachbarstaaten der Föderation – Georgien und die Republik Moldau – ihre Unterschrift unter das Assoziierungsabkommen für eine engere Bindung an die EU.

»Wir haben hier natürlich nicht das erreicht, was wir wollten mit der Ukraine«, fasst Bundeskanzlerin Angela Merkel das Ergebnis in der litauischen Hauptstadt gewohnt nüchtern zusammen. Dann wiederholt sie als politisches Stilmittel stoisch den Stand der letzten Monate. Nichts, was nicht Wochen vorher schon bekannt gewesen wäre. »Der [ukrainische] Präsident hat mir noch einmal gesagt, 50 Prozent der Exporte gehen nach Russland oder in die Republiken der Zollunion, 45 Prozent in die Europäische Union, also Bindung nach beiden Seiten. Und die Aufgabe für uns, die EU, wird sein, noch stärker mit Russland zu reden, wie wir aus dem Entweder-oder – entweder Bindung an Russland oder Bindung an Europa – herauskommen, und ich glaube, da liegt auch eine Aufgabe für Deutschland.«[28]

Nach jahrelangen Verhandlungen ist der Versuch geplatzt, die Ukraine an Europa zu binden. In Brüssel und Berlin »hat man lange nicht wahrhaben wollen, wie sehr Russland sich durch das Vordringen von NATO und EU nach Osten bedroht sieht«, analysiert der *Spiegel* nach dem »Gipfel des Scheiterns«. »Was in dieser Krise fehlte, war Weitsicht, die Fähigkeit, einen aufziehenden Konflikt zu erkennen. Stattdessen stellte man sich in Berlin auf den Standpunkt, dass nicht sein kann, was nicht sein darf.«[29] Dieses herbe Urteil ist nicht nur eine späte Kritik an Angela Merkel, es ist auch eine Selbstkritik. Das Nachrichtenmagazin hat über Jahre den Kurs der Kanzlerin gestützt und für eine harte Gangart gegenüber der Ukraine und Janukowytsch plädiert.

Die Bundesregierung beharrt trotz alledem weiter auf der baldigen Freilassung der inhaftierten ehemaligen ukrainischen Ministerpräsidentin Julija Tymoschenko. Präsident Wiktor Janukowytsch habe nach wie vor die Möglichkeit, jemanden kurzfristig zu begnadigen, gibt die Kanzlerin ungerührt zu Protokoll.

Der besondere Gast des Abends auf dem Kiewer Majdan eine Woche später heißt Guido Westerwelle. Der deutsche Außenminister tut etwas, das Außenminister in der Regel nicht tun. Er geht nach dem Desaster in Litauen zuerst zur Opposition, die den Sturz des ukrainischen Präsidenten fordert, bevor er später die Regierung des Landes trifft. Westerwelle solidarisiert sich mit den Protesten, spricht davon, dass er – stellvertretend für Europa gewissermaßen – hier in der Ukraine nicht »Partei für eine Partei« sei, sondern »für europäische Werte« stehe, überparteilich sozusagen, und dass hier in Kiew »Europäer auf Europäer treffen«. Im übrigen lasse er sich nun einmal nicht vorschreiben, »wie wir zueinander finden«.[30] Es ist eine der letzten Amtshandlungen des Ministers. Noch im selben Monat wird sein Vorgänger Frank-Walter Steinmeier auch wieder sein Nachfolger, dank der neuen Regierungskoalition von Union und SPD.

Westerwelle war der Revolution als Außenminister gern auf den Fersen. Während des Arabischen Frühlings reiste er nach Tunesien und auch nach Ägypten, stand auf dem von Menschen überfüllten Tahir-Platz in Kairo, ließ sich als ausländischer Gast feiern und sagte Sätze wie »Es ist ein ganz berührender Moment hier« oder auch: »Hier wird ein Stück Weltgeschichte geschrieben.«[31] Jetzt ist er auch auf dem Majdan in Kiew dabei, zwar verspätet, aber immerhin. Er schüttelt Hände, applaudiert den Rockmusikern auf der Bühne, die gerade ein Solidaritätskonzert geben, und genießt das Bad in der Menge, das er zu Hause nie bekommen hat. Westerwelle ist sichtlich berührt.

An diesem Abend flaniert der deutsche Außenminister mit dem neuen Helden der Protestbewegung, dem Boxer Vitali Klitschko, über den Platz. Der einstige Weltmeister hat mit seinem Boxstall in Deutschland jahrelang die internationale Szene dominiert und unzählige Male im Ring den Kopf hingehalten. Er ist in Kiew nicht unbekannt, versuchte schon vor einigen Jahren, Bürgermeister zu werden, war aber gescheitert. Jetzt strebt Klitschko das Amt des Präsidenten an und hat mit Oleh Tjahnybok, dem Chef der rechtsradikalen Partei Swoboda, und Arseni Jazenjuk von der Vereinigung Vaterland, einem Zögling von Julija Tymoschenko, ein Bündnis geschlossen, um Präsident Janukowytsch zu stürzen.

Vitali Klitschko ist im Auftrag der Bundesregierung unterwegs. Angela Merkel unterstützt die Boxlegende, will ihn zum Oppositionsführer aufbauen und zeigt sich demonstrativ bei Fototerminen mit ihm. Ihr außenpolitischer Berater Christoph Heusgen und Guido Westerwelle haben ihm Unterstützung zugesagt, die Konrad-Adenauer-Stiftung hat die Betreuung übernommen.[32] Allerdings sind Klitschko und seine Allianz gerade ziemlich deutlich im Parlament mit einem Misstrauensantrag gegen die Regierung gescheitert.

Der deutsche Außenminister ist nicht der einzige westliche Politiker, der den Majdan besucht. Auch der amerikanische Senator John McCain fliegt ein und predigt den Demonstranten, hart zu bleiben. »Die Ukraine wird Europa verbessern, und Europa wird die Ukraine verbessern.«[33] Dem Fernsehen erklärt er, dass die Ukraine für Putin natürlich wichtig sei, da Russland ohne die Ukraine nur eine östliche Macht, aber mit der Ukraine auch eine Macht im Westen sei, was es nun mal zu verhindern gelte. Das habe schon Henry Kissinger einmal gesagt, wenn er sich richtig erinnere. Es war nicht Kissinger, sondern wieder einmal der amerikanische Geostratege Brzezinski, der darauf drängte, Russland auf diese Weise weiter zu schwächen. »Der springende Punkt ist, und das darf man nicht vergessen: Ohne die Ukraine kann Russland nicht zu Europa gehören, wohingegen die Ukraine ohne Russland durchaus Teil von Europa sein kann.«[34]

Und was dies strategisch bedeutet, daran ließ der außenpolitische Alphamann keinen Zweifel: »Dies erfordert ein energisches, konzentriertes und entschlossenes Einwirken Amerikas besonders auf die Deutschen, um die Ausdehnung Europas zu bestimmen und um mit – vor allem für Russland – derart heiklen Angelegenheiten wie dem etwaigen Status der baltischen Staaten und der Ukraine innerhalb des europäischen Staatenbundes fertigzuwerden.«[35]

Auch eine Kollegin von Westerwelle, die für Europa zuständige Referatsleiterin im US-Außenministerium Victoria Nuland, ist in diesen Tagen in Kiew und auf dem Majdan unterwegs. Sie ist in Washington für Europa zuständig. Dass Merkel und die EU auf Vitali Klitschko setzen, interessiert Victoria Nuland wenig. Sie favorisiert einen anderen Kandidaten. »Ich denke nicht, dass Klitsch[ko] in die Regierung eintreten sollte«, sagt sie in einem vertraulichen Telefongespräch mit dem US-Botschafter in Kiew und bespricht die weitere Taktik, wie man den Kandidaten der Europäer ausbremsen kann. Die USA machen sich für Arseni Jazenjuk stark, einen gewieften Technokraten, der trotz seiner jungen Jahre schon eine beachtliche Karriere vorweisen kann. »Fuck the EU«, kommentiert die robuste Diplomatin in dem Gespräch, dessen Mitschnitt später im Internet kursiert.[36] »Ich glaube, dass Jaz [Jazenjuk] der Typ ist, der die ökonomische Erfahrung mitbringt, die Regierungserfahrung.«[37] Nuland bestreitet den Inhalt des Telefonats nicht.

Das Interesse der USA an der Ukraine ist zu groß, um die Geschicke des Landes tatenlos der EU zu überlassen. Arseni Jazenjuk ist ein junger Mann, voller westlichem Reformeifer und politisch erfahren. Er war bereits Wirtschaftsminister und Außenminister unter dem einstigen Präsidenten Juschtschenko und warb sehr früh für die Aufnahme der Ukraine in die NATO. Bereits 2007 hat er die »Open Ukraine Foundation« ins Leben gerufen. Auf deren Website stehen das amerikanische Außenministerium und das »NATO Information and Documentation Centre« als Partner.[38]

Bereits vor ihrem Europatrip hatte Victoria Nuland in Washington hervorgehoben, wie intensiv und mit welchem Einsatz sich die Vereinigten Staaten seit Jahren um die Ukraine kümmern, und damit auch unmissverständlich den Führungsanspruch der Amerikaner unterstrichen: »Seit der Unabhängigkeit der Ukraine 1991 hat die USA die Ukrainer dabei unterstützt, demokratische Fertigkeiten und Institutionen zu entwickeln. Wir unterstützen Bürgerbeteiligungen und gute Regierungsführung. All das sind die Vorbedingungen, damit die Ukraine ihre europäischen Träume erreichen kann. Wir haben über fünf Milliarden Dollar in diese und andere Ziele investiert, um für eine sichere, wohlhabende und demokratische Ukraine zu sorgen.«[39] Sie ist fest entschlossen, daran lässt sie in diesen Tagen in Kiew bei ihren Gesprächspartnern keinen Zweifel aufkommen, der Ukraine zu diesem Ziel zu verhelfen. Ob das Land das nun so will oder auch nicht.

Der Schriftsteller Andrej Kurkow beschreibt in seinem Tagebuch die wachsende Spannung, die sich über die nächsten Wochen aufbaut: »Gestern Abend wanderte ich gemeinsam mit Hunderten anderer Leute in aller Ruhe vom Majdan zum Europaplatz, von wo aus die Hruschewskyj-Straße, die durch die Barrikaden der Protestierenden und die Verteidigungslinien von Sondereinheiten der Miliz und des Innenministeriums abgeriegelt ist, hinauf zum Ministerratsgebäude und zum Parlament führt. Noch vor einigen Tagen war die Verteidigungslinie der Regierung mit querstehenden Bussen und LKWs befestigt. Die Protestierenden steckten die Fahrzeuge in Brand, und gestern Abend waren sie verschwunden. Dennoch ist jede Toreinfahrt der umliegenden Häuser mit Militärfahrzeugen blockiert.«[40]

20 Vertrag und Vertrauen

Der Umsturz in Kiew und Putins Antwort
auf der Krim

Die Bilder, die am 19. Februar 2014 in deutschen und russischen Wohnzimmern über die Fernsehmonitore flimmern, sehen ähnlich aus. Brennende Barrikaden und prügelnde Polizisten auf dem Majdan und den angrenzenden Straßen, kampferprobte Demonstranten mit Stahlhelm und Gesichtsmasken, die Molotowcocktails gegen anrückende Polizeieinheiten werfen. Es sind gespenstische Szenen mit Panzerwagen und Wasserwerfern, explodierenden Tränengasgranaten und schwerverletzten Menschen, mit und ohne Uniformen. Es wird scharf geschossen, und auch am nächsten Tag setzt sich der Kampf fort.

Die Kommentare zu den Ereignissen dagegen, die Reporter vor Ort und Moderatoren im Studio in ihre Mikrophone sprechen, fallen in West und Ost ziemlich unterschiedlich aus. Die russischen Journalisten interpretieren die Auseinandersetzungen als gewaltsamen Versuch von Rechtsradikalen, die Regierung und den gewählten Präsidenten Janukowytsch zu stürzen. Die deutsche Version sieht in der Schlacht den Aufstand demokratischer Ukrainer, die ein totalitäres System stürzen wollen. Wenn es sein muss, dann eben auch mit Gewalt. Schließlich entwickelt jede Revolution bekanntlich ihre eigene Dynamik.

Der unmittelbare Anlass der Konfrontation sei der Versuch der Regierungsgegner am Tag zuvor gewesen, zum Parlamentsgebäude zu ziehen, berichtet die *Tagesschau*. Aus dem Marsch entwickelt sich eine blutige Straßenschlacht, die Bilanz in den frühen Morgenstunden: elf tote Demonstranten und sieben tote Polizisten. Für die weitere Eskalation sorgt als Nächstes der Räumungsbefehl der Regierung für den Majdan. Die Zahl der Toten nimmt weiter zu.

François Hollande und Angela Merkel, die sich an diesem Morgen im Pariser Élysée-Palast zu deutsch-französischen Konsultationen treffen, setzen auf einen Vermittlungsversuch und telefonieren mit Wladimir Putin. Der Vorschlag der Regierungschefs: Die Außenminister Deutschlands und Frankreichs sollen zusammen mit ihrem polnischen und ihrem russischen Kollegen nach Kiew fliegen und zwischen der Opposition und Janukowytsch vermitteln.

Putin zögert. Auf Basis der Nachrichtenlage der letzten Stunden räumt er einer Vermittlung kaum Chancen ein. Die Initiative sei von Merkel und Hollande ausgegangen, bestätigt er, als ich ihn in einem unserer Gespräche nach dem Ablauf jener Tage frage. »Sie haben mich gebeten, auch Außenminister Lawrow zu schicken. Ich war ziemlich skeptisch und wollte nicht, dass unser Außenminister ein Papier unterzeichnet, das nicht umgesetzt wird«, erklärt er die Zurückhaltung. Er hält den Umsturzversuch in Kiew nicht für ein spontanes Aufbegehren, sondern für eine geplante Aktion. Schließlich willigt er ein, dass Russland sich beteiligt. Anstelle des Außenministers schickt er – um nichts unversucht zu lassen« – einen Sondergesandten, dem er vertraut.

Wladimir Petrowitsch Lukin, Jahrgang 1937, war Anfang der neunziger Jahre russischer Botschafter in Washington und danach Abgeordneter der liberalen Oppositionspartei Jabloko in der Staatsduma, bis er 2004 von Putin zum Menschenrechtsbeauftragten der Föderation ernannt wurde. Außerdem verfügt er über gute Verbindungen in der Ukraine. Bei unserem Treffen in seinem Moskauer Büro erinnert er sich noch sehr genau an die Umstände seines Kriseneinsatzes.

Als Putin ihn am Nachmittag des 20. Februar fragt, ob er sich nach Kiew aufmachen könne, sagt Lukin zu, packt und fährt in den Kreml, um sich die genauen Instruktionen abzuholen. »Mein Auftrag war es, zusammen mit den Außenministern und der Opposition einen akzeptablen Ausweg aus der explosiven Lage zu finden, und akzeptabel hieß eine vertretbare legale Lösung. Janukowytsch ist immerhin durch freie Wahlen in sein Amt gekommen«, skizziert er die Bedingungen der Mission, die ihm der Präsident erläutert. »Was brauchen Sie noch?«, fragt Putin. Er hat gerade wieder mit Merkel telefoniert. Lukin bittet um weitere Begleitung: einen hohen Beamten aus dem Auswärtigen Amt und ein Mitglied des Nationalen Sicherheitsrates. Er will schnellen Zugriff auf Informationen, wie sich die Lage entwickelt, während er die Verhandlungen moderiert.

Die Tage des Aufruhrs in Kiew sind auch die letzten Tage der Olympischen Winterspiele in Sotschi. Wladimir Putin hat sich diese Wochen anders vorgestellt. Statt bei Eishockeyspielen die eigene Nationalmannschaft anzufeuern oder den Sieg der russischen Biathlonstaffel zu feiern, schmort er in Moskau in endlosen Sitzungen des Nationalen Sicherheitsrates oder führt telefonische Krisengespräche mit Merkel, Hollande, Janukowytsch oder Obama. Den russischen Eishockeyspielern geht es dieser Tage allerdings auch nicht gut. Die Goldmedaillenfavoriten, auf die das Land als sichere Bank setzt, verlieren im Viertelfinale gegen Finnland und sind damit bei den Spielen im eigenen Land ausgeschieden.

Es ist weit nach Mitternacht, als Putins Mann in Kiew im Verhandlungssaal des Präsidentenpalastes eintrifft, den die Berkut, Spezialeinheiten des Innenministeriums, abgeriegelt haben. Am Kopfende des Tisches sitzt Präsident Janukowytsch mit zwei Assistenten, daneben Frank-Walter Steinmeier und der polnische Außenminister Radosław Sirkowski sowie als Vertreter der Opposition Arseni Jazenjuk, Vitali Klitschko und der Führer der rechtsextremen Swoboda-Partei, Oleh Tjahnybok. Der französische Außenminister Laurent Fabius hat die Runde wegen dringender Termine in China schon wieder verlassen. Der Vertragsentwurf, den die beiden Parteien für einen Kompromiss zwischen Regierung und Opposition erarbeitet haben, sieht unter anderem vor, dass Janukowytsch frühzeitig zurücktritt – regulär endet seine Präsidentschaft im März 2015 – und dass spätestens bis Dezember Neuwahlen für das Amt durchzuführen sind. In den nächsten Tagen soll eine Übergangsregierung gebildet und die alte Verfassung von 2004 wiederhergestellt werden, die dem Parlament erheblich mehr Macht einräumt.[1]

Die Verhandlung hakt an dem Punkt, der die Leistung der Opposition einfordert. Die Demonstranten sollen im Gegenzug die Barrikaden auf dem Majdan abbauen und den Platz räumen. Arseni Jazenjuk weigert sich, die Bezeichnung Majdan in den Vertrag aufzunehmen. Er will den aufgeladenen Symbolbegriff, der für den monatelangen Kampf steht, nicht mit einem Wort wie »abbauen« in Verbindung bringen. Im übrigen habe Jazenjuk, erzählt Lukin aus der Erinnerung, in dieser Nacht nach dem alten sowjetischen Grundsatz verhandelt: »Was mein ist, gehört mir, lass uns über das verhandeln, was dir gehört.« Schließlich einigt sich die Runde auf ein emotional weniger aufgeladenes Wort. »Ich habe dann statt Majdan das Wort ›ploschtschad‹ vorgeschlagen, ein neutraler Ausdruck für Platz. Gemeint war allerdings das Gleiche«, beschreibt Lukin die semantische Lösung.

Gegen fünf Uhr morgens verabschieden sich die Unterhändler, um den Segen ihrer Gremien einzuholen. Um die Mittagszeit wollen sie sich wieder treffen, um das Dokument zu unterzeichnen. Lukin bittet Moskau um Weisung. Seine Empfehlung ist zu diesem Zeitpunkt, zu unterschreiben. »Er hat mich angerufen«, erinnert sich Putin, »und mir geraten zuzustimmen. Das Abkommen, das jetzt vorliege, sei die einzige Option. Seiner Meinung nach gab es keine andere Möglichkeit, das Problem, wenn überhaupt, noch friedlich zu lösen.«

Der Majdanrat, dem die Oppositionsführer das Verhandlungsergebnis im Hotel Kiew präsentieren, lehnt in einer ersten Reaktion den Vertrag ab. Erst nach einer hitzigen Diskussion stimmt die Versammlung zu. Im Parlament gehen die Abgeordneten daran, aus den Vorschlägen einen Gesetzentwurf zu machen. Unterdessen telefoniert Wladimir Putin wieder mit Wiktor Janukowytsch. Merkel und Hollande haben ihn gebeten, den ukrainischen Kollegen davon abzuhalten, in der explosiven Lage die Armee gegen die Demonstranten zu mobilisieren. »Wir hatten mehrere Gespräche an diesem Tag«, schildert Putin die Unterredungen. »Ich habe auch darüber mit ihm geredet. Seine Antwort war: Die Opposition sei zwar unterdessen teilweise bewaffnet, aber er würde die Armee nicht einsetzen. Als er schließlich den vorgezogenen Wahlen zustimmt, war mir klar, dass er damit faktisch die Macht aufgegeben hatte. Er glaubte vielleicht selbst, darüber noch an der Macht bleiben zu können. Aber das war vorbei. Jetzt ging es nur noch um eine geregelte Übergabe, um Chaos zu vermeiden.«

Die Informationen, die an diesem Freitag, dem 21. Februar, im Laufe des Vormittags in Moskau eintreffen, verheißen nichts Gutes. Die Lage gerät zusehends außer Kontrolle. Am frühen Morgen sterben wieder Dutzende von Menschen. Hunderte werden schwer verletzt. Es sind grauenvolle Bilder, die sich über Twitter und anderweitig im Internet verbreiten. Unbekannte Scharfschützen feuern in die Menge. Sie schießen nicht, um Gegner aufzuhalten. Sie schießen gezielt, um Menschen zu töten. Und es sind nicht nur Demonstranten, die umgebracht werden, sondern auch Polizisten im Einsatz. Die Lage spitzt sich zu. Bei einem Überfall auf Kasernen im Westen des Landes haben Oppositionelle Hunderte von Maschinenpistolen erbeutet. Die Waffen sollen auf dem Weg in die Hauptstadt sein, teilt der ukrainische Innenminister den westlichen Botschaftern mit, eine Nachricht, die Andrij Parubij, der Kommandant des Majdan, den Diplomaten auf Nachfrage bestätigt.

Im Kreml werten die Geheimdienstchefs und die Militärexperten im Nationalen Sicherheitsrat die Meldungen der Agenturen aus und briefen den Präsidenten. Spätestens jetzt läuft für Putin die Situation in Kiew auf einen Umsturz hinaus. Seine Befürchtung, der Vertrag sei nichts als Makulatur, wird ihm zur Gewissheit. Sonderbotschafter Wladimir Petrowitsch Lukin erhält die Anweisung, das Papier nicht zu unterzeichnen. Putin will vermeiden, für etwas in Haftung genommen zu werden, was er nach dem Stand der Ereignisse nicht mehr garantieren kann. »Außenminister Lawrow hat mich kurz vor elf angerufen und gesagt: nicht unterschreiben. Die Situation verschlechtere sich stündlich. Der Vertrag werde wohl nicht eingehalten.« Der Schlichter aus Moskau informiert den deutschen Außenminister. »Steinmeier war sehr enttäuscht, als ich ihm das sagte. Ich habe ihm aber auch erklärt, warum wir nicht unterzeichnen. Er hat mir nicht geglaubt.«

Die westlichen Außenminister, Präsident Janukowytsch und die Vertreter der Opposition unterschreiben schließlich das Abkommen. »Wir haben eine Vereinbarung erreicht, die natürlich nicht allen Vorstellungen entspricht«, sagt der deutsche Außenminister in Kiew sichtlich erschöpft, aber hoffnungsfroh vor laufenden Kameras. »Aber es war vielleicht die letzte Chance, um einen Ausweg aus der Spirale der Gewalt zu finden.« Von den dramatischen Ereignissen auf dem Majdan hat er während der Verhandlungen nicht viel mitbekommen. Dass der Vertrag nicht mehr als ein wertloses Stück Papier ist, wird er ein paar Stunden später feststellen, als er schon wieder in Deutschland ist.

Janukowytsch ruft Putin nach der Unterzeichnung ein weiteres Mal an. Die Absicht des ukrainischen Präsidenten, jetzt, nach der Einigung, die Sondertruppen des Innenministeriums abzuziehen, findet Wladimir Putin riskant. Das werde, warnt er, den Machtverlust der Regierung nur weiter beschleunigen. Er rät ab, schlägt vor, damit zu warten, bis sich die Lage beruhigt. Und auch Janukowytschs Ankündigung, er wolle Kiew verlassen und sich in die Stadt

Charkiw im Osten des Landes zurückziehen, hält er für keine gute Idee. Der ukrainische Präsident hört sich die Argumente an und entscheidet sich anders. »Er hat jaja gesagt, meine Bedenken könne er gut nachvollziehen, und dann hat er genau das Gegenteil gemacht. Er hat die Polizei abgezogen und ist nach Charkow [der russische Name für Charkiw] geflogen. Das war seine Entscheidung. Der Rest ist Geschichte, und keine gute«, lautet Putins Fazit der Gespräche mit Janukowytsch.

Die Stimmung auf dem Majdan ist an diesem Freitagabend alles andere als euphorisch, auch wenn sich der Kompromiss langsam herumspricht. Vor der Bühne sind in offenen Särgen die Toten der vergangenen 48 Stunden aufgebahrt. Die meisten sind erschossen worden. Als Vitali Klitschko und Arseni Jazenjuk auf der Bühne den Ausgang der Verhandlungen verkünden, werden sie gnadenlos ausgepfiffen und ausgebuht, weil sie sich überhaupt mit Janukowytsch an einen Tisch gesetzt haben. Wolodymyr Parasjuk, ein militanter Nationalist aus Lwiw, das in früheren Zeiten auch schon mal Lwow oder Lemberg hieß, stürmt auf die Bühne und greift sich ein Mikrophon. Er ist Kommandeur einer jener militanten Hundertschaften, die der Majdanrat während der vergangenen Wochen aus ehemaligen Soldaten für die handfeste Auseinandersetzung mit der Regierung aufgebaut hat. Er hat »mindestens vier Militärlager durchlaufen« und Schießen und Nahkampf gelernt, schreibt der *Spiegel* zu seiner Vergangenheit.[2] »Ich sage es im Namen meiner Hundertschaft«, verkündet er lautstark und unter großem Beifall. »Wenn ihr bis morgen um zehn Uhr nicht erklärt, dass Janukowytsch zurückgetreten ist, beginnen wir mit unseren Waffen den Sturm. Das schwöre ich euch.«[3] Parasjuks Ultimatum ist das Ende des

Versuchs, durch Verhandlungen weiteres Blutvergießen zu vermeiden.

Wladimir Putin führt in der Nacht weitere Krisengespräche, telefoniert eine Stunde mit Barack Obama. Er beschwört ihn, seinen Einfluss bei der ukrainischen Opposition geltend zu machen, auf dass diese den Vertrag einhalte. Auch Obama sehe in dem Plan eine Chance, verkündet das Weiße Haus nach dem Telefongespräch.[4] »Der US-Präsident hat mir damals versichert, er teile meine Meinung«, erzählt der russische Präsident, »und er würde sich für die Umsetzung des Vertrags starkmachen, damit die Lage nicht weiter eskaliere. Was daraus geworden ist, haben wir gesehen.« Die Versicherung Obamas und die konkreten Ereignisse der nächsten Stunden und Tage haben wenig miteinander zu tun.

Janukowytschs Flucht besiegelt den Umsturz. Die Macht des Regimes zerbröselt innerhalb von Stunden. Die Selbstverteidigungseinheiten des Majdan-Kommandanten Andrij Parubij besetzen am nächsten Tag, dem 22. Februar, strategisch die Innenstadt Kiews, das Parlament und den Regierungssitz und fordern den Rücktritt des Präsidenten. Stunden später stimmen 328 von 450 Abgeordneten für die Amtsenthebung Janukowytschs. Das ukrainische Militär erklärt, es werde sich aus dem politischen Konflikt heraushalten. Julija Tymoschenko ist am Abend zuvor freigelassen worden (womit die Bedingung des Westens für ein Abkommen mit der Ukraine erfüllt ist) und erklärt, sie wolle für die anstehende Präsidentenwahl kandidieren.[5] In der Ostukraine, dem einstigen Machtzentrum des gestürzten Präsidenten, formiert sich der Widerstand gegen die neuen Machthaber in Kiew. Die Ukraine steht vor dem Bürgerkrieg.

Sonderbotschafter Lukin bekommt beim Verlassen des Präsidentenpalastes in Kiew noch mit, wie die Berkut, die Polizeieinheiten des Innenministeriums, abziehen. Die Lage wird immer chaotischer. Seine Sicherheitsleute drängen darauf, dass er sich auf den Weg zum Flughafen macht.

Am nächsten Vormittag steht Wladimir Lukin, zurück in Moskau, auf dem Roten Platz, um einen weiteren Pflichttermin an diesem Wochenende zu absolvieren. Der 23. Februar ist ein Feiertag, der »Tag des Verteidigers des Vaterlandes«. Wladimir Putin legt, wie jedes Jahr, einen Kranz vor dem Grabmal des unbekannten Soldaten im Alexandergarten ab. Nach der Zeremonie bittet er den Emissär in sein Büro im zweiten Stock des Kreml. Lukin soll über seine Eindrücke vom Geschehen in Kiew berichten.

Putin ist nicht allein im Raum, auch der halbe Nationale Sicherheitsrat ist anwesend, die Chefs der Geheimdienste, der Verteidigungsminister. Sie sehen übernächtigt aus, aber alle wollen mehr über den Ablauf der Verhandlung wissen. Streitpunkte, Atmosphärisches, eine Einschätzung der Lage. »Es ist schwer zu sagen, wann genau die revolutionäre Situation eingetreten ist«, fasst Lukin seine persönlichen Beobachtungen zusammen. Janukowytsch sei auf jeden Fall nicht mehr in der Lage gewesen, die Bewegung zu stoppen oder Vereinbarungen zu treffen. »Am Schluss schwankte er nur noch zwischen Euphorie und Angst.«

Auch die Leibwache des ukrainischen Präsidenten meldet sich noch an diesem Tag im Kreml. Der Konvoi von Janukowytsch irrt in der Ostukraine umher und ist unter Beschuss geraten. Eine russische Spezialeinheit ist unterwegs, um ihn nach Russland zu eskortieren.

Für Wladimir Putin ist mit dem Sturz des ukrainischen Präsidenten endgültig eine rote Linie überschritten. Jahr für Jahr hat er davor gewarnt, russische Interessen zu ignorieren. Seit dem Beginn seiner Amtszeit im Jahr 2000 hat er die westlichen Nationen immer wieder an ihr nach dem Zusammenbruch der Sowjetunion gegebenes Versprechen erinnert, die NATO nicht weiter Richtung Osten auszudehnen. Er hat es 2001 in seiner Rede vor dem Deutschen Bundestag getan, ebenso 2007 auf der Münchner Sicherheitskonferenz oder 2008 auf der NATO-Tagung in Bukarest. Es war eine der Bedingungen, unter denen die einstige Sowjetunion der deutschen Wiedervereinigung zugestimmt hat.

Mit Barack Obama liegt Putin, wie schon zuvor mit George W. Bush, seit Jahren im Streit, weil die USA von ihrem Raketenschild in Europa nicht ablassen wollen, der angeblich gegen den Iran gerichtet ist, in seinen Augen aber in erster Linie eine Bedrohung für die Föderation darstellt, da die mit Nuklearsprengköpfen ausgestatteten Flugkörper, stationiert etwa in Rumänien oder Polen, innerhalb von Minuten auch Ziele in Russland treffen könnten. Trotz seiner vielfach geäußerten Vorbehalte habe sich das Militärbündnis längst an Russlands Grenzen festgesetzt.

In einem unserer Gespräche verweist er auf eine geschichtliche Parallele: »Sie erinnern sich an die Kubakrise und die Rede des amerikanischen Präsidenten Kennedy, als er uns mit Krieg drohte, weil wir im Kalten Krieg Raketen in der Nachbarschaft der USA stationieren wollten?« In einer dramatischen Fernsehansprache hatte der amerikanische Präsident am 22. Oktober 1962 den Kreml-Chef Nikita Chruschtschow davor gewarnt, in der Nachbarschaft der USA bei dem damaligen Verbündeten Castro Raketen aufzustellen: »Weder die Vereinigten Staaten von Amerika noch die Weltgemeinschaft der Nationen können eine bewusste Täuschung und offensive Drohungen von Seiten irgendeiner Nation – sei sie nun groß oder klein – dulden. Nukleare Waffen haben eine derartige Zerstörungskraft, und ballistische Raketen sind derart schnell, dass jede wesentlich gesteigerte Möglichkeit für ihren Einsatz oder jede plötzliche Veränderung ihrer standortmäßigen Aufstellung sehr wohl als eine definitive Bedrohung des Friedens angesehen werden.«[6] Die Militärs in Ost und West standen damals, in höchste Alarmbereitschaft versetzt, am Start zu einem dritten Weltkrieg.

Dass sich die Verhältnisse heute umgekehrt hätten und nun Russland im Visier von amerikanischen Raketen stehe, ändere, so Putin, nichts an der Stichhaltigkeit der Argumentation Kennedys. Sie gelte nach wie vor, und zwar für beide Seiten.

Er hat aus seinen Erfahrungen im internationalen Politbusiness den Schluss gezogen, dass die Vereinigten Staaten systematisch versuchen, Russland seiner historischen Einflusssphäre zu berauben. In dem weltweiten Kreuzzug Washingtons für Demokratie und Freiheit sieht er weniger eine ethische Mission als vielmehr ein probates Kampfmittel, das die USA einsetzen, um ihren geopolitischen Spielraum zu sichern und stetig auszuweiten. Beispiele, die seine Sicht stützen, fallen ihm genug ein. Er erinnert daran, wie die amerikanische Administration und westliche Nichtregierungsorganisationen in einstigen Sowjetrepubliken wie Georgien oder der Ukraine die – verständliche – Unzufriedenheit der Bevölkerung mit Slogans von Rosen- oder Oranger Revolution angeheizt hätten, um einen *regime change* zu erreichen. Er hat nicht vergessen, wie George Bush junior nach dem Umsturz in Georgien die aggressive Politik des neuen Präsidenten Saakaschwili unterstützte, sich mit Russland anzulegen, die schließlich, im August 2008, zum Krieg mit Georgien geführt habe. Und er habe bei alldem gesehen, wie Europa mehr oder minder im Gleichschritt mitmarschiert sei. Dass die Europäische Union sich ebenfalls nach Osten auszubreiten versuche, ohne die wirtschaftlichen Interessen Moskaus zu berücksichtigen, habe er gerade in der Ukraine erlebt. Nun sei die rote Linie, auf die er immer wieder hingewiesen habe, endgültig überschritten.

Nach den Ereignissen auf dem Majdan ist Wladimir Putin entschlossen, die Interessen Russlands im Alleingang zu schützen, und wird Fakten schaffen. Es geht um die russischen Landsleute auf der Krim und in der Ostukraine und um die Zukunft der Schwarzmeerflotte, die seit ewigen Zeiten auf der Halbinsel stationiert ist. Und es geht auch darum, Flagge zu zeigen.

Nach der Kranzniederlegung und Lukins Report im Kreml fliegt er am Nachmittag des 23. Februar 2014 nach Sotschi zur Abschlussfeier der Olympischen Winterspiele. Die Spiele sind letztlich der Triumph geworden, den er sich erträumt hat. Keine großen Pannen, genügend Schnee, und der Gastgeber hat die meisten Medaillen gewonnen. Trotz des peinlichen Abschneidens der Eishockey-Nationalmannschaft führt Russland die Nationenwertung an, vor Norwegen, Kanada und den USA.

»Warum fällt es so schwer anzuerkennen, dass diese Spiele gut waren?«, kommentiert die *New York Times* zum Abschluss und spricht damit indirekt an, dass es vielen Kritikern von Sotschi in den Monaten zuvor weniger um den Sport als vielmehr um politische Kampagnen gegangen ist. »Vielleicht weil ihr Erfolg auch als Symbol für die Macht und den Einfluss von Präsident Wladimir Putin steht«, schreibt die Zeitung. »Aber wären diese Spiele nicht dort abgehalten worden, hätten nicht so viele Menschen auf der Welt den Aufschrei über Russlands Anti-Homosexuellen-Gesetz – neben anderen repressiven Gesetzen – gehört. Putin hat die Spiele bekommen, und sein Land ist aufgeblüht. Dabei wurde eine weniger liebenswerte Seite von Russland bloßgestellt, was sich als der wichtigste Erfolg dieser Spiele herausstellen könnte.«[7]

Der russische Präsident steht an diesem Abend auf der Ehrentribüne, lächelt, winkt, feiert und lässt sich nicht anmerken, was er Stunden zuvor beschlossen hat. Er wird die Krim wieder nach Russland zurückholen. Die Operation ist angelaufen.[8]

Ende Februar 2014 weht auf dem Dach des Regionalparlaments der Krim die russische Flagge. Die Abgeordneten haben mit großer Mehrheit den Anschluss der Halbinsel an Russland beschlossen. Auf der Krim sind mit der Schwarzmeerflotte insgesamt 20 000 russische Soldaten stationiert. Das Abkommen über die Stationierung läuft noch bis 2042. Russische Einheiten ohne Hoheitsabzeichen besetzen den Flughafen Simferopol und umzingeln die Kasernen der ukrainischen Armee. Die ukrainischen Einheiten können wählen, ob sie überlaufen oder in Richtung Kiew abziehen wollen. Manche bleiben, andere entscheiden sich dafür, ihren Standort am Schwarzen Meer aufzugeben.[9]

In einem Referendum, das Moskau organisiert, spricht sich in den nächsten Tagen eine überwältigende Mehrheit der Bewohner für einen Anschluss an Russland aus. 93 Prozent der knapp zwei Millionen Wahlberechtigten[10] stimmen mit ja. Die Wahlbeteiligung liegt bei 80 Prozent.[11] Dass die Mehrheit der Krim für Russland und gegen die Regierung in Kiew votiert, bestätigen auch Untersuchungen des renommierten Meinungsforschungsinstituts Pew Research Center in Washington. Merkels empörte Anklage am Telefon, er habe mit der »inakzeptablen russischen Intervention auf der Krim gegen das Völkerrecht verstoßen«[12], nimmt Putin ungerührt zur Kenntnis, ebenso ihren Vorwurf, nicht beizeiten angekündigt zu haben, dass er sich die Krim sichern würde. Er erklärt der Kanzlerin kühl, die Maßnahmen, die Russland ergriffen habe, seien »vollkommen angemessen« nach dem Umsturz in Kiew. Merkel ist fassungslos, erzählen ihre Mitarbeiter.

Auch die Ankündigung Obamas, Russland werde dafür teuer bezahlen, lässt ihn kalt.[13] Am 18. März 2014 unterzeichnet Wladimir Putin in einem Festakt im Kreml den Anschluss der Krim an Russland. Die Drohungen aus Washington, ihn aus der G8-Runde der Industriestaaten zu verbannen, perlen ebenso an ihm ab wie Merkels Drohungen, Sanktionen zu verhängen. Negative Reaktionen hat er einkalkuliert. Für die amerikanischen Kriegsschiffe, die Obama ins Schwarze Meer beordert, lässt er das neueste Raketensystem »Bastion« an der Küste der Krim so aufstellen, dass es auf Fotos der US-Spionagesatelliten leicht zu erkennen ist.[14]

»Wir wurden immer betrogen, Entscheidungen wurden hinter unserem Rücken getroffen, wir wurden vor vollendete Tatsachen gestellt«, verteidigt er die Rückholaktion unter rauschendem Beifall der versammelten politischen Elite des Landes.[15] Die Übernahme verlief ohne Blutvergießen. Auf der Krim ist kein Schuss gefallen. Putins Umfragewerte steigen in Russland so hoch wie noch nie zuvor – auf über 70 Prozent.[16]

Auch Monate später hält er an seiner Überzeugung fest, dass der Westen den *regime change* in Kiew bewusst gefördert und durchgezogen hat, statt auf den ausgehandelten Vertrag zwischen der Opposition und Janukowytsch zu setzen, den auch die Außenminister Deutschlands, Frankreichs und Polens unterzeichnet haben. Er war von Anfang an skeptisch und glaubte nicht daran. Bei dem Thema redet er sich zunehmend warm. »Die Gründe, die mir Merkel, Hollande und Obama später genannt haben, warum dies alles so und nicht anders gelaufen ist, sind immer die gleichen. Die Situation sei einfach außer Kontrolle geraten, dazu habe es keine Alternative gegeben. Sie seien machtlos gewesen.« Wladimir Putin hält das für eine Ausrede. Für ihn waren die Europäer, wenn sie nicht Mittäter waren, im besten Falle Staffage für einen Umsturz, den Amerika inszeniert hat. Und selbst wenn er mit der Annahme falsch läge, argumentiert er, hätten Merkel und Hollande anschließend die Option gehabt, politisch zu intervenieren und zu sagen, dass sie den Umsturz nicht unterstützten.

»Haben sie aber nicht«, fährt er im gleichen Atemzug bei einem unserer Treffen im Frühsommer 2014 fort, »und da mir die Amerikaner mit den gleichen Argumenten kommen, frage ich sie: Warum habt ihr denn dann nicht gemeinsam reagiert? Es wäre doch sehr einfach gewesen, wenn die europäischen Botschafter mit ihrem amerikanischen Kollegen die Opposition in Kiew versammelt hätten, um ihnen zu sagen: Wir erkennen diesen Machtwechsel nicht an. Holt den Präsidenten zurück und organisiert die Wahlen wie abgesprochen auf legitime Weise. Dann hätten wir die jetzigen Konflikte nicht, und auch nicht Tausende von Toten in der Ukraine.«

Der Kampf um die Deutungshoheit darüber, ob es sich nun um eine demokratische Befreiung oder einen banalen Putsch gehandelt hat, was genau wann passiert ist und wen welche Schuld trifft, ist auch im Westen nicht beendet. Bis heute ist nicht klar, wer die Scharfschützen auf dem Majdan waren, die auf Demonstranten und Polizisten gleichermaßen geschossen haben. Dass dieses Massaker ein entscheidender Funke für den gewalttätigen Machtwechsel war, steht außer Frage. Klar ist, dass die Berkut, die Spezialeinheit des Innenministeriums, von einer Truppe namens Omega unterstützt wurde, die Scharfschützen in ihren Reihen hatte. Das räumt der einstige ukrainische Innenminister Witali Sachartschenko in einem Interview mit dem *Spiegel* ein.[17] Doch noch immer ist nicht geklärt, ob die Scharfschützen auf den Dächern rund um den Majdan von Janukowytsch oder von der Opposition angeheuert worden sind, um die Revolution anzuheizen. Oder ob möglicherweise noch eine dritte Partei mitmischte.

Ein mitgeschnittenes Telefonat zwischen Estlands Außenminister Urmas Paet und der einstigen EU-Außenbeauftragten Catherine Ashton unmittelbar nach dem Umsturz hat die Debatte weiter angekurbelt. Paet erzählt Ashton von seinem Besuch in Kiew auf dem Majdan. Eine Ärztin im Einsatz habe ihm Bilder gezeigt und erklärt, dass sowohl Demonstranten als auch Polizisten mit Geschossen des gleichen Typs umgebracht worden seien. Die Medizinerin habe ihm berichtet, »alle Indizien deuteten darauf hin, dass Menschen auf beiden rivalisierenden Seiten von ein und demselben Scharfschützen erschossen wurden«, sagte Außenminister Paet in dem Gespräch. Irritierend sei außerdem, dass die Majdan-Koalition sich weigere, die Umstände der Todesschüsse zu untersuchen, heißt es in dem abgehörten Gespräch, das im Internet kursiert und Schlagzeilen machte. Damit habe sich der Verdacht erhärtet, resümiert der lettische Außenminister seine Gespräche mit Majdan-Aktivisten, »dass hinter den Scharfschützen nicht Janukowytsch, sondern jemand aus der Koalition gestanden habe«.[18] Das lettische Außenministerium bestätigt, dass das Telefongespräch stattgefunden hat, mag aber sonst wenig dazu sagen.

Die Zweifel an der Version der neuen Führung, bei den Toten handle es sich ausschließlich um Mord- und Totschlagopfer der gestürzten Regierung, haben sich nicht gelegt. Dass die Majdan-Kämpfer bewaffnet waren, beweisen Videoaufnahmen. Der Führer des Rechten Sektors Dmitri Jarosch, der mit seinen Kämpfern eng mit dem Majdan-Kommandanten Andrij Parubij zusammenarbeitete, »ließ seit Januar seine Kameraden auf die Polizei schießen und trug so maßgeblich zur blutigen Eskalation bei«, schreibt der *Spiegel*.[19] Und der Europarat, der eine Kommission beauftragt hat, die Todesschüsse auf dem Majdan aufzuklären, übt scharfe Kritik an den Ermittlungen der ukrainischen Justiz, spricht von »Obstruktion« und »Mangel an Unabhängigkeit«.[20]

21 Krieg und Frieden

Wie Tausende von Toten die Verhandlungen
von Minsk erzwangen

Eine Einladung zum Spaziergang bei leichtem Regen und milden Spätsommertemperaturen am Ufer des Amur, September 2014, nicht weit von Blagoweschtschensk. Die russische Stadt an dem Grenzfluss zu China liegt acht Flugstunden von Moskau entfernt. Die Leibwächter auf dem Gelände des staatlichen Gästehauses halten hinter uns diskret Distanz. Wladimir Putin braucht Bewegung, er ist in dieser Woche auf einer routinemäßigen Tour d'horizon durch die Weiten des Landes, mit einem Abstecher nach Ulan Bator, der Hauptstadt der Mongolei.

Zum Auftakt sind wir bei der Judoweltmeisterschaft in Tscheljabinsk im Ural, einem Pflichttermin für den russischen Präsidenten. Er ist Ehrenvorsitzender des internationalen Judoverbandes und außerdem Schwarzgurtträger. In der umgebauten Eissportarena namens Traktor läuft es nicht schlecht für die Gastgeber. Die russische Männermannschaft schafft es mit einem klaren Sieg gegen Deutschland ins Finale, verliert allerdings gegen Altmeister Japan, die Deutschen gewinnen Bronze. Putins Interesse konzentriert sich auf die russische Hoffnung, auf Olympiasieger Tagir Chaibulajew. Er ist Fan des berühmten Judoka, hat mit ihm durchaus auch schon mal ein lockeres Randori absolviert, wie die Trainingseinheiten unter Freunden japanischer Kampfkünste heißen. Bei den Olympischen Spielen in London 2012 saß er mit Premierminister Cameron am Mattenrand, als der Landsmann die Goldmedaille gewann. In Tscheljabinsk scheitert Chaibulajew allerdings im Halbfinale des Einzelwettbewerbs an einem Deutschen. Mit dem Weltmeistertitel im eigenen Land wird es nichts.

Stunden später hebt die Präsidentenmaschine ab nach Sibirien. Eigentlich ein Routinetermin, der unverhofft politische Symbolkraft bekommen hat. In der Nähe von Irkutsk eröffnet Putin den Streckenabschnitt der Sila Sibiri, einer neuen Gaspipeline nach China. Seit Beginn der Ukrainekrise hat die wirtschaftliche Kooperation mit China an Bedeutung gewonnen. Russland und das Reich der Mitte haben für die nächsten Jahrzehnte einen Vertrag über Gaslieferungen in einer Größenordnung von 400 Milliarden Dollar abgeschlossen, und auch sonst intensiviert Russland die Beziehungen mit China.

Und nun ist der Tross des Kreml am Amur gelandet. Der Präsident will vor Ort inspizieren, ob die Behörden die vor einem Jahr durch Wirbelstürme und Überschwemmungen angerichteten Schäden in den Griff bekommen haben oder ob nur potemkinsche Dörfer entstanden sind. Es ist eine Mischung aus persönlicher Fürsorge und politischer PR, die ihn regelmäßig durch das riesige Reich fliegen lässt, um auch Tausende von Kilometern entfernt der Bevölkerung zu versichern, dass sich der Präsident, so weit der Kreml auch weg ist, um sie kümmert.

Hinter den Kulissen des Alltagsgeschäfts laufen in diesen Tagen intensive Verhandlungen über einen möglichen Waffenstillstand zwischen Kiew und dem Osten der Ukraine. Verteidigungsminister Schoigu und Generalstabschef Waleri Gerassimow halten ihn über die militärischen Gefechte in der Region auf dem laufenden. Nach dem Umsturz in Kiew im Februar haben sich im Osten des Landes Donezk und Luhansk für unabhängig erklärt, und seither versucht die ukrainische Armee, die abtrünnigen Volksrepubliken mit »Antiterror-Aktionen«[1] zurückzuerobern. Die ukrainische Armee hat auf einen schnellen Sieg gesetzt und dabei sowohl den Gegner als auch die Bereitschaft Russlands unterschätzt, die Separatisten zu unterstützen.

In den vergangenen Tagen haben die Aufständischen die Einheiten der ukrainischen Armee in der Nähe der Stadt Ilowajsk im Gebiet Donezk eingekesselt. Die Lage ist hoffnungslos, und deswegen hat der ukrainische Präsident Petro Poroschenko Wladimir Putin wiederholt angerufen. Poroschenko will verhandeln, Bedingungen für einen Rückzug seiner Soldaten aushandeln. »Ich hatte versucht, Petro Poroschenko die Wiederaufnahme der Kämpfe im Osten der Ukraine auszureden, nachdem er an die Macht gekommen war«, erzählt Putin nach den ersten Metern im Nieselregen, »aber es ist mir nicht gelungen, er konnte wohl auch nicht anders.«

Der ukrainische Oligarch Poroschenko, dessen populärer Fernsehsender *Kanal 5* wochenlang live auf der Seite der Demonstranten vom Majdan berichtete, ist der vorläufige Sieger nach dem Umsturz in Kiew. Er hat den internen Machtpoker dank seiner Milliarden und seiner Medienmacht als offizielle Nummer eins im Staat gewonnen, nachdem Wiktor Janukowytsch ins Exil nach Russland geflüchtet ist. Bei den anschließenden Wahlen im Mai 2014 gewinnt Poroschenko mit großem Vorsprung gegen Julija Tymoschenko[2], jene Frau, von deren Freilassung die EU und Angela Merkel das Schicksal der Ukraine abhängig gemacht haben. Die Symbolfigur des Westens kommt lediglich auf 12 Prozent der Stimmen. Arseni Jazenjuk, der Favorit der USA, wird Premierminister, und Vitali Klitschko, der Kandidat der deutschen Bundesregierung, darf Bürgermeister von Kiew werden.

Kurz vor seiner Rundreise durch Russland hat Putin Poroschenko getroffen und zum ersten Mal länger unter vier Augen mit ihm gesprochen. Am Rande des Gipfeltreffens der Eurasischen Union in Minsk macht Wladimir Putin dem neuen Kollegen klar, dass Russland die Separatisten im Osten des Landes nicht fallenlassen wird. Er fordert Autonomierechte für die Region, in der vorrangig russisch gesprochen wird. Poroschenkos Forderung, die russische Grenze dichtzumachen, um Hilfe für die Aufständischen zu stoppen, lehnt er kategorisch ab. Während wir uns die Füße vertreten, erzählt er, ihm sei es wichtig gewesen, Poroschenko unmissverständlich auf etwas hinzuweisen, das er zuvor auch Merkel und Hollande als nicht verhandelbar erklärt hat: Russland wird nicht zulassen, dass Kiew die Aufständischen militärisch vernichtet, bevor es überhaupt zu direkten Verhandlungen über deren Forderung nach mehr Unabhängigkeit gekommen ist. Poroschenko hält dagegen. Er werde über politische Zugeständnisse erst reden, wenn die Separatisten vollständig entwaffnet sind, und kündigt weitere militärische Einsätze an, woraufhin Putin ihn warnt, dass dies nur sinnloses Blutvergießen sei. Die Antwort Poroschenkos fällt knapp aus: Er habe keine andere Wahl, als zu kämpfen. Die Kontrahenten sind sich nur darin einig, dass sie sich nicht einig sind. Das war der Stand bis vor wenigen Tagen. Jetzt hat die Realität auf dem Schlachtfeld die Bereitschaft zu Verhandlungen beschleunigt.

Petro Poroschenko kämpft an vielen Fronten, er steht auch unter innenpolitischem Druck. Ministerpräsident Arseni Jazenjuk hat Verhandlungen über einen Waffenstillstand schon im Vorfeld des Minsker Treffens abgelehnt, spricht davon, dass man die Revolution nicht verraten dürfe. Oleksandr Turtschynow, in dieser Zeit Präsident der Werchowna Rada, des Parlaments in Kiew, schließt diplomatische Lösungen resolut aus: »Nur die ukrainische Armee ist in der Lage, diesen Krieg zu beenden.«[3] Die neuen Herren treibt die Erkenntnis, dass die Ukraine vor einem massiven Problem steht. Die durch die Februarrevolution geweckte Erwartungshaltung hat mit der Wirklichkeit wenig zu tun. Das Land ist militärisch und politisch am Limit. Den Erwartungsdruck, den Poroschenko bedienen muss, um politisch zu überleben, ganz unabhängig von seiner persönlichen Haltung, ist überlebensgroß. Wenn es keine schnelle militärische Lösung gibt und die Armee, die sich in einem desolaten Zustand befindet, klein beigibt, wird bald die Frage auftauchen, wozu die vielen Opfer gut waren. Auch in Zeiten des Krieges herrscht Wahlkampfgetöse. Bald soll ein neues Parlament gewählt werden.

»Ich habe Poroschenko gesagt, dass er den Konflikt militärisch nicht gewinnen kann«, fasst Wladimir Putin die Anrufe der letzten Tage auf der kleinen Wanderung zusammen, während ihm die Regentropfen über das Gesicht laufen. »Es kann nur eine Verhandlungslösung geben.« Die Telefongespräche drehen sich bald darum, unter welchen Bedingungen sich die ukrainischen Truppen aus der Einkesselung in Ilowajsk lösen können. Nach anfänglichen Geländegewinnen haben auch die militärischen Berater Poroschenkos die Erkenntnis der NATO akzeptiert, dass »der Konflikt für Kiew bereits verloren« sei, wie der *Spiegel* die Einschätzung beschreibt. Der ukrainische Präsident will zumindest erreichen, dass Putin für die geschlagenen Soldaten einen »ehrenvollen Abzug« inklusive schwerer Waffen vermittelt. Nach Rücksprache mit der militärischen Führung macht Wladimir Putin beim nächsten Anruf ein Angebot. Ehrenvoller Rückzug ja, aber nur mit Maschinenpistole im Gepäck, ohne schwere Waffen.

»Poroschenko hat zugestimmt«, beschreibt Putin die Abmachung mit dem ukrainischen Präsidenten, »aber die Truppen haben sich nicht daran gehalten und entgegen der Absprache mit den schweren Waffen einen gewaltsamen Ausbruchsversuch gestartet. Ihre Verluste sind hoch. Es war absolut unnötig.« Wladimir Putin kann die Entscheidung der gegnerischen Kommandeure, die eigenen Leute als Kanonenfutter zu opfern, angesichts der ausweglosen Lage nicht nachvollziehen. »Es gibt eine militärische Logik«, sagt er und macht keinen Hehl daraus, dass er die Eskalation für zynisch und unprofessionell hält. »Der Westen wird deswegen nicht militärisch einschreiten, und alle wissen das.« Ein Teil der ukrainischen Truppen sind Freiwilligenbataillone. Sie heißen Donbass, Dnjepr oder Asow, unterstehen offiziell dem Innenministerium, operieren als ukrainische Nationalgarde auf eigene Faust und gelten als ultrarechte Nationalisten, die auch gern das Hakenkreuz als Kampfsymbol verwenden.[4]

Der Regen hat während des Spaziergangs zugenommen. Die Bodyguards reichen Schirme. Wir machen uns auf den Rückweg, und Putin erzählt das Ende der Episode. Poroschenko habe noch einmal angerufen, und dann sei tatsächlich die Abmachung eingehalten worden. Die meisten der schweren Waffen habe die Truppe selbst vernichtet, bevor sie abgezogen sei. »Wir haben in den letzten Tagen ständig darüber telefoniert, wie wir dieses sinnlose Blutvergießen stoppen können, dass wir eine friedliche Lösung finden müssen.«

Auf meine Frage an diesem Abend, ob es denn zutreffe, was die Zeitungen gerade online schreiben, er habe im Gespräch mit EU-Präsident Barroso gedroht, russische Truppen könnten innerhalb von zwei Wochen in Kiew sein, reagiert Wladimir Putin emotional. »So ein Idiot«, platzt es aus ihm heraus, bevor er sich wieder fängt und ungläubig nachfragt: »Hat er das wirklich gesagt?« Die Meldung stammt von der italienischen Tageszeitung *La Repubblica* und hat sich in den vergangenen Stunden wie ein Lauffeuer in den deutschen Leitmedien verbreitet.[5] Der scheidende Kommissionspräsident und bekennende Putin-Gegner soll den Regierungschefs auf dem EU-Gipfel Ende August berichtet haben, der russische Präsident habe ihm in einem Telefonat gedroht: »Wenn ich will, kann ich Kiew in zwei Wochen einnehmen.«

Für Putin fällt Barrosos Statement in die Kategorie psychologische Kriegsführung. »Ich habe Barroso eben genau dies als klares Anzeichen dafür genannt, dass wir keine Absichten haben und hatten, in Kiew einzumarschieren«, weist er die Beschuldigung zurück. »Es war genau das Gegenteil davon.« Er will die Behauptung so nicht stehen lassen, deutet er nach einem Moment des Überlegens an. »Wenn es nicht anders geht, dann müssen wir eben das ganze Gespräch veröffentlichen, um die Missverständnisse aufzuklären, sofern es denn welche waren. Das Gespräch ist ja aufgezeichnet worden.« Zwei Stunden nach dem Spaziergang gibt Juri Ukaschow, der außenpolitische Berater des Präsidenten, den Nachrichtenagenturen ein kurzes Statement zu Barrosos Behauptung. »Es [das Zitat] wurde aus dem Zusammenhang gerissen und hatte eine völlig andere Bedeutung.«[6] Und der russische Botschafter bei der EU, Wladimir Tschischow, reicht einen Brief mit der Ankündigung nach, dass der Kreml das Gespräch binnen 48 Stunden veröffentlichen werde, falls Barroso die Aussage nicht korrigiere.[7]

Pia Ahrenkilde Hansen, die Sprecherin von EU-Präsident Barroso, wird 24 Stunden später in Brüssel gegenüber dem *Wall Street Journal* erklären, die in einem vertraulichen Gespräch gefallene Bemerkung sei bedauerlicherweise »aus dem Zusammenhang gerissen« worden. Brüssel lege Wert darauf, die Affäre auf diplomatischem Wege zu lösen.[8] Zwei Wochen später veröffentlicht die *Süddeutsche Zeitung* erneut ein angebliches Zitat Putins, dem zufolge sich der russische Präsident brüste, er könne mit seinen Truppen nicht etwa erst in zwei Wochen, sondern schon in zwei Tagen in Kiew sein und gleichzeitig auch noch in Riga, Vilnius, Tallinn, Warschau und Bukarest. Der Brüsseler Korrespondent der *Süddeutschen Zeitung* gibt Poroschenko als Quelle an, der es wiederum Barroso erzählt haben soll.[9] Petro Poroschenko muss sich in ein paar Tagen vorgezogenen Parlamentswahlen stellen, Konkurrent Ministerpräsident Arseni Jazenjuk hat eine eigene Liste gegründet und die Tonlage mit martialischen Durchhalteparolen weiter verschärft. Von dem früheren Dementi aus dem Büro des EU-Präsidenten Barroso ist nichts in den deutschen Medien zu lesen. Der publizistische Stellungskrieg geht weiter.

Die verlorene Schlacht um Ilowajsk zwingt Poroschenko zum Handeln. In Kiew wächst die Kritik, Angehörige der Gefallenen protestieren öffentlich dagegen, wie Militär und Politik ihre Soldaten und Freiwillige in einem aussichtslosen Feldzug verheizen. Als der ukrainische Verteidigungsminister Waleri Geletej nach dem Debakel noch öffentlich zum Besten gibt, der Flughafen in Lugansk sei wohl mit atomaren Gefechtsköpfen aus Russland beschossen worden, feuert ihn Poroschenko.[10] Geletej ist bereits der dritte Verteidigungsminister in den wenigen Monaten der neuen Regierung, der seinen Hut nehmen muss. Nach der militärischen Niederlage erklärt sich Poroschenko zu einem möglichen Waffenstillstand bereit.

Einen Tag nach dem Spaziergang am Amur präsentiert Wladimir Putin in der VIP Lounge des Flughafens Ulan Bator in der Inneren Mongolei den zusammengetrommelten Journalisten einen Sieben-Punkte-Plan, der als Grundlage für die Gespräche in Minsk dienen soll. Der erste Schritt ist eine Waffenruhe in den umkämpften Gebieten von Donezk und Luhansk und die Forderung nach einer internationalen Kontrolle, die darüber wacht, dass die Feuerpause eingehalten wird. Barack Obama ist am Tag zuvor in Estland eingetroffen und versichert den drei baltischen Staaten Litauen, Estland und Lettland die Solidarität der USA. »Das Vorgehen Russlands und russischer Separatisten in der Ukraine ruft Erinnerungen an finstere Machenschaften in Europas Vergangenheit wach, die längst Geschichte sein sollten.«[11] Er versichert den Staaten noch einmal, was seit Jahren selbstverständlich ist: Im Falle eines russischen Angriffs käme die NATO zu Hilfe.

Aus Kiew trifft eine erste ablehnende Antwort des Premiers Jazenjuk auf die Absicht der Präsidenten Putin und

Poroschenko ein, über eine Waffenruhe zu verhandeln. Der Vorschlag sei ein Plan »zur Vernichtung der Ukraine und zur Wiederherstellung der Sowjetunion«.[12] Jazenjuk hatte bereits seinen Plan angekündigt, eine 2000 Kilometer lange Mauer mit Stacheldraht und Minen an der Ostgrenze des Landes zu Russland zu errichten. Wie und mit welchen Mitteln, sagt er nicht. Präsident Poroschenko äußert sich moderater, nimmt Putins Vorschlag zur Kenntnis. Sieben Monate nachdem der jahrelange Konflikt um die Ukraine im Februar auf dem Majdan in eine tragische Spirale militärischer Gewalt mit Tausenden Todesopfern geraten ist, geht es zum ersten Mal konkret darum, ob sich weiteres Blutvergießen vermeiden lässt und welche politischen Kosten dafür zu zahlen sind.

Eine Kontaktgruppe, die aus ukrainischen und russischen Vertretern, Separatisten und Repräsentanten der Organisation für Sicherheit und Zusammenarbeit in Europa (OSZE) besteht, trifft sich auf neutralem Boden im weißrussischen Minsk und lotet aus, was geht und was nicht. Das Treffen ist trotz Poroschenkos und Putins Absichtserklärungen nicht mehr als ein Spiegelbild gegenseitiger Wut und Frustration. Ein Anfang, weil es irgendwie nicht anders geht – aber auch nicht mehr. Das Protokoll, das die Teilnehmer am 5. September 2014 unterzeichnen und die OSZE anschließend veröffentlicht, ist durchaus anspruchsvoll, es enthält dreizehn Beschlüsse, wie der Krise beizukommen wäre. Dazu zählen ein Waffenstillstand und Gefangenenaustausch, die Bereitschaft, den Volksrepubliken Luhansk und Donezk eine Selbstverwaltung zuzugestehen, und die Vereinbarung, dass schwere Waffen nur außerhalb eines breiten Schutzkorridors stationiert werden dürfen.[13]

Ein erster Versuchsballon, das Personal kommt aus der zweiten Reihe. Unterzeichner sind die OSZE-Gesandte Heidi Tagliavini, der ehemalige ukrainische Präsident Leonid Kutschma, der russische Botschafter in der Ukraine, Michail Surabow, sowie die Separatistenführer Alexander Sachartschenko und Igor Plotnizki. Keine Politiker der ersten Garnitur, die ihr Gesicht verlieren könnten. Die Wunden, die der gewalttätige Umsturz vor einem halben Jahr geschlagen hat, sind noch zu frisch.

Die Nachrichten, die aus der Ukraine kommen, werden in den darauffolgenden Wochen wieder schlechter. Von einer konsequenten Umsetzung des Abkommens kann keine Rede sein. Den Separatisten gelingen weitere Geländegewinne, der Westen verhängt schärfere Sanktionen, und aus den USA kommen ruppige Töne.

Präsident Obama beklagt, die Separatisten bekämen »russische Unterstützung, russisches Gerät, russisches Geld, russisches Training und russische Truppen«.[14] Gleichzeitig schlagen die drei führenden Thinktanks des Landes – das Atlantic Council, das Brookings Institute und das Chicago Council on Global Affairs – mit einem gemeinsamen Aufruf in die gleiche Kerbe und fordern, jetzt Kiew endlich schwere Waffen zu liefern. Die Logik der Experten – ehemalige Verteidigungspolitiker, Militärs und US-Botschafter aus dem NATO-Umfeld – ist schlicht: Russland soll mit Gewalt gezwungen werden, dem Westen weiter entgegenzukommen.

»Eine Aufrüstung der ukrainischen Armee würde es ermöglichen, so der Ansatz, mehr Aufständische und russische Soldaten zu töten, die wiederum einen politischen Rückschlag in Russland erzeugen und so den russischen Präsidenten an den Verhandlungstisch zwingen sollen«, schreiben Fiona Hill und ihr Kollege Clifford Gaddy vom Brookings Institute in der *Washington Post* und kritisieren den Vorschlag ihrer Kollegen heftig. Er sei nichts anderes als ein Rezept für weitere Eskalation. Die beiden sind ausgewiesene Kenner der Materie und haben mit ihrem Buch *Mr. Putin: Operative in the Kremlin* das Standardwerk zur russischen Politik der vergangenen Jahre vorgelegt. »Wenn wir dem Vorschlag folgen, wird nicht nur die Ukraine in den Strudel eines militärischen Konflikts mit Russland geraten.« Berlin würde da nicht mitspielen. Und der russische Präsident auch nicht. »Putin würde dann annehmen, jeder weitere Kompromiss werde den Westen nur dazu ermutigen, noch höher zu reizen.«[15]

Angela Merkel und François Hollande haben sich darauf verständigt, wegen der gespannten Lage einen frischen Anlauf zu erneuten Verhandlungen zu nehmen. Beide werden deswegen nach Moskau fahren und mit Wladimir Putin über mögliche Lösungen des festgefahrenen Konflikts diskutieren. Dann soll in Minsk ein weiteres Treffen stattfinden. Diesmal in hochkarätiger Besetzung. Neben dem Duo aus Europa sollen erstmals der russische und der ukrainische Präsident dabei sein. Nur die Separatisten nicht, fordert Poroschenko und sperrt sich dagegen, sie als gleichwertige Verhandlungspartner zu akzeptieren. Er will zu Hause den Eindruck vermeiden, er würde sich mit dem Status quo arrangieren.

Auf der Münchner Sicherheitskonferenz Anfang Februar 2015 prallen die unterschiedlichen Vorstellungen Deutschlands und der USA zum ersten Mal öffentlich aufeinander. Es ist wohl kein Zufall, dass die amerikanischen Medien rechtzeitig zum Auftakt des Treffens mit einer dubiosen Meldung Schlagzeilen machen, die erklären soll, warum

Putin so unnachgiebig auftrete. Putin sei ein Autist, habe einen neurologischen Defekt und leide unter dem Asperger-Syndrom, lautet die Diagnose. »Eine autistische Fehlfunktion, die alle Entscheidungen beeinflusst«, zitiert die Zeitung *USA Today* aus einem vertraulichen Dossier, »weil seine neurologische Entwicklung während der Kindheit ernsthaft unterbrochen war.«[16] Die Autoren der schon 2008 im Auftrag des Pentagon erstellten Studie weisen allerdings einschränkend darauf hin, dass es ihnen nicht gelungen sei, Putins Gehirn zu scannen. Stattdessen hätten sie leider mit normalen Videobildern des russischen Präsidenten aus dem Fernsehen vorliebnehmen müssen.

Victoria Nuland, Staatssekretärin im US-Außenministerium, instruiert das Corps der US-Diplomaten, Senatoren und Generäle zu Beginn des Kongresses im sechsten Stock des Bayerischen Hofes in München, wie die amerikanische Delegation auftreten solle, um den Deutschen ordentlich Druck zu machen. Von Merkels Reise zu Putin hält sie wenig, nennt es »Merkels Moskau-Zeug«. Es ist die *Bild*-Zeitung, die in großem Stil über das Treffen schreibt: »Was US-Politiker wirklich über die Deutschen in der Ukraine-Krise denken«. Diktatoren wie Putin würden sich »von ihrem brutalen Benehmen nicht abbringen lassen, wenn man zu ihnen nach Moskau fliegt«, kritisiert John McCain die angeblich zu sanftmütige Haltung der Bundeskanzlerin. Für andere ist die Verteidigungsministerin Ursula von der Leyen eine »deutsche Defätistin«. Nuland fordert die US-Politiker auf, gemeinsam Flagge zu zeigen. »Wir können gegen die Europäer kämpfen, rhetorisch gegen sie kämpfen.« Und um zu zeigen, wie das geht, versorgt sie die US-Mannschaft auch gleich mit wertvollen Tipps und Tricks für den Einsatz verbaler Waffen. »Ich möchte Sie inständig bitten, das Wort *Defensivsysteme* zu nutzen, die wir gegen *Putins Offensivsysteme* liefern würden«, zitiert die *Bild*-Zeitung eine ihrer sprachstrategischen Empfehlungen.[17]

Für Angela Merkel ist die Missionarsoffensive aus Washington eine neue Erfahrung. Als die Kanzlerin am nächsten Tag ans Rednerpult tritt, wird sie für ihre Verhältnisse sehr deutlich. Einen Tag nach ihrem Treffen mit Wladimir Putin in Moskau sagt sie im vollbesetzten Konferenzraum den Amerikanern: »Das Problem ist, dass ich mir keine Situation vorstellen kann, in der eine verbesserte Ausrüstung der ukrainischen Armee dazu führt, dass Präsident Putin so beeindruckt ist, dass er glaubt, militärisch zu verlieren.«[18] Sie lehnt Waffenlieferungen an die Ukraine ab. Vorerst zumindest.

In dem nächtlichen Verhandlungsmarathon verständigen sich am Ende die Konfliktparteien auf einen 13-Punkte-Plan, der in der Ostukraine Frieden bringen soll.[19] Viele der vereinbarten Schritte sind nicht neu: Gefangenenaustausch, Waffenruhe, Pufferzonen oder Rückzug der ukrainischen Armee. Doch die Aufständischen haben sich von der Forderung verabschiedet, sich von der Ukraine abzuspalten. Jetzt geht es um Autonomie. Und um die exakten Grenzen für die Region. Während der Nacht liefern sich die Gegner noch heftige Kämpfe um Debalzewe, und es steht wieder nicht gut um die ukrainischen Truppen. Debalzewe ist zwar nur eine Kleinstadt, aber ein wichtiger Verkehrsknotenpunkt. Hier kreuzen sich die beiden für den Osten der Ukraine besonders wichtigen Fernstraßen – und eine davon ist die M4 zwischen den beiden Hochburgen der Separatisten, Donezk und Luhansk. Es ist eine ähnliche Situation wie schon bei Minsk I. Die ukrainischen

Truppen sind eingekesselt. Sie werden einen erfolgreichen Ausbruchsversuch unternehmen und dabei hohe Verluste erleiden.

Erkenntnis und Interesse

Juni 2015, ein warmer Sommerabend in Moskau. Vier Monate nach Minsk II bin ich ein weiteres Mal mit dem russischen Präsidenten verabredet. Es wird wie gewohnt später. Der nächste Tag ist der »Tag Russlands«, ein Feiertag, für viele in der Hauptstadt Gelegenheit zu einem verlängerten Wochenende auf einer Datscha vor den Toren der Stadt. Auch Wladimir Putin hat ein paar offizielle Termine weniger in Nowo-Ogarjowo und trifft sich mit seinen beiden Töchtern zum Essen in der Residenz.

An diesem Abend lässt er die Ereignisse der vergangenen Monate noch einmal Revue passieren – auch die Reaktion des Westens, der offiziell fassungslos die geopolitischen Interessen Russlands als überholte Politik des 19. Jahrhunderts abqualifiziert und gleichzeitig in Putins Augen mit dem ehernen Anspruch moralischer Überlegenheit genau das Gleiche tut. Er redet über die verschärften wirtschaftlichen Sanktionen gegen Russland, die durchaus schmerzhaft sind, aber auch Europa treffen.

Die direkten Verhandlungen zwischen Kiew und der Ostukraine verlaufen zäh. Die Durchhalteparolen Kiews sind aus seiner Sicht sinnlos, weil die Ukraine auf Dauer den Konflikt mit Russland weder militärisch noch ökonomisch gewinnen kann. Auch wenn der Internationale Währungsfonds, die Europäische Union und die USA die Regierung in Kiew sponsern, der Unmut der Bevölkerung, sagt er, wachse trotzdem, und mit jedem Kriegstag stiegen auch die Kosten.

Merkel und Hollande, fährt er fort, erklärten ihm nach wie vor öffentlich, dass es sich bei den Aufständischen um prorussische Separatisten handle. »Nehmen Sie Einfluss, machen Sie dieses, machen Sie das so und so«, erinnert er sich an die ständigen Ermahnungen. Er sieht in der Aufforderung, anstelle der Aufständischen, die Kiew als Verhandlungspartner ignoriert, müsse *er* verhandeln, nichts anderes als den Versuch, ihn prinzipiell zum Sündenbock zu stempeln. »Ich bin nicht ukrainischer Staatsbürger. Ich frage immer zurück: Was machen Sie denn, um auf Ihre Klientel in Kiew Einfluss zu nehmen? Und warum sind Sie eigentlich ausschließlich auf deren Seite?«

Bei aller Abgrenzung lobt er schließlich Merkel und Hollande, die in dieser Nacht in Minsk verstanden hätten, dass es auch ihr Scheitern wäre, wenn es zu keinem Ergebnis käme. Wie sie sich beispielsweise einschalteten, als es darum ging, den Begriff Autonomie aufzuschlüsseln, den Poroschenko ablehnte, und wie beide sich für eine Verfassungsänderung starkmachten, die den Gebieten in der Ostukraine tatsächlich auch eine Eigenständigkeit gibt. Kiew bestand auf dem Begriff Dezentralisierung statt Autonomie. Es ging prinzipiell um das Recht der russischen Bevölkerung in der Ukraine, ihre Muttersprache zu sprechen und die eigene nationale Identität zu fördern. Um grenzüberschreitenden Handel mit der russischen Föderation und um Kommunalwahlen. Nichts, was über normale Rechte für nationale Minderheiten in Europa hinausginge. »Es waren Merkel und Hollande, die bei dem Streit um das richtige Wort die Bedeutung des Begriffs während der Verhandlungen dechiffriert und gesagt haben, wie sie den Begriff Dezentralisierung verstehen, und wir haben dem am Schluss zugestimmt«, beschreibt Putin die Klippen der nächtlichen Verhandlungen. »Und wir haben auf die Donbass-Vertreter eingeredet, dem zuzustimmen. Sie waren ja nicht im Raum, weil Kiew nicht direkt mit ihnen reden will. Aber der Text wurde mit ihnen abgestimmt.«

Für Putin ist die Gefahr des Scheiterns so lange nicht vom Tisch, bis Kiew anerkennt, dass die Vertreter der Ostukraine gleichwertige Gesprächspartner sind. Und von dieser Forderung werde er nicht abrücken. Der Umweg über Vermittler gehe nur eine bestimmte Zeit. Tragbare Kompromisse sollten von den Kontrahenten direkt ausgehandelt werden, denn sie müssten schließlich damit leben, argumentiert er.

Dass Poroschenko beschlossen hat, die wirtschaftlichen Beziehungen zu dem Gebiet abzubrechen, keine Renten mehr auszuzahlen, die Sozialleistungen und das Bankensystem zu kappen, hält er für eine Bestrafung der eigenen Bürger, die sich für die Ukraine nur kontraproduktiv auswirken kann. »Es wird ein langer Weg«, sagt er zum Abschluss. Er hat auch zugestimmt, dass die Grenze vom Donbass nach Russland irgendwann aus Gründen der nationalen Souveränität in der Ostukraine von ukrainischen Soldaten kontrolliert werden soll. »Ich habe aber auch zu Protokoll gegeben, dass dies nicht am Anfang des Friedensprozesses steht, sondern der letzte Schritt auf dem Weg dahin ist. Wir werden nicht zulassen, dass die Menschen in der Ostukraine eingekesselt und vernichtet werden.«

Wladimir Putin meint, was er sagt. Daran lässt er an diesem Abend keinen Zweifel.

Der kalte Frieden

Ein Epilog

St. Petersburg, 21. Juni 2015. Vor dem Winterpalast montieren Bauarbeiter eine Bühne für das Konzert an diesem Abend. Die kürzeste Nacht des Jahres ist der Höhepunkt der Weißen Nächte und lockt auch diesmal zahllose Touristen an die Newa. Und wie jedes Jahr hat die Stadtverwaltung die Schüler, die gerade ihren Abschluss gemacht haben, dazu eingeladen, das Ereignis als Ehrengäste auf dem Schlossplatz gebührend zu feiern. Später, um Mitternacht, wird ein Schiff mit leuchtend purpurroten Segeln den Fluss entlangfahren. Am Ufer der Newa werden Tausende das Spektakel bewundern. Der Dreimaster ist ein Symbol der Hoffnung, das auf die Novelle *Das Purpursegel* des russischen Schriftstellers Alexander Grin aus dem Jahr 1923 zurückgeht. Es ist die Geschichte eines armen Mädchens, das davon träumt, von einem Prinzen auf einem Segelschiff mit roten Segeln entführt zu werden, und der Traum geht in dem Märchen auch in Erfüllung.

Der extra für die Schulabsolventen reservierte Platz vor dem Winterpalast, dem einstigen Zarensitz, hat eine lange

Tradition. 1905 marschierten hier über 100 000 Arbeiter nach einem Generalstreik unter der Führung des orthodoxen Priesters Georgi Gapon auf, um Zar Nikolaus II. mit einer Bittschrift auf ihre miserable Situation aufmerksam zu machen. Doch der empfing sie nicht, sondern ließ das Feuer auf die Demonstranten eröffnen. Die blutige Prozession war gewissermaßen die Generalprobe für die Oktoberrevolution 1917, den Sturm auf den Winterpalast – und der Anfang vom Ende der Zarendynastie.

Wladimir Putin ist in dieser Woche auf Dienstreise in seiner Heimatstadt. Anders als im vergangenen Jahr kommen wieder Hunderte von Managern internationaler Firmen zum Petersburger Wirtschaftsforum, dem russischen Pendant des Weltwirtschaftsforums in Davos. Selbst aus den USA macht sich der eine oder andere Vorstandsvorsitzende auf den Weg nach St. Petersburg. Zwar haben die Sanktionen Russland getroffen, erklärt Putin der versammelten Wirtschaftselite, aber Russland komme damit zurecht; er demonstriert beharrlich Zuversicht. Sein einstiger Finanzminister Alexej Kudrin hat auf der Veranstaltung den Part des Schwarzsehers übernommen und warnt im Gegenzug ebenso beharrlich vor dem Optimismus Putins. »Wir haben eine vollwertige Krise«, konstatiert er. »Bis zum Ende des Jahres werden die Wirtschaftsdaten schlechter.«[1]

Die wirtschaftliche Situation hat eine alte Debatte wiederbelebt. Putin schätzt die analytischen Fähigkeiten seines Freundes, von dessen politischen Ratschlägen war er allerdings schon in der Vergangenheit nicht überzeugt. Aber er räumt ein, dass nicht nur Kudrin soziale Kürzungen fordert. Auch in Teilen der Regierung sei die Idee populär. Die interne Diskussion in der Regierung über Sozialleistungen ist ein Dauerthema, das den Kreml-Chef seit Beginn seiner

Amtszeit immer wieder beschäftigt. Die Beliebtheitswerte des Präsidenten seien so hoch, heißt es seit einigen Monaten, dass jetzt eine einmalige politische Chance bestehe, Wirtschaftsreformen durchzusetzen. Doch Putin ist zurückhaltend. »Hätten wir alles umgesetzt, was mir mein Freund Kudrin empfohlen hat, wären wir wirtschaftlich sicher weiter, aber Millionen stünden auf der Straße, weil sie ihre Arbeit verloren hätten.«

Die Noten, die Wladimir Putin in diesen Tagen zu Hause bekommt, sind die eines Musterschülers. »Putins positive Umfragewerte klettern auf 89 Prozent, so hoch wie noch nie«, titelt die *Washington Post*. Die Hoffnungen westlicher Politiker, den russischen Präsidenten mit Sanktionen zu einem Kurswechsel zu bewegen, habe sich nicht erfüllt, stellt das Blatt fest und sieht auch keine Chance, dass sich dies in absehbarer Zeit ändern werde. »Diejenigen, die darauf spekuliert haben, dass die Unterstützung für Putin zusammenbricht, können sich diese Hoffnungen sonst wohin stecken«, empfiehlt der Artikel den Politstrategen.[2] Die Sympathiewerte, die das Lewada-Institut in Moskau ermittelt hat, sind die höchsten, die Demoskopen seit Beginn des Jahrtausends gemessen haben; sie sind aufgrund der Ereignisse nach dem Umsturz in Kiew erheblich gestiegen. Das oppositionsnahe Institut veröffentlicht auch Untersuchungsergebnisse, die erklären, warum der russische Präsident so populär ist. Bei Putins Amtsantritt lebte fast ein Drittel aller Russen unter der Armutsschwelle, jetzt sind es 11 Prozent. Die Lebenserwartung kletterte von 65 auf 70 Jahre. Es gibt weniger Mord und Totschlag, und auch die Angst, dass die Russen aussterben, hat sich gelegt. Die Bevölkerung, die über lange Strecken schrumpfte, wächst seit einigen Jahren wieder.[3] Allerdings wird dem Regierungschef auch bescheinigt, dass er die landesweite Korruption nicht in den Griff bekommen hat. Und Wladimir Putin weiß auch, dass der gefallene Ölpreis die positive Bilanz zerstören kann.

Es ist kurz nach Mitternacht, als Wladimir Putin nach einem langen Tag auf dem Wirtschaftsforum in der Boris-Jelzin-Präsidentenbibliothek eintrifft, um den dort versammelten Journalisten zum Abschluss der Veranstaltung Rede und Antwort zu stehen. Es geht um die üblichen Themen der großen Nachrichtenagenturen. Um die Ukraine und die Fußball-Weltmeisterschaft 2018 in Russland, um Gasleitungen und die Möglichkeit, dass das klamme Griechenland vielleicht Geld mit dem Transit einer russischen Pipeline verdienen könnte, falls die EU das Vorhaben nicht bremst. Nichts Besonderes. Und natürlich darf die beliebte Frage nicht fehlen, ob Putin denn der Welt demnächst einmal eine neue Putina präsentieren werde. »Bei mir ist alles in Ordnung«, sagt er, lacht entspannt und lässt die Frage ins Leere laufen. Er telefoniere regelmäßig mit seiner geschiedenen Frau und seinen beiden Töchtern, er habe durchaus private Pläne für die Zukunft, und dann verabschiedet er sich. Nur welche Pläne es sind, lässt er wie gewohnt offen.

Wie es in der Ukraine weitergeht, bleibt ebenfalls offen. Putin wird, so viel ist sicher, seine eigene Art, den Gang der Dinge zu betrachten, beibehalten, und der Westen wird seinen Mythos pflegen. Die Frage der nächsten Monate heißt: Gibt es jeweils einen Ausweg ohne Gesichtsverlust? Die Bilanz des Konflikts ist für Ost wie West deprimierend. Der untaugliche Versuch des ukrainischen Präsidenten Poroschenko, den Aufstand in der Ukraine militärisch niederzuschlagen, ist erwartungsgemäß gescheitert und hat die dumpfen Reflexe des Kalten Krieges wiederbelebt.

Die westliche Drohung, den Preis für die russische Unterstützung der Aufständischen in der Ostukraine mit Waffenlieferungen in die Höhe zu treiben, wird Putin mit den gleichen Mitteln beantworten, daran hat er keinen Zweifel gelassen. An öffentlichen Drohgebärden herrscht derzeit kein Mangel. Das gegenseitige Misstrauen ist enorm gewachsen. Rund 60 Prozent der Russen sehen in den USA eine Gefahr für ihr Heimatland.[4] Ein Gefühl, das jenseits des Atlantiks erwidert wird. »Russland stellt die größte Bedrohung für unsere nationale Sicherheit dar«, sagt der designierte US-Generalstabschef Joseph Dunford, ein weiterer einflussreicher Befürworter von Waffenlieferungen an die Ukraine, im Sommer 2015 bei seiner Anhörung im Kongress. Die Atommacht könne die Souveränität von US-Verbündeten verletzen und sei eine »existenzielle Bedrohung für die Vereinigten Staaten«, so Dunford. Das Verhalten Moskaus sei »nicht weniger als alarmierend«.[5] Rang zwei und drei nehmen auf seiner Feindesliste China und Nordkorea ein. Den IS-Terror erwähnt er nicht.

»Rapid Trident« ist nicht das einzige Muskelspiel der NATO, das US-Truppen mit Soldaten aus achtzehn weiteren Ländern in dem Krisengebiet veranstalten, ein Manöver, in dessen Verlauf schwere Waffen in die Nachbarstaaten Russlands verlagert werden. Moskau zeigt gleichfalls Stärke, zieht Soldaten an der Grenze zusammen und schickt Bombergeschwader in den internationalen Luftraum. Wladimir Putin hat die atomare Abschreckung wiederentdeckt, die für ihn einen Vorteil hat: Sie verlässt sich nicht auf den guten Willen potentieller Gegner, sondern allein auf die Abschreckungswirkung für den Feind. Wer zuerst schießt, stirbt als Zweiter. Die Logik hat sich jahrzehntelang im Kalten Krieg bewährt. Er hat angekündigt, sein Atomarsenal um weitere vierzig Interkontinentalraketen aufzustocken.

»Die Regierungen bunkern sich ein. Sie suchen, ob in Moskau oder Washington, nur nach Bedrohungen«, schreibt der Journalist Frank Lübberding auf seinem Blog *Wiesaussieht*. Der Medienkritiker betrachtet vor allem den Einfluss auf die Berichterstattung: Die Bunkermentalität ist allerdings »nicht nur auf paranoide Regierungen beschränkt. Dieses Virus vergiftet auch die Medien selbst. Sie bauen ihre eigenen Schützengräben, wo ebenfalls lauter Einreiseverbote zu finden sind. Kritik wird nicht mehr als selbstverständlich betrachtet, sondern man sucht wie die Regierungen in Moskau und Washington nach politischen Gegnern.«[6]

Als angesichts dieser aufgeheizten Stimmung im Dezember 2014 mehr als sechzig Persönlichkeiten aus Politik, Wirtschaft, Kultur und Medien in einem Aufruf eindringlich vor einem Krieg mit Russland warnten und eine neue Entspannungspolitik für Europa forderten, stießen sie auf große Schwierigkeiten, ihren Appell in der deutschen Presse unterzubringen. Nicht friedensbewegte Aktivisten hatten ihn formuliert und unterzeichnet, sondern Prominente aus unterschiedlichen politischen Lagern – wie etwa Exbundespräsident Roman Herzog, Exbundeskanzler Gerhard Schröder, der einstige SPD-Vorsitzende Hans-Jochen Vogel oder Antje Vollmer von den Grünen. »Wieder Krieg in Europa? Nicht in unserem Namen«, lautete die Überschrift des Aufrufs, den schließlich *Zeit online* veröffentlichte.

»Ohne die Versöhnungsbereitschaft der Menschen Russlands, ohne die Weitsicht von Michail Gorbatschow, ohne die Unterstützung unserer westlichen Verbündeten und ohne das umsichtige Handeln der damaligen Bundesregierung wäre die Spaltung Europas nicht überwunden worden. Die deutsche Einheit friedlich zu ermöglichen war eine große, von Vernunft geprägte Geste der Siegermächte. (...) Das Sicherheitsbedürfnis der Russen ist so legitim und ausgeprägt wie das der Deutschen, der Polen, der Balten und der Ukrainer. Wir dürfen Russland nicht aus Europa hinausdrängen. Das wäre unhistorisch, unvernünftig und gefährlich für den Frieden.«[7]

Das amerikanische Meinungsforschungsinstitut Pew Research Center in Washington hat im Sommer 2015 in einer Umfrage festgestellt, dass die Kluft zwischen den Deutschen und den Amerikanern gewachsen ist, und seit dem Ukrainekonflikt hat sich das Bild der NATO bei den Deutschen verschlechtert. Nur noch jeder Zweite sieht das Militärbündnis positiv. Selbst wenn Russland einen NATO-Partner angreifen würde, will über die Hälfte der Bundesbürger nicht, dass sich die NATO einmischt, und für die Ukraine kämpfen wollen die Deutschen sowieso nicht. Und sie sind mit großer Mehrheit auch dagegen, dass die Ukraine der EU beitritt und oder gar der NATO.[8]

Damit wird eine der Annahmen, die der amerikanische Sicherheitsberater Zbigniew Brzezinski 1997 in seinem Buch *Die einzige Weltmacht* so verblüffend exakt formuliert hat, nicht mehr uneingeschränkt von den Deutschen geteilt: »Gegenwärtig sind die Interessen Deutschlands mit denen von EU und NATO deckungsgleich und sogar innerlich geläutert. Selbst die Sprecher des linksgerichteten Bündnis 90/Die Grünen haben eine Erweiterung von NATO und EU befürwortet«, hatte Brzezinski geschrieben und dafür auch gleich mit der Kriegsschuld des Landes eine psychologische Erklärung geliefert: »Deutschland sieht im

Engagement für Europa die Gründe für nationale Erlösung, während es sicherheitspolitisch auf eine enge Bindung an Amerika nicht verzichten kann. Folglich ist ein Europa, das seine Unabhängigkeit von Amerika stärker hervorkehrt, keine brauchbare Alternative. Für Deutschland bedeutet Erlösung + Sicherheit = Europa + Amerika. Diese Formel umreißt seine Haltung und Politik, macht es zugleich zu Europas Musterknaben und zum stärkeren Anhänger Amerikas in Europa.«[9]

Die Ukraine ist faktisch pleite, das Führungspersonal in Kiew zerstritten, und die Bevölkerung in Kiew und in der Ostukraine leidet enorm – nicht nur wegen der wirtschaftlichen Katastrophe, sondern auch wegen der zerschossenen Illusionen. Allein diesem Druck ist es zu verdanken, dass nach Monaten des Taktierens, Bluffens und Beschuldigens langsam ernsthaft verhandelt wird. Der Konflikt verschlingt Milliarden und ist politisch teurer als erwartet. Deswegen haben Angela Merkel und François Hollande eine härtere Gangart eingelegt, um Kiew zu mehr Zugeständnissen zu zwingen.

Auch die USA und Russland haben einen neuen Versuch gestartet, wieder direkt ins Gespräch zu kommen. Nachdem sich beide über Monate gegenseitig öffentlich angeklagt haben, telefonieren Putin und Obama wieder miteinander. Der russische Präsident ruft im Juni im Weißen Haus an. Eine erste persönliche Kontaktaufnahme. US-Präsident Obama hat zuvor seinen Außenminister Kerry nach Sotschi geschickt, um Gemeinsamkeiten auszuloten. Es geht nicht nur um die Ukraine, um das Abkommen von Minsk und die Frage, warum es nicht schneller umgesetzt wird. Amerika stellt fest, dass es stärker auf Russland angewiesen ist, als es dachte. Es geht um russische Unterstützung bei den Verhandlungen über das Atomabkommen mit dem Iran, um das seit Jahrzehnten gerungen wird und das ohne Putins Hilfe nicht zum Abschluss kommen kann. Um den Iran am Bau von Atombomben zu hindern, hatten die USA 2006 im UN-Sicherheitsrat internationale Sanktionen durchgesetzt, und fast ebenso lange haben die fünf UN-Vetomächte und Deutschland mit Teheran wegen eines Abkommens verhandelt, das dem Land einerseits die Nutzung von Kernenergie erlauben und andererseits verhindern soll, dass es mit der gleichen Technologie Nuklearwaffen entwickeln kann. Es ist ein Lieblingsprojekt von Barack Obama, das er zum Ende seiner Amtszeit noch umsetzen will. Wenn sich der Iran an die Vorgaben hält, sollen die internationalen Sanktionen aufgehoben werden. Dank Putins Unterstützung wird der Vertrag im Sommer 2015 unterschrieben.

Und es geht nicht zuletzt um den gemeinsamen Kampf gegen die Milizen des sogenannten Islamischen Staats in Irak und Syrien. »Außenminister Kerry wollte schon mehrmals kommen. Präsident Obama hatte mich vor einiger Zeit gebeten, Kerry zu empfangen«, beschreibt Wladimir Putin den Auftakt zu neuen Gesprächen. »Wir setzen ja unsere Zusammenarbeit mit den USA über viele Kanäle fort. Wenn nicht die Außenminister diesen Job übernehmen, wer sonst? Die Verteidigungsminister? Ich hoffe nicht.«

Wladimir Putin hat auch zugestimmt, dass die Europa-Staatssekretärin im US-Außenministerium Victoria Nuland sich nun mit ihrem russischen Kollegen Grigori Karasin direkt um die Umsetzung des Minsker Abkommens kümmern soll – neben Bundeskanzlerin Merkel und Präsident Hollande. »Wir werden sehen, wie weit das trägt«, sagt Wladimir Putin stoisch zum Abschied. »In den USA hat der Wahlkampf für Obamas Nachfolge ja schon begonnen.«

Anhang

Zeittafel

7. Oktober 1952
Wladimir Wladimirowitsch Putin wird in St. Petersburg geboren.

5. März 1953
Josef Stalin, seit 1922 Generalsekretär des Zentralkomitees der Kommunistischen Partei der Sowjetunion, stirbt.

19. Februar 1954
Ausgliederung der Krim an die Ukrainische Sozialistische Sowjetrepublik

1975
Wladimir Putin, 23 Jahre alt, macht sein Jura-Examen in Leningrad und beginnt seine Tätigkeit für den Geheimdienst KGB.

28. Juli 1983
Wladimir Putin heiratet Ljudmila Schkrebnewa.

1984
Wladimir Putin geht zur weiteren Ausbildung an das Rote-Banner-Institut des KGB nach Moskau.

1. August 1985
Versetzung in die Niederlassung des Auslandsgeheimdienstes nach Dresden

1990
Rückkehr nach St. Petersburg, Putin wird Mitarbeiter des Bürgermeisters Anatoli Sobtschak.

19.–21. August 1991
Putschversuch gegen Michail Gorbatschow

Dezember 1991
Unabhängigkeitserklärung der Ukraine. Russland, Weißrussland und die Ukraine gründen die Gemeinschaft Unabhängiger Staaten (GUS).

26. Dezember 1991
Offizielle Auflösung der Sowjetunion

Dezember 1994
Beginn des 1. Krieges gegen Tschetschenien

Mai 1996
Waffenstillstand mit Tschetschenien

Juni 1996
Wiederwahl des Präsidenten Boris Jelzin

Juli 1996
Putin verliert seinen Job als stellvertretender Bürgermeister von St. Petersburg, da sein Förderer Sobtschak die Wiederwahl zum Bürgermeister verliert.

August 1996
Putin zieht nach Moskau und wird stellvertretender Leiter des Liegenschaftsamtes des Kreml.

Juli 1998
Ernennung zum Leiter des russischen Inland-Geheimdienstes FSB

März 1999
NATO-Erweiterung um Polen, Tschechien und Ungarn

9. August 1999
Putin wird Ministerpräsident.

31. Dezember 1999
Boris Jelzin tritt zurück und ernennt Wladimir Putin zu seinem Nachfolger als Präsident.

26. März 2000
Wahl zum Präsidenten im ersten Wahlgang

28. Juli 2000
Treffen mit den Oligarchen und Verkündigung der neuen Spielregeln

12. August 2000
Der Untergang der *Kursk*

20. Januar 2001
George W. Bush tritt sein Amt als US-Präsident an.

19. März 2003
Krieg der USA gegen den Irak ohne UN-Mandat

25. Oktober 2003
Michail Chodorkowski wird verhaftet.

November 2003
Beginn der »Rosenrevolution« in Georgien

Dezember 2003
Orange Revolution in der Ukraine beginnt.

14. März 2004
Wladimir Putin wird mit 71 Prozent der Stimmen zum zweiten Mal als Präsident wiedergewählt.

29. März 2004
NATO-Erweiterung um Bulgarien, Estland, Lettland, Litauen, Rumänien, Slowakei und Slowenien

Januar 2005
George W. Bush tritt nach seiner Wiederwahl das Amt als Präsident der USA an.

Mai 2005
Michail Chodorkowski wird in einem ersten Prozess zu neun Jahren Gefängnis verurteilt.

2. März 2008
Dmitri Medwedew wird als Putins Nachfolger zum Präsidenten gewählt.

2.–4. April 2008
NATO-Gipfel in Bukarest mit US-Präsident George W. Bush. Dort wird der prinzipielle Beschluss gefasst, Georgien und die Ukraine in die NATO aufzunehmen.

Mai 2008
Putin wird Nachfolger von Dmitri Medwedew als Ministerpräsident.

7.–16. August 2008
Russisch-Georgischer Krieg

9. September 2008
Ukraine-Gipfel der EU in Paris. Die EU beschließt, der Ukraine ein
»Assozierungsabkommen« anzubieten, um das Land stärker an den
Westen zu binden.

20. Januar 2009
Barack Obama tritt als Präsident der USA sein Amt an.

1. April 2009
NATO-Erweiterung um Albanien und Kroatien

4. Dezember 2011
Russische Parlamentswahlen zur Duma

Dezember 2011
Proteste in Moskau und St. Petersburg gegen die Wahlergebnisse für die
Duma

4. März 2012
Wladimir Putin gewinnt die Präsidentenwahl in der ersten Runde mit
rund 64 Pozent.

7. Mai 2012
Amtseinführung als Präsident im Kreml

Juli 2012
Das Parlament verabschiedet ein Gesetz, wonach sich politische NGOs,
die Geld aus dem Ausland erhalten, als »foreign agent« registrieren
lassen müssen.

20. Januar 2013
Barack Obama tritt als wiedergewählter Präsident der USA seine zweite
Amtszeit an.

17./18. Juni 2013
G8-Gipfel in Irland. Streit über die Syrienpolitik zwischen den USA und
Russland

23. Juni 2013
Der Whistleblower und frühere CIA-Agent Eduard Snowden kommt
auf dem Moskauer Flughafen Scheremetjewo an.

5./6. September 2013
G20-Gipfel in St. Petersburg. Wladimir Putin schlägt Barack Obama
statt einer militärischen Intervention in Syrien ein Abkommen vor, nach
dem die UNO Syriens Chemiewaffen entsorgen soll. Der UN-Sicher-

heitsrat verabschiedet den Beschluss, und Syriens Machthaber Baschar al-Assad stimmt zu.

20. Dezember 2013
Michail Chodorkowski wird von Putin frühzeitig begnadigt und verlässt Russland.

7.–23. Februar 2014
Olympische Winterspiele in Sotschi

19.–21. Februar 2014
Umsturz in Kiew; der ukrainische Präsident Janukowytsch flieht nach Russland ins Exil.

16. März 2014
Referendum auf der Krim über die Unabhängigkeit von der Ukraine und dem Anschluss an Russland. Ein Großteil der überwiegend russischen Bevölkerung spricht sich für einen Anschluss an Russland aus.

17. März 2014
Erste Sanktionen der USA und der EU gegen Russland. Weitere folgen im April und Juni des Jahres.

18. März 2014
Rede von Präsident Putin im Kreml zur Krim und der Anschluss der Krim an Russland

25. Mai 2014
Der Milliardär und Oligarch Petro Poroschenko gewinnt die Wahlen als Präsident der Ukraine. Seine Gegenkandidatin Julija Tymoschenko unterliegt weit abgeschlagen.

17. Juli 2014
Abschuss der malaysischen Passagiermaschine MH17 über der Ostukraine. 298 Menschen werden dabei getötet.

5. September 2014
Vereinbarungen von Minsk I zu den Kämpfen zwischen den Aufständischen in der Ostukraine und der Regierung in Kiew, die so gut wie nicht eingehalten werden.

12. Februar 2015
Vereinbarungen von Minsk II. Bundeskanzlerin Angela Merkel, Frankreichs Präsident Hollande, Russlands Präsident Putin und der ukraini-

sche Präsident Poroschenko sowie die Separatistenführer Sachartschenko und Plotnizki vereinbaren unter anderem eine Waffenruhe, Gefangenenaustausch und eine »Dezentralisierung«.

10. Mai 2015
Besuch Bundeskanzlerin Angela Merkel in Moskau und Kranzniederlegung am Grab des Unbekannten Soldaten

Literatur

Zbigniew Brzezinski, Die einzige Weltmacht. Amerikas Strategie der Vorherrschaft, Fischer Taschenbuch Verlag: Frankfurt am Main 1999.

Steve Coll, Private Empire. ExxonMobil and American Power, Penguin Books: New York 2013.

Hillary Rodham Clinton, Hard Choices, Simon & Schuster: London 2014.

Fjodor Dostojewskij, Der Idiot, Fischer Taschenbuch Verlag: Frankfurt am Main 2009.

Fiona Hill und Clifford G. Gaddy, Mr. Putin. Operative in the Kremlin, Brookings Institution Press: Washington, D. C., 2015.

David E. Hoffman, The Oligarchs. Wealth and Power in the New Russia, PublicAffairs: New York 2003.

Boris Jelzin, Mitternachtstagebuch. Meine Jahre im Kreml, Propyläen: Berlin, München 2000.

Gabriele Krone-Schmalz, Russland verstehen. Der Kampf um die Ukraine und die Arroganz des Westens, C. H. Beck: München 2015.

Stefan Kornelius, Angela Merkel. Die Kanzlerin und ihre Welt, Hoffmann und Campe: Hamburg 2013.

Andrej Kurkow, Ukrainisches Tagebuch. Aufzeichnungen aus dem Herzen des Protests, Haymon: Innsbruck/Wien 2014.

Dietmar Neutatz, Träume und Alpträume. Eine Geschichte Russlands im 20. Jahrhundert, C. H. Beck: München 2013.

Richard Sakwa, Putin and the Oligarchs. The Khodorkowsky-Yukos Affair, I. B. Tauris: London 2014.

Joseph Stiglitz, Die Schatten der Globalisierung. Goldmann: München 2004.

Bob Woodward, Bush at War, Simon & Schuster: New York 2002 (deutsche Ausgabe: Bush at War. Krieg in Amerika, DVA: München 2003).

Endnoten

Das Reich des Bösen und die Guten – Ein Prolog

1 Der Wortlaut der Kritik (Protokoll 582) ist zum Beispiel dokumentiert unter: http://deutsche-wirtschafts-nachrichten.de/2014/09/20/programm-beirat-uebt-scharfe-kritik-an-der-ukraine-berichterstattung-der-ard/ (letzter Zugriff 29.8.2015); http://homment.com/ard2222 (letzter Zugriff 29.8.2015).

2 http://www.auswaertiges-amt.de/DE/Infoservice/Presse/Reden/2014/141115_Rede_BM_anlässlich_Verleihung_Lead_Awards.html (letzter Zugriff 1.7.2015).

3 http://www.zeit.de/2013/12/Alexander-Rahr/seite-2 (letzter Zugriff 1.7.2015).

4 http://www.petersburger-dialog.de/offener-brief-von-michail-grobatschow-die-deutschen-medien (letzter Zugriff 1.7.2015).

5 http://www.spiegel.de/spiegel/print/d-84061074.html (letzter Zugriff 25.7.2015).

6 https://www.washingtonpost.com/opinions/henry-kissinger-to-settle-the-ukraine-crisis-start-at-the-end/2014/03/05/46dad868-a496-11e3-8466-d34c451760b9_story.html (letzter Zugriff 3.8.2015).

1 Der übliche Verdächtige

1 http://www.washingtonpost.com/politics/transcript-president-obamas-august-9-2013-news-conference-at-the-white-house/2013/08/09/5a6c21e8-011c-11e3-9a3e-916de805f65d_story.html (letzter Zugriff 25.7.2015).

2 http://www.spiegel.de/spiegel/print/d-131242892.html (letzter Zugriff 1.7.2015).

3 http://nypost.com/2014/07/18/putins-full-statement-on-the-mh17-disaster/(letzter Zugriff 25.7.2015); http://en.kremlin.ru/events/president/transcripts/statements/46243 (letzter Zugriff 25.7.2015).

4 http://augengeradeaus.net/2014/07/infowar-ukraine-der-separatist-das-stofftier-und-der-blinde-fleck/(letzter Zugriff 25.7.2015).

5 http://www.nzz.ch/international/europa/die-gefahr-eines-russischen-vetos-ist-da-1.18581057 (letzter Zugriff 25.7.2015); http://www.spiegel.de/panorama/justiz/mh17-ermittler-westerbeke-ueber-den-absturz-in-der-ukraine-a-999193.html (letzter Zugriff 25.7.2015).

6 http://www.spiegel.de/spiegel/spiegel-titel-zu-putin-in-eigener-sache-a-983484.html (letzter Zugriff 1.7.2015).

7 http://www.sueddeutsche.de/politik/mh-russlands-schuld-1.2056044 (letzter Zugriff 1.7.2015).

8 http://www.faz.net/aktuell/politik/ukraine-konflikt-staerke-zeigen-13079628.html (letzter Zugriff 1.7.2015).

9 *Handelsblatt*, Morning Briefing, 5.8.2014.

2 Herkunft und Handlung

1 http://en.kremlin.ru/events/president/transcripts/49438 (letzter Zugriff 25.7.2015).

2 http://www.faz.net/aktuell/politik/70-jahre-kriegsende/gedenken-in-moskau-merkel-nennt-annexion-der-krim-verbrecherisch-13585275.html (letzter Zugriff 25.7.2015).

3 http://www.berliner-zeitung.de/meinung/kolumne-zum-70--jahres-tag-der-befreiung-von-auschwitz-auschwitz--guter-gauck---boeser-putin,10808020,29608770.html (letzter Zugriff 1.7.2015).

4 http://valdaiclub.com/publication/68280.html (letzter Zugriff 27.7.2015).

5 http://www.spiegel.de/politik/ausland/merkels-liebe-zum-nachbarland-polen-a-889013.html (letzter Zugriff 27.7.2015).

6 Stefan Kornelius, Angela Merkel. Die Kanzlerin und ihre Welt, Hoffmann und Campe: Hamburg 2013, S. 122 ff.

7 http://www.nytimes.com/2014/03/03/world/europe/pressure-rising-as-obama-works-to-rein-in-russia.html (letzter Zugriff 27.7.2015).

8 http://www.spiegel.de/politik/ausland/merkel-besuch-russland-laesst-beutekunst-ausstellung-platzen-a-907079.html (letzter Zugriff 1.7.2015).

9 http://www.welt.de/politik/ausland/article117327653/Merkel-laesst-Termin-mit-Putin-platzen.html (letzter Zugriff 1.7.2015).

3 Neue Regeln oder keine Regeln

1 http://valdaiclub.com/valdai_club/73300.html (letzter Zugriff 27.7.2015).

4 Soll und Haben – eine vorläufige Rechnung

1 http://archive.kremlin.ru/eng/speeches/2005/04/25/2031_type70029 type82912_87086.shtml (letzter Zugriff 28.7.2015).

2 http://www.spiegel.de/spiegel/print/d-67871653.html (letzter Zugriff 28.7.2015).

3 Ebd.

4 Zbigniew Brzezinski, Die einzige Weltmacht. Amerikas Strategie der Vorherrschaft, Fischer Taschenbuch Verlag: Frankfurt am Main 1999, S. 127 (zitiert nach der 6. Auflage 2002).

5 Ebd.

6 http://www.auswaertiges-amt.de/DE/Infoservice/Presse/Reden/2013/131217-BM_Antrittsrede.html (letzter Zugriff 1.7.2015).

7 http://www.spiegel.de/spiegel/print/d-75376489.html (letzter Zugriff 28.7.2015).

8 http://www.zeit.de/politik/deutschland/2014-05/helmut-schmidt-ukraine-eu-weltkrieg (letzter Zugriff 28.7.2015).

9 https://www.wko.at/Content.Node/service/aussenwirtschaft/fhp/Handelsabkommen/Assoziierungsabkommen_EU-Ukraine_-_ABl_L_161_vom_140529_neu.pdf (letzter Zugriff 1.7.2015).

10 Ebd.

11 http://en.kremlin.ru/events/president/news/20603 (letzter Zugriff 28.7.2015).

12 http://www.spiegel.de/spiegel/print/d-126717922.html (letzter Zugriff 28.7.2015).

13 http://www.spiegel.de/spiegel/print/d-46173734.html (letzter Zugriff 28.7.2015).

14 https://www.bundestag.de/kulturundgeschichte/geschichte/gastredner/putin/putin_wort/244966 (letzter Zugriff 28.7.2015).

5 Wunsch und Wirklichkeit

1 http://www.bbc.com/news/world-europe-11971851 (letzter Zugriff 28.7.2015).

2 *Financial Times*, 19.6.2011, http://www.ft.com/cms/s/0/4bfa1f38-9a90-11e0-bab2-00144feab49a.html (letzter Zugriff 28.7.2015).

3 Interview mit Alexej Kudrin, Mai 2015.

4 Interview mit Dmitri Medwedew, Juli 2015.

5 http://www.spiegel.de/politik/ausland/russland-webcams-zeigen-angeblich-party-in-wahllokal-a-819127.html (letzter Zugriff 28.7.2015).

6 Interview mit Wiktor Jerofejew, Dezember 2011.

7 http://diepresse.com/home/politik/innenpolitik/715983/print.do (letzter Zugriff 28.7.2015).

8 http://www.sueddeutsche.de/politik/massenproteste-in-russland-russland-ohne-putin-russland-ohne-putin-1.1243529 (letzter Zugriff 28.7.2015).

9 Monitors Find Russian Elections Flawed, The Washington Post, 5.12.2011. – https://www.washingtonpost.com/world/europe/monitors-find-russian-elections-flawed/2011/12/05/gIQAzrhqXO_story.html (letzter Zugriff 8.8.2015).

10 http://diepresse.com/home/politik/aussenpolitik/1292099/Russland-wirft-USHelfer-fur-Demokratie-aus-dem-Land (letzter Zugriff 28.7.2015).

11 »›I looked at the first reaction of our U.S. partners,‹ Mr. Putin said. ›The first thing that the secretary of state did was say that they were not honest and not fair, but she had not even yet received the material from the observers.‹ ›She set the tone for some actors in our country and gave them a signal,‹ Mr. Putin continued. ›They heard

the signal and with the support of the U.S. State Department began active work.‹« – http://www.nytimes.com/2011/12/09/world/europe/putin-accuses-clinton-of-instigating-russian-protests.html (letzter Zugriff 28.7.2015).

12 http://www.reuters.com/article/2011/12/13/us-russia-financing-idUSTRE7BC0ZZ20111213 (letzter Zugriff 28.7.2015).

13 Gerhard Mangott, Kampfrhetorik und »saubere Siege«. Die ausgestreckte Hand Putins ist unabdingbar. – http://www.laender-analysen.de/russland/pdf/Russlandanalysen235.pdf (letzter Zugriff 28.7.2015).

14 http://www.spiegel.de/politik/ausland/massenproteste-in-moskau-putin-verweigert-ueberpruefung-der-wahl-a-805908.html (letzter Zugriff 28.7.2015).

15 Interview mit Alexej Kudrin, Mai 2015.

16 Interview mit Wiktor Jerofejew, Dezember 2011.

17 http://www.zeit.de/politik/ausland/2012-03/wahl-russland-putin-2 (letzter Zugriff 28.7.2015).

18 http://www.spiegel.de/politik/ausland/rueckkehr-in-den-kreml-die-falsche-mehrheit-a-819192.html (letzter Zugriff 1.7.2015).

6 Die Macht und ihr Preis – oder: Kirche und Staat

1 http://en.kremlin.ru/events/president/news/29418 (letzter Zugriff 28.7.2015); http://en.kremlin.ru/events/president/news/29436 (letzter Zugriff 28.7.2015); http://www.wsj.com/articles/SB118006040893914329 (letzter Zugriff 28.7.2015).

2 http://www.roacusa.org/htdocs/2.ChurchNews/2003/CN200312124.PDF (letzter Zugriff 28.7.2015).

7 *God's own country* auf Russisch – oder: Die Suche nach der eigenen Geschichte

1 http://www.ft.com/intl/cms/s/2/f2fcba3e-65be-11e2-a3db-00144feab49a.html (letzter Zugriff 28.7.2015).

2 http://www.nzz.ch/feuilleton/das-dritte-imperium-1.18224647 (letzter Zugriff 28.7.2015).

3 http://www.ft.com/intl/cms/s/2/f2fcba3e-65be-11e2-a3db-00144feab49a.html (letzter Zugriff 28.7.2015).

4 http://www.ft.com/cms/s/0/8d8369fe-5380-11e3-b425-00144feabdc0.html (letzter Zugriff 28.7.2015).

5 http://pages.uoregon.edu/kimball/Putin.htm (letzter Zugriff 28.7.2015).

6 http://www.spiegel.de/spiegel/print/d-52345037.html (letzter Zugriff 6.7.2015).

7 Ebd.

8 »08MOSCOW932, SOLZHENITSYN AND METROPOLITAN KIRILL ON RUSSIA, April 4, 2008«, https://wikileaksru.wordpress.com/2008/04/04/(letzter Zugriff 28.7.2015); http://www.theguardian.com/world/us-embassy-cables-documents/148516 (letzter Zugriff 28.7.2015).

8 Spione oder Agenten der Zivilgesellschaft

1 Jährliche SIPRI Fact Sheets, zum Beispiel »Trends in World Military Expenditure, 2013«, April 2014, S. 2. – https://www.scribd.com/fullscreen/217412495?access_key=key-2fipqt40jah5o7x9ivi3&allow_share=true&escape=false&view_mode=scroll (letzter Zugriff 8.8.2015)

2 Ebd. und https://www.tagesschau.de/ausland/militaerausgaben-sipri100.html (letzter Zugriff 28.7.2015).

3 http://www.zeit.de/politik/ausland/2012-07/putin-ngo-gesetz (letzter Zugriff 28.7.2015).

4 »USAID, which has been working in Russia since shortly after the fall of the Soviet Union, had budgeted $49.47 million for Russian programs for fiscal 2012, with 59 percent of that directed for programs supporting democracy and civil society, 37 percent designated for health projects and 4 percent for environmental programs.« – https://www.washingtonpost.com/world/russia-boots-out-usaid/2012/09/18/c2d185a8-01bc-11e2-b260-32f4a8db9b7e_story.html (letzter Zugriff 28.7.2015); http://www.zeit.de/politik/ausland/2015-01/russland-verfassungsgericht-menschenrechte-memorial-verbot (letzter Zugriff 26.7.2015).

5 http://www.spiegel.de/politik/ausland/ngo-in-russland-putin-brandmarkt-buergerrechtler-als-agenten-a-842259.html (letzter Zugriff 28.7.2015).

6 »The Foreign Agents Registration Act (FARA): This act requires any person or organization (U.S. or foreign) that is an ›agent of a foreign principal‹ to register with the Justice Department and to disclose the foreign principal for which the agent works. Foreign principals can include governments, political parties, a person or organization outside the United States (except U.S. citizens), and any entity organized under the laws of a foreign country or having its principal place of business in a foreign country. FARA requires people acting as agents of foreign principals under certain circumstances to make periodic public disclosure of their relationship with the foreign principal, as well as activities, receipts, and disbursements in support of those activities.« – http://iipdigital.usembassy.gov/st/english/texttrans/2012/01/20120130171036roma0.1718823.html (letzter Zugriff 28.7.2015).

7 http://www.nytimes.com/2012/09/19/world/europe/russia-demands-us-end-pro-democracy-work.html (letzter Zugriff 28.7.2015).

8 Ebd.

9 Ebd.

10 Ebd.

11 Ebd.

12 Russia Demands U.S. Agency Halt Work, The Wall Street Journal, 18.9.2012. – http://www.wsj.com/articles/SB10000872396390444450004578004262879058282 (letzter Zugriff 8.8.2015).

13 »Some U.S.-government supported organizations will continue to work in Russia, including the National Democratic Institute, the International Republican Institute and the National Endowment for Democracy.« – https://www.washingtonpost.com/world/russia-boots-out-usaid/2012/09/18/c2d185a8-01bc-11e2-b260-32f4a8d-b9b7e_story.html (letzter Zugriff 28.7.2015).

14 Ronald Reagan, Ansprache zur Gründung des NED, 16.12.1983. – http://www.ned.org/remarks-at-a-white-house-ceremony-inaugurating-the-national-endowment-for-democracy/ (letzter Zugriff 8.8.2015).

15 https://www.washingtonpost.com/archive/opinions/1991/09/22/innocence-abroad-the-new-world-of-spyless-coups/92bb989a-de6e-4bb8-99b9-462c76b59a16/(letzter Zugriff 28.7.2015); http://mondediplo.com/2007/08/04ned (letzter Zugriff 28.7.2015).

16 https://www.bundestag.de/dokumente/textarchiv/2012/41410731_kw45_angenommen_abgelehnt/209908 (letzter Zugriff 28.7.2015); http://dip21.bundestag.de/dip21/btd/17/113/1711327.pdf (letzter Zugriff 28.7.2015).

17 http://www.faz.net/aktuell/politik/ausland/merkel-in-moskau-nicht-gleich-eingeschnappt-sein-11962397.html (letzter Zugriff 28.7.2015).

9 Moral als politische Waffe

1 http://www.auswaertiges-amt.de/nn_582140/sid_31287DCD9DB DBEF4F6C3DE9BE0429252/DE/Laenderinformationen/00-SiHi/ RussischeFoederationSicherheit.html (letzter Zugriff 6.7.2015).

2 http://www.sueddeutsche.de/politik/nach-verbot-von-homosexuellen-propaganda-auswaertiges-amt-verschaerft-reisehinweise-fuer-russland-1.1695303 (letzter Zugriff 28.7.2015).

3 http://www.taz.de/!5065530/(letzter Zugriff 6.7.2015).

4 http://www.faz.net/aktuell/politik/ausland/pussy-riot-lady-suppenhuhn-11867761.html (letzter Zugriff 7.7.2015).

5 http://www.welt.de/politik/ausland/article13909513/Putin-entschuldigt-sich-fuer-Protest-von-Pussy-Riot.html (letzter Zugriff 28.7.2015).

6 »Um die Moskauer Christ-Erlöser-Kathedrale findet ein Gottesdienst ›zum Schutz des Glaubens, geschändeter Heiligtümer, der Kirche und ihres guten Rufes‹ statt. Patriarch Kyrill leitet den vierstündigen Gottesdienst vor ca. 50 000 Gläubigen. Die orthodoxe Kirche reagiert damit auf ›Angriffe‹ in den vergangenen Wochen, darunter einer Performance der Punk-Gruppe ›Pussy Riot‹ in der Christ-Erlöser-Kirche. Drei Tage zuvor ist die Untersuchungshaft der drei beteiligten Frauen bis zum 24. Juni 2012 verlängert worden.« – http://www.laender-analysen.de/russland/chroniken/Chronik_2012.php (letzter Zugriff 28.7.2015).

7 http://www.laender-analysen.de/russland/pdf/Russlandanalysen246.pdf (letzter Zugriff 28.7.2015).

10 Beresowskis Brief – oder: Grüße aus der Vergangenheit

1 http://derstandard.at/1363705860112/Putin-Gegner-Boris-Beresowski-ist-tot (letzter Zugriff 28. 7. 2015).

2 http://www.telegraph.co.uk/news/uknews/law-and-order/11369811/Boris-Berezovsky-died-with-tax-debt-of-46-million-High-Court-hears.html (letzter Zugriff 28. 7. 2015).

3 Interview mit Henning Voscherau, 2015.

4 http://www.zeit.de/2004/06/Beschaemt_und_sprachlos (letzter Zugriff 28. 7. 2015).

5 Vgl. Fiona Hill / Clifford G. Gaddy, Mr. Putin: Operative in the Kremlin, Brookings Institution Press: Washington 2015, S. 395–399.

11 Der Kreml – oder: Russisch Roulette

1 Die vollständige Aussage Boris Beresowskis vom 30. Mai 2011 vor dem High Court, London, im Prozess gegen Abramowitsch wurde vom *Guardian* veröffentlicht: »Fourth Witness Statement of Boris Abramovich Berezovsky«, http://www.theguardian.com/world/interactive/2011/nov/02/boris-berezovsky-witness-statement-full (letzter Zugriff 29. 7. 2015); hier Absatz 42–43.

2 Beresowski, Witness Statement, Absatz 44–45.

3 Ebd., Absatz 81–84.

4 Interview mit Boris Beresowski, 2012.

5 Beresowski, Witness Statement, Absatz 50–55.

6 Ebd., Absatz 124.

7 Joseph Stiglitz, Die Schatten der Globalisierung, Goldmann: München 2004, S. 195 und 216.

8 http://www.nytimes.com/2003/11/10/world/russian-tycoon-moves-into-politics-and-then-jail.html (letzter Zugriff 29. 7. 2015).

9 Die vollständige Aussage Roman Abramowitschs vom 30. Mai 2011 vor dem High Court, London, wurde vom *Guardian* veröffentlicht: »Third Witness Statement of Roman Arkadievich Abramovich«, http://www.theguardian.com/world/interactive/2011/nov/02/roman-abramovich-witness-statement-full (letzter Zugriff 29. 7. 2015); hier Absatz 33; http://uk.reuters.com/article/2011/10/04/uk-russia-britain-abramovich-idUKTRE7934TB20111004 (letzter Zugriff 29. 7. 2015).

12 Das Scheitern als Chance und die Verhältnisse

1. https://www.washingtonpost.com/archive/politics/1996/07/07/yeltsin-campaign-rose-from-tears-to-triumph/99aebeb5-87ca-4555-be86-b352e8e8bced/(letzter Zugriff 29.7.2015); http://content.time.com/time/magazine/article/0,9171,136204,00.html (letzter Zugriff 29.7.2015).

2. Vgl. David E. Hoffman, The Oligarchs. Wealth and Power in the New Russia, Public Affairs: New York 2011, S. 225–230.

3. http://content.time.com/time/magazine/article/0,9171,136204,00.html (letzter Zugriff 29.7.2015).

4. http://www.newyorker.com/magazine/2007/01/29/kremlin-inc (letzter Zugriff 29.7.2015).

5. https://www.washingtonpost.com/archive/politics/1996/06/30/yeltsin-paying-top-ruble-for-positive-news-coverage/fdc11c69-66ba-4385-98a6-77493ad8c211/(letzter Zugriff 29.7.2015).

6. http://belfercenter.ksg.harvard.edu/publication/2362/assessing_russias_democratic_presidential_election.html (letzter Zugriff 29.7.2015).

7. http://www.nytimes.com/1996/02/23/world/russia-and-imf-agree-on-a-loan-for-10.2-billion.html (letzter Zugriff 29.7.2015).

8. Richard Sakwa, Putin and the Oligarchs: The Khodorkovsky-Yukos Affair, I. B. Tauris: London 2014, S. 16.

9. http://www.themoscowtimes.com/news/article/modern-day-r/297710.html (letzter Zugriff 29.7.2015); https://www.washingtonpost.com/wp-srv/inatl/longterm/russiagov/stories/oligarchs082898.htm (letzter Zugriff 29.7.2015).

13 Ankunft im Kreml

1. Ich, Putin – Ein Porträt, Dokumentarfilm von Hubert Seipel, ARD, Deutschland 2012.

2. Joseph Stiglitz, Die Schatten der Globalisierung, Goldmann: München 2004, S. 193–206.

3. The Logic of Vladimir Putin, The New York Times, 19.3.2000. – http://www.nytimes.com/2000/03/19/magazine/the-logic-of-vladimir-putin.html (letzter Zugriff 12.8.2015).

14 Die Ausweitung der Kampfzone

1 https://www.washingtonpost.com/archive/politics/2000/03/20/miscalculations-paved-path-to-chechen-war/e675f17a-d286-4b5e-b33a-708d819d43f0/(letzter Zugriff 29.7.2015).

2 http://www.nytimes.com/2002/11/13/world/why-putin-boils-over-chechnya-is-his-personal-war.html (letzter Zugriff 29.7.2015); http://www.economist.com/blogs/johnson/2010/08/russian_political_slang (letzter Zugriff 29.7.2015).

3 http://www.nytimes.com/1999/11/14/opinion/why-we-must-act.html (letzter Zugriff 7.7.2015).

4 http://www.spiegel.de/politik/ausland/moskauer-anschlagserie-brisanter-zucker-fuer-putins-wiederwahl-a-281917.html (letzter Zugriff 7.7.2015).

5 http://www.laender-analysen.de/russland/pdf/Russlandanalysen009.pdf (letzter Zugriff 29.7.2015); Beresowski, Witness Statement, Absatz 221–224.

6 Beresowski, Witness Statement, Absatz 239.

7 Hoffman, The Oligarchs, a.a.O., S.121.

8 http://www.zeit.de/wirtschaft/2014-03/eu-usa-russland-sanktionen-liste (letzter Zugriff 29.7.2015).

9 http://www.nytimes.com/2000/10/08/magazine/the-autumn-of the-oligarchs.html (letzter Zugriff 29.7.2015).

10 Interview mit Sergej Stepaschin, Dezember 2011.

11 http://www.themoscowtimes.com/news/article/berezovskys-letter-dominates-news/262597.html (letzter Zugriff 29.7.2015).

12 Interview mit Alexej Kudrin, Mai 2015.

13 http://pages.uoregon.edu/kimball/Putin.htm (letzter Zugriff 28.7.2015).

14 http://www.telegraph.co.uk/news/worldnews/europe/russia/1350892/Oligarchs-power-over-Kremlin-has-come-to-an-end-says-Putin.html (letzter Zugriff 29.7.2015).

15 http://www.nytimes.com/2000/07/29/world/putin-exerting-his-authority-meets-with-russia-s-tycoons.html (letzter Zugriff 29.7.2015).

16 Ebd.

17 Hoffman, The Oligarchs, a.a.O., S.168.

18 https://www.washingtonpost.com/pb/archive/politics/2000/10/19/debt-deal-allows-russian-media-tycoon-to-retain-independence/b36c2219-2a8a-4ccf-a97d-0f76156af248/?resType=accessibility (letzter Zugriff 29.7.2015).

19 http://www.nytimes.com/2000/07/29/world/putin-exerting-his-authority-meets-with-russia-s-tycoons.html (letzter Zugriff 29.7.2015).

20 Ebd.; vgl. auch Abramowitsch, Witness Statement, Absatz 193.

21 Interview mit Alexej Kudrin, Mai 2015.

15 Macht und Medien

1 https://de.wikipedia.org/wiki/K-141_Kursk (letzter Zugriff 29.7.2015); http://www.spiegel.de/spiegel/print/d-17705018.html (letzter Zugriff 29.7.2015).

2 http://edition.cnn.com/TRANSCRIPTS/0009/08/lkl.00.html (letzter Zugriff 29.7.2015); http://www.nytimes.com/2002/02/19/world/russia-says-sub-was-not-sunk-by-a-collision.html (letzter Zugriff 29.7.2015).

3 http://www.liveleak.com/view?i=517_1430437349 (ab Minute 08:55, letzter Zugriff 29.7.2015).

4 http://www.washingtonpost.com/archive/opinions/2000/10/16/our-reverse-revolution/7e43ee81-a345-4db0-9dfc-3770d7172c79/ (letzter Zugriff 21.8.2015).

5 Abramowitsch, Witness Statement, Absatz 204.

6 https://www.judiciary.gov.uk/wp-content/uploads/JCO/Documents/Judgments/berezovsky-judgment.pdf (letzter Zugriff 29.7.2015).

7 http://en.kremlin.ru/events/president/transcripts/21291 (letzter Zugriff 29.7.2015).

16 Die Schatten der Vergangenheit

1 http://www.khodorkovsky.com/mikhail-khodorkovsky-in-the-international-new-york-times/(letzter Zugriff 30.7.2015); http://www.nytimes.com/2013/11/28/opinion/our-compass.html (letzter Zugriff 30.7.2015); http://www.handelsblatt.com/politik/international/russland-kreml-kritiker-chodorkowski-ist-frei/9247692.html (letzter Zugriff 30.7.2015).

2 http://www.nytimes.com/2013/12/23/world/europe/after-freedom-a-striking-lack-of-rancor-from-khodorkovsky.html (letzter Zugriff 30.7.2015); http://www.spiegel.de/politik/ausland/putin-will-chodorkowski-und-pussy-riot-begnadigen-a-940120.html (letzter Zugriff 30.7.2015).

3 http://www.nzz.ch/international/putin-hat-sich-selber-in-eine-sackgasse-gebracht-1.18438893 (letzter Zugriff 30.7.2015).

4 http://www.spiegel.de/spiegel/print/d-23061458.html (letzter Zugriff 30.7.2015).

5 Hoffman, The Oligarchs, a.a.O., S. 316f.

6 https://www.foreignaffairs.com/articles/russia-fsu/2000-03-01/putins-plutocrat-problem (letzter Zugriff 30.7.2015).

7 Ebd.

8 »AO Yukos has quietly transferred the bulk of its two most valuable petroleum-producing assets to offshore entities, a move likely to drain much of the value from a large Yukos stake held by three foreign banks.« http://www.wsj.com/articles/SB928444726776043838 (letzter Zugriff 30.7.2015).

9 http://www.telegraph.co.uk/comment/personal-view/3608862/The-roublemaker.html (letzter Zugriff 30.7.2015).

10 http://www.nytimes.com/1999/04/05/opinion/editorial-observer-the-russian-way-of-corporate-governance.html (letzter Zugriff 30.7.2015).

11 http://www.nytimes.com/2001/08/18/business/international-business-fortune-in-hand-russian-tries-to-polish-image.html (letzter Zugriff 30.7.2015).

12 http://www.nytimes.com/2003/11/05/international/europe/05YUKO.html (letzter Zugriff 30.7.2015).

13 Hoffman, The Oligarchs, a.a.O., S. 494; http://www.theguardian.com/business/2001/dec/15/russia.oilandpetrol (letzter Zugriff 30.7.2015).

14 Ebd.

15 Richard Sakwa, Putin and the Oligarchs: The Khodorkowsky-Yukos Affair, I.B. Tauris: London 2014, S. 75.

16 Steve Coll, Private Empire: ExxonMobil and American Power, Penguin Press: New York 2012, S. 250–279 (How high can we fly);

http://www.spiegel.de/politik/ausland/michail-chodorkowski-wurde-mit-dubiosen-geschaeften-milliardaer-a-940498.html (letzter Zugriff 30.7.2015).

17 Interviews mit German Gref und Alexej Kudrin. BBC-Dokumentation »Putin und der Westen«, Teil 1, »Machtwechsel im Kreml«, ab Minute 42. Vgl. auch Sakwa, Putin and the Oligarchs, a.a.O., S. 62f.

18 http://articles.chicagotribune.com/2003-11-16/news/0311160141_1_yukos-and-khodorkovsky-united-russia-party-duma (letzter Zugriff 30.7.2015).

19 http://themoscownews.com/proetcontra/20100318/55423049.html (letzter Zugriff 30.7.2015).

20 http://news.bbc.co.uk/2/hi/business/4041551.stm (letzter Zugriff 30.7.2015).

21 Coll, Private Empire, a.a.O., S. 271.

22 Ebd., S. 250f.

23 Ebd., S. 269f.

24 Ebd., S. 272.

25 Ebd., S. 273.

26 http://www.spiegel.de/wirtschaft/endgueltiges-urteil-chodorkowski-in-zehn-tagen-ins-lager-a-376291.html (letzter Zugriff 30.7.2015).

27 http://de.sputniknews.com/german.ruvr.ru/2009/12/03/2495485/ (letzter Zugriff 30.7.2015).

28 http://www.spiegel.de/spiegel/print/d-23061458.html (letzter Zugriff 30.7.2015).

29 http://marieluisebeck.de/Artikel/21-01-2014/warum-sich-eine-gr-ne-abgeordnete-f-r-michail-chodorkowski-einsetzt (letzter Zugriff 29.8.2015).

30 Weitere Milliardenstrafe für Russland, *Handelsblatt*, 31.7.2014. – http://app.handelsblatt.com/unternehmen/industrie/yukos-entschaedigungen-weitere-milliardenstrafe-fuer-russland/10273624.html (letzter Zugriff 10.8.2015).

31 http://www.welt.de/politik/ausland/article118371728/Chodorkowski-Prozess-nicht-politisch-motiviert.html (letzter Zugriff 30.7.2015).

32 »The fact that the suspect's political opponents or business competitors might directly or indirectly benefit from him being put in

jail should not prevent the authorities from prosecuting such a person if there are serious charges against him. In other words, high political status does not grant immunity. The Court is persuaded that the charges against the applicant amounted to a ›reasonable suspicion‹ within the meaning of Article 5 § 1 (c) of the Convention.« – Is Khodorkowsky A Political Prisoner? Read The ECHR Judgments Before Quacking, US-RUSSIA.ORG, 25.7.2012. – http://us-russia.org/17-is-khodorkovsky-a-political-prisoner-read-the-echr-judgments-before-quacking.html (letzter Zugriff 10.8.2015); Information Note on the Court's case-law No. 141, May 2011. – http://hudoc.echr.coe.int/app/conversion/pdf/ (letzter Zugriff 10.8.2015).

33 http://www.sueddeutsche.de/wirtschaft/schiedsgericht-zur-zerschlagung-von-oel-konzern-russland-muss-yukos-aktionaeren-milliarden-dollar-zahlen-1.2066188 (letzter Zugriff 30.7.2015).

34 http://www.zeit.de/wirtschaft/2015-06/yukos-streit-entschaedigung-kontosperrung-wladimir-putin (letzter Zugriff 30.7.2015).

35 http://www.faz.net/aktuell/wirtschaft/yukos-streit-putin-wehrt-sich-gegen-kontosperrungen-13657733.html (letzter Zugriff 30.7.2015).

17 Der Probelauf

1 http://www.nytimes.com/2015/01/18/magazine/valery-gergiev-anyone-can-buy-a-ticket.html (letzter Zugriff 9.7.2015).

2 https://www.washingtonpost.com/wp-dyn/content/article/2008/08/22/AR2008082202924.html (letzter Zugriff 31.7.2015).

3 http://www.theguardian.com/music/tomserviceblog/2008/aug/22/musicaspoliticsgergievssou (letzter Zugriff 31.7.2015).

4 http://www.focus.de/politik/diverses/georgien-wir-stehen-vor-einem-neuen-kalten-krieg_aid_324751.html (letzter Zugriff 31.7.2015).

5 http://www.nytimes.com/2008/08/18/washington/18diplo.html (letzter Zugriff 31.7.2015).

6 http://time.com/10829/ukraine-john-mccain-putin-crimea/(letzter Zugriff 31.7.2015); http://www.cbsnews.com/news/mccain-today-we-are-all-georgians/(letzter Zugriff 31.7.2015).

7 http://www.washingtonpost.com/wp-dyn/content/article/2008/08/12/AR2008081202932.html (letzter Zugriff 31.7.2015); http://

www.nytimes.com/2008/08/14/us/politics/14mccain.html (letzter Zugriff 31.7.2015).

8 http://news.bbc.co.uk/2/hi/europe/4534267.stm (letzter Zugriff 31.7.2015).

9 http://www.state.gov/documents/organization/63562.pdf (letzter Zugriff 31.7.2015).

10 http://www.spiegel.de/spiegel/print/d-43103188.html (letzter Zugriff 9.7.2015).

11 http://www.spiegel.de/spiegel/print/d-30833336.html (letzter Zugriff 29.7.2015).

12 Putin, Russia and the West, Episode 3 (BBC), http://watchdocumentary.org/watch/putin-russia-and-the-west-episode-03-war-video_63e05827c.html (ab Minute 20:40, letzter Zugriff 31.7.2015).

13 Ebd., ab Minute 18:30.

14 Ebd., ab Minute 06:20.

15 http://www.spiegel.de/spiegel/print/d-59099365.html (letzter Zugriff 31.7.2015).

16 https://www.tagesschau.de/ausland/georgien740.html; http://de.reuters.com/article/worldNews/idDEBEE58T0KH20090930; http://www.euractiv.de/sites/default/files/docs/IIFFMCG_Volume_I.pdf (letzter Zugriff 31.7.2015).

17 http://www.euractiv.de/sites/default/files/docs/IIFFMCG_Volume_I.pdf, S. 23, Punkt 20 (letzter Zugriff 31.7.2015).

18 Ebd.

19 http://www.faz.net/aktuell/politik/ausland/die-schuldfrage-im-kaukasus-krieg-sowjetischer-bewegungskrieg-in-georgien-1697962.html (letzter Zugriff 31.7.2015).

20 http://www.telegraph.co.uk/news/worldnews/europe/georgia/2521987/Vladimir-Putin-vows-Russia-will-retaliate-against-Georgia.html (letzter Zugriff 31.7.2015).

21 http://www.cbsnews.com/news/bush-condemns-russias-attack-on-georgia/(letzter Zugriff 31.7.2015).

22 http://www.nytimes.com/2008/08/14/world/europe/14georgia.html (letzter Zugriff 31.7.2015).

23 http://www.spiegel.de/spiegel/print/d-59099365.html (letzter Zugriff 31.7.2015).

24 https://www.wikileaks.org/cable/2008/08/08MOSCOW2563.html (letzter Zugriff 31.7.2015).

25 Ebd.

26 https://www.bundesregierung.de/Content/DE/Mitschrift/Pressekonferenzen/2015/06/2015-06-07-merkel-obama.html (letzter Zugriff 9.7.2015).

27 Putin, Russia and the West, Episode 3 (BBC), http://watchdocumentary.org/watch/putin-russia-and-the-west-episode-03-war-video_63e05827c.html (ab Minute 22:40, letzter Zugriff 31.7.2015).

28 Ebd., ab Minute 22:55.

29 http://www.nytimes.com/2008/04/03/world/europe/03nato.html (letzter Zugriff 29.7.2015).

30 http://www.spiegel.de/politik/ausland/fiasko-in-bukarest-gipfel-gescheitert-nato-in-der-sinnkrise-a-545456.html (letzter Zugriff 31.7.2015).

31 http://www.spiegel.de/politik/ausland/gastkommentar-merkel-zeigt-selbstbewusstsein-in-bukarest-und-staerkt-die-nato-a-545493.html (letzter Zugriff 31.7.2015).

32 http://www.nato.int/cps/en/natolive/official_texts_8443.htm (letzter Zugriff 31.7.2015).

33 http://www.nato.diplo.de/Vertretung/nato/de/06/Gipfelerklaerungen/GipfelerklBukarest__Seite.html (letzter Zugriff 10.7.2015).

34 http://www.faz.net/aktuell/politik/ausland/nato-gipfeltreffen-in-bukarest-sie-duerfen-rein-aber-nicht-jetzt-1540598.html (letzter Zugriff 10.7.2015).

35 http://www.unian.info/world/111033-text-of-putins-speech-at-nato-summit-bucharest-april-2-2008.html (letzter Zugriff 31.7.2015).

36 http://www.nytimes.com/2008/04/07/world/europe/07prexy.html (letzter Zugriff 31.7.2015).

37 Ebd.

38 http://www.nytimes.com/2008/08/13/washington/13diplo.html (letzter Zugriff 31.7.2015).

39 https://www.wikileaks.org/cable/2008/08/08TBILISI1341.html (letzter Zugriff 31.7.2015).

40 http://www.spiegel.de/politik/ausland/georgiens-praesident-saakaschwili-tritt-ab-a-930079.html (letzter Zugriff 10.7.2015).

41 http://www.faz.net/aktuell/politik/ausland/europa/kiew-poroschenko-beruft-saakaschwili-als-berater-13428357.html (letzter Zugriff 10.7.2015).

18 Sotschi und *Soft Power*

1 http://www.spiegel.de/sport/wintersport/ioc-entscheidung-putin-holt-olympische-spiele-2014-nach-russland-a-492472.html (letzter Zugriff 2.8.2015).

2 http://www.zeit.de/2014/07/olympische-winterspiele-sotschi-russland-putin (letzter Zugriff 2.8.2015).

3 http://www.reuters.com/article/2014/01/11/us-olympics-usa-travel-warning-idUSBREA091BN20140111 (letzter Zugriff 2.8.2015).

4 http://www.welt.de/politik/deutschland/article122745403/Joachim-Gauck-und-das-eisige-Verhaeltnis-zu-Russland.html (letzter Zugriff 2.8.2015).

5 http://www.tagesspiegel.de/meinung/joachim-gauck-antikommunist-von-gottes-gnaden/1853270.html (letzter Zugriff 2.8.2015).

6 http://www.bundespraesident.de/SharedDocs/Reden/DE/Joachim-Gauck/Reden/2014/01/140131-Muenchner-Sicherheitskonferenz.html (letzter Zugriff 2.8.2015).

7 http://www.stuttgarter-zeitung.de/inhalt.joachim-gauck-wird-75-noch-lange-nicht-bereit-fuers-altenteil.945edd46-f00f-4617-b14a-8ff33cffe4f2.html (letzter Zugriff 2.8.2015).

8 http://www.welt.de/politik/ausland/article125482910/Putin-Hitler-Vergleich-geht-nach-hinten-los.html (letzter Zugriff 2.8.2015).

9 http://content.usatoday.com/communities/theoval/post/2012/06/obama-putin-work-through-tensions-on-syria/1#.VbXYwqaWZn0 (letzter Zugriff 2.8.2015).

10 http://www.zeit.de/politik/ausland/2012-07/syrien-opposition-genf (letzter Zugriff 2.8.2015); http://www.welt.de/politik/ausland/article112356946/Vereinte-Nationen-melden-60-000-Tote-in-Syrien.html (letzter Zugriff 2.8.2015).

11 http://www.welt.de/politik/ausland/article108125921/Kofi-Annan-erklaert-Syrien-Mission-fuer-gescheitert.html (letzter Zugriff 2.8.2015).

12 http://www.spiegel.de/politik/ausland/bei-syrien-konferenz-in-paris-droht-clinton-russland-und-china-a-843064.html (letzter Zugriff 2.8.2015).

13 Interview mit Kofi Annan, November 2012.

14 »We have been very clear to the Assad regime, but also to other players on the ground, that a red line for us is we start seeing a whole bunch of chemical weapons moving around or being utilized. That would change my calculus. That would change my equation.« – https://www.whitehouse.gov/the-press-office/2012/08/20/remarks-president-white-house-press-corps (letzter Zugriff 2.8.2015).

15 http://www.bbc.com/news/world-europe-22930266 (letzter Zugriff 2.8.2015).

16 http://articles.latimes.com/2013/may/06/world/la-fg-wn-un-syria-rebels-chemical-weapons-20130506 (letzter Zugriff 2.8.2015).

17 http://www.sueddeutsche.de/politik/reaktion-auf-chemiewaffen-einsatz-von-assad-cia-koennte-panzerfaeuste-an-syrische-rebellen-liefern-1.1696250 (letzter Zugriff 2.8.2015).

18 http://www.nytimes.com/2013/06/18/world/europe/obama-belfast.html (letzter Zugriff 2.8.2015); http://www.bbc.com/news/world-europe-22930266 (letzter Zugriff 2.8.2015).

19 http://www.faz.net/aktuell/feuilleton/debatten/ueberwachung/bnd-affaere-wie-selektoren-datenstroeme-fuer-die-nsa-filtern-13583940.html (letzter Zugriff 2.8.2015).

20 http://www.wsj.com/articles/SB10001424127887323683504578567080081271520 (letzter Zugriff 2.8.2015).

21 http://www.abc.net.au/news/2015-06-16/journalist-denies-claim-that-snowden-files-breached/6549268 (letzter Zugriff 2.8.2015).

22 http://www.spiegel.de/politik/deutschland/handy-spaehaffaere-um-merkel-regierung-ueberprueft-alle-nsa-erklaerungen-a-929843.html (letzter Zugriff 2.8.2015).

23 www.sueddeutsche.de/politik/wikileaks-dokumente-von-kohl-bis-merkel-die-nsa-hoerte-mit-1.2556 (letzter Zugriff 2.8.2015).

24 https://www.washingtonpost.com/politics/obama-cancels-upcoming-meeting-with-putin/2013/08/07/0e04f686-ff64-11e2-9711-3708310f6f4d_story.html (letzter Zugriff 2.8.2015).

25 https://www.whitehouse.gov/the-press-office/2013/08/09/remarks-president-press-conference (letzter Zugriff 2.8.2015).

26 Ebd.

27 http://www.spiegel.de/politik/ausland/absage-an-putin-obama-taktiert-wie-ein-kalter-krieger-a-915404.html (letzter Zugriff 2.8.2015); http://www.nytimes.com/2013/08/08/world/europe/obama-cancels-visit-to-putin-as-snowden-adds-to-tensions.html (letzter Zugriff 2.8.2015).

28 Russische TV-Übertragung, https://www.youtube.com/watch?v=aKNmHFoAjMo (letzter Zugriff 2.8.2015).

29 https://www.washingtonpost.com/world/national-security/nearly-1500-killed-in-syrian-chemical-weapons-attack-us-says/2013/08/30/b2864662-1196-11e3-85b6-d27422650fd5_story.html (letzter Zugriff 2.8.2015).

30 http://www.nytimes.com/2013/08/28/opinion/bomb-syriae-even-if-it-is-illegal.html (letzter Zugriff 2.8.2015).

31 https://www.washingtonpost.com/politics/transcript-president-obamas-aug-31-statement-on-syria/2013/08/31/3019213c-125d-11e3-b4cb-fd7ce041d814_story.html (letzter Zugriff 2.8.2015).

32 http://www.un.org/disarmament/content/slideshow/Secretary_General_Report_of_CW_Investigation.pdf, Punkt 27 und 28 (letzter Zugriff 2.8.2015); http://www.bbc.com/news/world-middle-east-24140475 (letzter Zugriff 2.8.2015).

33 http://www.nytimes.com/2013/12/29/world/middleeast/new-study-refines-view-of-sarin-attack-in-syria.html (letzter Zugriff 2.8.2015).

34 http://www.theguardian.com/world/2013/aug/21/syria-crisis-rebels-claim-hundreds-killed-government-chemical-weapons-attack-live (letzter Zugriff 2.8.2015); http://www.nydailynews.com/news/world/213-feared-dead-syrian-nerve-gas-attack-article-1.1432526 (letzter Zugriff 2.8.2015).

35 http://www.kathnews.de/findet-eine-friedliche-loesung-fuer-syrien (letzter Zugriff 2.8.2015).

36 http://www.msnbc.com/morning-joe/sen-mccain-if-it-isnt-regime-change-what (letzter Zugriff 2.8.2015).

37 http://www.nytimes.com/2013/09/10/world/middleeast/kerry-says-syria-should-hand-over-all-chemical-arms.html (letzter Zugriff 2.8.2015).

38 http://www.nytimes.com/2013/09/12/opinion/putin-plea-for-caution-from-russia-on-syria.html (letzter Zugriff 2.8.2015).

39 https://www.whitehouse.gov/the-press-office/2014/09/24/remarks-president-obama-address-united-nations-general-assembly (letzter Zugriff 2.8.2015).

19 Frust und Freiheit

1 Andrej Kurkow, Ukrainisches Tagebuch. Aufzeichnungen aus dem Herzen des Protests, Haymon: Innsbruck/Wien 2014, S. 9 (Eintrag vom 21. November 2013).

2 http://www.faz.net/aktuell/politik/ausland/europa/ukraine-das-erwachen-der-partisanen-12701001.html (letzter Zugriff 2.8.2015).

3 http://www.faz.net/aktuell/politik/ausland/demonstrationen-in-der-ukraine-das-ziel-heisst-revolution-12699810.html (letzter Zugriff 2.8.2015).

4 Zbigniew Brzezinski, Die einzige Weltmacht. Amerikas Strategie der Vorherrschaft, Fischer Taschenbuch Verlag: Frankfurt am Main 1999, S. 80.

5 Ebd., S. 177.

6 http://www.spiegel.de/spiegel/print/d-122579512.html (letzter Zugriff 2.8.2015).

7 http://www.faz.net/aktuell/finanzen/2.3017/oestliche-partnerschaft-der-eu-gegruendet-1797003.html (letzter Zugriff 2.8.2015); https://dgap.org/de/article/getFullPDF/17916 (letzter Zugriff 2.8.2015).

8 https://www.consilium.europa.eu/uedocs/cms_data/docs/pressdata/en/er/102633.pdf (letzter Zugriff 2.8.2015).

9 http://www.tagesspiegel.de/politik/international/nachbarschaftsabkommen-der-eu-eu-will-mehr-naehe-mit-der-ukraine-aber-keinen-beitritt/1321200.html (letzter Zugriff 2.8.2015); https://www.tagesschau.de/ausland/ukraine114.html (letzter Zugriff 2.8.2015).

10 http://www.sueddeutsche.de/wirtschaft/putin-plaedoyer-fuer-wirtschaftsgemeinschaft-von-lissabon-bis-wladiwostok-1.1027908-3 (letzter Zugriff 2.8.2015).

11 http://europa.eu/rapid/press-release_SPEECH-13-106_en.htm (letzter Zugriff 2.8.2015).

12 http://ukraine-nachrichten.de/droht-ukraine-zahlungsunfähigkeit_3749_wirtschaft (letzter Zugriff 2.8.2015); https://www.kyivpost.com/content/ukraine/ukraine-can-get-eu-cash-if-it-secures-imf-loan330031.html (letzter Zugriff 2.8.2015).

13 http://www.zeit.de/politik/ausland/2013-11/ukraine-timoschenko-eu (letzter Zugriff 2.8.2015); http://www.spiegel.de/spiegel/print/d-130458613.html (letzter Zugriff 2.8.2015).

14 http://www.welt.de/politik/deutschland/article106262636/Ex-Verfassungsrichter-haelt-EM-Boykott-fuer-abwegig.html (letzter Zugriff 2.8.2015).

15 http://www.focus.de/politik/weitere-meldungen/besuch-in-der-ukraine-charite-chef-reist-zu-timoschenko-ins-gefaengnis_aid_747473.html (letzter Zugriff 2.8.2015).

16 http://www.sueddeutsche.de/politik/fall-timoschenko-westerwelle-droht-ukraine-mit-konsequenzen-fuer-eu-beitritt-1.1346039 (letzter Zugriff 2.8.2015).

17 http://www.spiegel.de/spiegel/print/d-43103188.html (letzter Zugriff 2.8.2015).

18 Konrad Schuller, Der Westen und die Revolution im Osten, *Frankfurter Allgemeine Zeitung*, 21.9.2005, S. 8.

19 http://www.spiegel.de/politik/ausland/ukraine-die-orangen-revolution-verrottet-a-385712.html (letzter Zugriff 2.8.2015); http://www.zeit.de/politik/ausland/2010-02/ukraine-wahl-timoschenko-janukowitsch (letzter Zugriff 2.8.2015).

20 http://www.deutschlandradiokultur.de/ukraine-diplomatie-verheugen-schockiert-ueber-westerwelles.990.de.html (letzter Zugriff 2.8.2015).

21 http://www.das-parlament.de/2015/-/367218 (letzter Zugriff 2.8.2015); http://www.reuters.com/article/2013/02/25/us-eu-ukraine-idUSBRE91O0U420130225 (letzter Zugriff 2.8.2015).

22 https://www.wikileaks.org/plusd/cables/09MOSCOW474_a.html (letzter Zugriff 2.8.2015).

23 Ebd.

24 http://www.bpb.de/internationales/europa/ukraine/175254/pressestimmen (letzter Zugriff 2.8.2015).

25 http://www.dtoday.de/startseite/nachrichten_artikel,-Ukraine-wendet-sich-von-der-EU-ab-_arid,301192.html (letzter Zugriff 2.8.2015).

26 http://www.zeit.de/news/2013-11/27/parlament-Janukowytsch-ukraine-noch-nicht-reif-fuer-abkommen-mit-eu-27103604 (letzter Zugriff 2.8.2015).

27 http://www.tagesspiegel.de/politik/praesident-viktor-Janukowytsch-ukraine-nicht-reif-fuer-eu-vertrag/9133192.html (letzter Zugriff 2.8.2015).

28 http://www.deutschlandfunk.de/eu-ostgipfel-mit-der-ukraine-nicht-erreicht-was-wir.1766.de.html (letzter Zugriff 2.8.2015).

29 http://www.spiegel.de/spiegel/print/d-130458613.html (letzter Zugriff 2.8.2015).

30 http://www.zeit.de/news/2013-12/05/nachrichtenueberblick-dpa-nachrichtenueberblick-politik-05080406 (letzter Zugriff 2.8.2015).

31 http://www.welt.de/politik/ausland/article12634620/Aegypter-kuessen-und-umarmen-Westerwelle-in-Kairo.html (letzter Zugriff 2.8.2015).

32 http://www.spiegel.de/politik/ausland/ukraine-merkel-will-klitschko-zum-praesidenten-aufbauen-a-937853.html (letzter Zugriff 2.8.2015).

33 http://www.theguardian.com/world/2013/dec/15/john-mccain-ukraine-protests-support-just-cause (letzter Zugriff 2.8.2015).

34 Zbigniew Brzezinski, Die einzige Weltmacht. Amerikas Strategie der Vorherrschaft, Fischer Taschenbuch Verlag: Frankfurt am Main 1999, S. 178 f.

35 Ebd., S. 110.

36 http://www.welt.de/politik/ausland/article124612220/Fuck-the-EU-bringt-US-Diplomatin-in-Erklaerungsnot.html (letzter Zugriff 2.8.2015).

37 http://www.welt.de/politik/ausland/article125261015/Ex-Banker-Millionaer-Technokrat-mit-Reformeifer.html (letzter Zugriff 2.8.2015).

38 http://openukraine.org/en/about/partners (letzter Zugriff 2.8.2015).

39 http://www.state.gov/p/eur/rls/rm/2013/dec/218804.htm (letzter Zugriff 2.8.2015).

40 Andrej Kurkow, Ukrainisches Tagebuch. Aufzeichnungen aus dem Herzen des Protests, Haymon: Innsbruck/Wien 2014, S. 88 f. (Eintrag vom 24. Januar 2014).

20 Vertrag und Vertrauen

1 http://www.auswaertiges-amt.de/cae/servlet/contentblob/671348/publicationFile/190025/140221-UKR_Erklaerung.pdf (letzter Zugriff 2.8.2015).

2 http://www.spiegel.de/spiegel/print/d-131812904.html (letzter Zugriff 2.8.2015).

3 Ebd.

4 http://www.usatoday.com/story/news/politics/2014/02/21/obama-putin-ukraine-accord/5706915/(letzter Zugriff 2.8.2015).

5 http://www.spiegel.de/politik/ausland/ukraine-kiew-janukowitsch-entgleitet-die-macht-a-955044.html (letzter Zugriff 2.8.2015); http://www.spiegel.de/politik/ausland/kiew-unter-kontrolle-der-opposition-a-955102.html (letzter Zugriff 2.8.2015).

6 http://www.cvce.eu/de/obj/rundfunk_und_fernsehansprache_von_john_f_kennedy_uber_die_kuba_krise_22_oktober_1962-de-2fd1f81b-03bc-4c2d-86ed-7af233ff1a6 f.html (letzter Zugriff 2.8.2015).

7 http://www.nytimes.com/2014/02/24/sports/olympics/olympic-closing-ceremony-proves-russia-a-worthy-host.html (letzter Zugriff 2.8.2015).

8 http://www.welt.de/politik/ausland/article138202539/Wir-muessen-beginnen-die-Krim-zurueckzuholen.html (letzter Zugriff 2.8.2015).

9 http://www.zeit.de/politik/ausland/2014-03/ultimatum-krim-marine-kommandeur-russland-ukraine (letzter Zugriff 2.8.2015); http://www.noz.de/deutschland-welt/politik/artikel/459294/ukraine-halfte-der-soldaten-auf-der-krim-ubergelaufen-1#gallery&0&0&459294 (letzter Zugriff 2.8.2015).

10 http://www.pewglobal.org/2014/05/08/chapter-1-ukraine-desire-for-unity-amid-worries-about-political-leadership-ethnic-conflict/ (letzter Zugriff 2.8.2015).

11 http://www.spiegel.de/politik/ausland/krim-referendum-grosse-mehrheit-fuer-beitritt-zu-russland-a-958966.html (letzter Zugriff 2.8.2015).

12 http://www.sueddeutsche.de/politik/chronologie-der-krim-krise-umstrittene-halbinsel-1.1902662-6 (letzter Zugriff 2.8.2015).

13 http://www.nytimes.com/2014/03/01/world/europe/ukraine.html (letzter Zugriff 2.8.2015).

14 http://www.deutschlandfunk.de/russland-putin-und-wie-er-die-krim-sah.1773.de.html (letzter Zugriff 2.8.2015).

15 https://daserste.ndr.de/panorama/archiv/2015/panorama5408.pdf (letzter Zugriff 2.8.2015).

16 http://www.spiegel.de/politik/ausland/trotz-ukraine-krise-wladimir-putin-in-russland-sehr-beliebt-a-1026042.html (letzter Zugriff 2.8.2015).

17 http://www.spiegel.de/politik/ausland/ukraine-ex-innenminister-sachartschenko-ueber-den-majdan-aufstand-a-1018358.html (letzter Zugriff 2.8.2015).

18 http://www.faz.net/aktuell/politik/ashton-telefonat-abgehoert-wer-waren-die-scharfschuetzen-auf-dem-majdan-12833560.html (letzter Zugriff 2.8.2015).

19 http://www.spiegel.de/politik/ausland/krim-krise-die-fatalen-fehler-der-kiewer-regierung-a-956680.html (letzter Zugriff 2.8.2015).

20 http://www.tagesschau.de/ausland/europarat-majdan-101.html (letzter Zugriff 2.8.2015).

21 Krieg und Frieden

1 http://www.faz.net/aktuell/politik/konflikt-in-der-ostukraine-kiew-nimmt-anti-terror-operation-wieder-auf-12905658.html (letzter Zugriff 2.8.2015).

2 https://de.wikipedia.org/wiki/Präsidentschaftswahl_in_der_Ukraine_2014 (letzter Zugriff 2.8.2015).

3 http://www.spiegel.de/politik/ausland/ukraine-gipfel-was-putin-und-poroschenko-verhandelten-a-988300.html (letzter Zugriff 2.8.2015).

4 http://www.tagesspiegel.de/medien/ukraine-konflikt-im-zdf-hakenkreuz-und-ss-rune-protest-von-zuschauern/10685462.html (letzter Zugriff 2.8.2015).

5 http://www.repubblica.it/esteri/2014/09/01/news/ucraina_il_ricatto_di_putin_sul_vertice_europeo_se_voglio_prendo_kiev_in_

due_settimane-94791280/?ref=HRER1-1&refresh_ce (letzter Zugriff 2.8.2015).

6 http://www.spiegel.de/politik/ausland/russland-kreml-bestaetigt-putin-drohung-zu-kiew-a-989356.html (letzter Zugriff 2.8.2015).

7 http://www.welt.de/politik/ausland/article131824979/Ukraine-will-Mauer-an-der-Grenze-zu-Russland-bauen.html (letzter Zugriff 2.8.2015).

8 http://online.wsj.com/articles/eu-moves-to-temper-putin-two-weeks-to-kiev-row-1409831828 (letzter Zugriff 2.8.2015).

9 http://www.sueddeutsche.de/politik/berichte-des-ukrainischen-praesidenten-putin-soll-europa-massiv-gedroht-haben-1.2134168 (letzter Zugriff 2.8.2015).

10 http://www.faz.net/aktuell/politik/ausland/verteidigungsminister-sorgt-mit-bericht-ueber-atomschlag-fuer-gespoett-13168217.html (letzter Zugriff 2.8.2015).

11 http://www.spiegel.de/politik/ausland/barack-obama-in-estland-kritik-an-putin-versprechen-an-baltikum-a-989672.html (letzter Zugriff 2.8.2015).

12 http://www.zeit.de/politik/ausland/2014-09/putin-und-poroschenko-vereinbaren-waffenruhe-fuer-ostukraine (letzter Zugriff 2.8.2015).

13 http://www.welt.de/newsticker/dpa_nt/infoline_nt/thema_nt/article131986171/Das-Minsker-OSZE-Protokoll-fuer-eine-Feuerpause.html (letzter Zugriff 2.8.2015).

14 http://www.welt.de/print/welt_kompakt/article137049308/US-Denkfabriken-fordern-massive-Waffenlieferungen-fuer-Kiew.html (letzter Zugriff 2.8.2015).

15 https://www.washingtonpost.com/opinions/giving-weapons-to-ukraine-could-goad-putin-into-a-regional-war/2015/02/05/ec2e9680-abf5-11e4-ad71-7b9eba0f87d6_story.html (letzter Zugriff 2.8.2015).

16 http://www.usatoday.com/story/news/politics/2015/02/04/putin-aspergers-syndrome-study-pentagon/22855927/(letzter Zugriff 2.8.2015).

17 http://www.bild.de/politik/inland/muenchner-sicherheitskonferenz/was-us-politiker-ueber-deutschland-denken-39678276.bild.html (letzter Zugriff 2.8.2015).

18 http://www.faz.net/aktuell/politik/ukraine-krieg-merkel-auch-aufruestung-stoppt-putin-nicht-13415044.html (letzter Zugriff 2.8.2015).

19 http://www.osce.org/ru/cio/140221?download=true (letzter Zugriff 2.8.2015).

Der kalte Frieden – Ein Epilog

1 http://www.handelsblatt.com/politik/international/wider-der-politischen-krise-putin-wirbt-fuer-wirtschaftliche-partnerschaften/11944178.html (letzter Zugriff 2.8.2015).

2 https://www.washingtonpost.com/blogs/worldviews/wp/2015/06/24/putins-approval-ratings-hit-89-percent-the-highest-theyve-ever-been/ (letzter Zugriff 2.8.2015).

3 http://www.laender-analysen.de/russland/pdf/RusslandAnalysen297.pdf (letzter Zugriff 2.8.2015).

4 http://www.presstv.ir/Detail/2015/05/12/410624/Russia-US-Ukraine- (letzter Zugriff 2.8.2015).

5 http://www.spiegel.de/politik/ausland/usa-joseph-dunford-haelt-russland-fuer-gefaehrlicher-als-is-a-1042968.html (letzter Zugriff 2.8.2015).

6 http://www.wiesaussieht.de/2014/09/26/journalismus-im-schuetzengraben/(letzter Zugriff 2.8.2015).

7 http://www.zeit.de/politik/2014-12/aufruf-russland-dialog (letzter Zugriff 2.8.2015).

8 http://www.pewglobal.org/2015/06/10/nato-publics-blame-russia-for-ukrainian-crisis-but-reluctant-to-provide-military-aid/(letzter Zugriff 2.8.2015).

9 Zbigniew Brzezinski, Die einzige Weltmacht. Amerikas Strategie der Vorherrschaft, Fischer Taschenbuch Verlag: Frankfurt am Main 1999, S. 95.

Personenregister

A

Abd al-Majid al-Tikrit, Saddam Hussein *Siehe* Saddam Hussein
Abraham, Spencer 192
Abramowitsch, Roman 114, 117, 118, 119, 129, 130, 131, 132, 133, 134, 135, 159, 160, 172, 174, 178, 179, 180, 181
Adamkus, Valdas 217
Adenauer, Konrad 67, 230
Ahrenkilde Hansen, Pia 301
Albright, Madeleine 104, 265
Alexandra Fjodorowna (russ. Zarin) 81
Alexej II. (Patriarch der russisch-orthodoxen Kirche) 83, 84
Alix von Hessen-Darmstadt und bei Rhein *Siehe* Alexandra Fjodorowna (russ. Zarin)
Altmaier, Peter 240
Aly, Götz 37
Annan, Kofi 233, 234
Arndt, Michael *Siehe* Mark (Erzbischof der russisch-orthodoxen Auslandskirche von Berlin, Deutschland und Großbritannien)
Ashton, Catherine 292
Assad, Baschar al- 232, 233, 234, 236, 246, 247, 248, 249
Aven, Pjotr 130

B

Baker, James 53, 192
Ban, Ki-moon 34
Barroso, José Manuel 56, 266, 267, 300, 301
Bassajew, Schamil 155
Baumann, Beate 240
Beck, Marieluise 200
Beresowski, Boris 114, 115, 116, 117, 118, 119, 120, 125, 126, 127, 128, 129, 130, 131, 132, 133, 134, 135, 136, 138, 139, 141, 144, 150, 159, 160, 164, 165, 166, 170, 172, 174, 177, 178, 179, 180, 181, 182, 184, 187
Bergoglio, Jorge Mario *Siehe* Franziskus I. (Papst)

Bethmann-Hollweg, Moritz August von 60
Bettermann, Ulrich 184
Biden, Joe 30
Bilalow, Achmed 228
Billington, James H. 191, 192
Bradley, Bill 191
Brecht, Bertolt 186
Breschnew, Leonid 62
Brinkbäumer, Klaus 32
Browne, John 192, 194
Brzezinski, Zbigniew 53, 54, 255, 256, 273, 317
Burns, William J. 95
Bush, George 62, 95, 192
Bush, George W. 54, 82, 127, 192, 193, 195, 196, 208, 209, 210, 212, 213, 216, 217, 219, 220, 222, 223, 224, 286, 287
Bush, Laura 192, 196

C

Cameron, David 62, 236, 237, 248, 295
Carter, Jimmy 54, 235
Castro, Fidel 286
Chaibulajew, Tagir 295
Chattab, Ibn al- 155
Cheney, Dick 192, 196, 216
Chirac, Jacques 40, 82, 213
Chodorkowskaya, Marina 183, 184
Chodorkowski, Michail 133, 138, 141, 162, 172, 183, 184, 185, 186, 187, 188, 189, 190, 191, 192, 193, 194, 195, 196, 198, 199, 200, 201, 202
Chruschtschow, Nikita 62, 63, 156, 286
Clark, Wesley 104, 265

Clinton, Bill 54, 132, 139, 176
Clinton, Hillary 73, 74, 102, 103, 231, 234

D

Dmitriev, Boris *Siehe* Kyrill (Erzbischof der russisch-orthodoxen Auslandskirche von San Francisco und Westamerika)
Dostojewski, Fjodor M. 9, 89
Dschugaschwili, Iossif *Siehe* Stalin, Josef
Dudajew, Dschochar 157
Dunford, Joseph 315
Dyachenko, Tatiana 127, 128, 144, 160, 161

E

Earnest, Josh 12, 13, 29
Elisabeth (Heilige) 81, 85
Elisabeth von Hessen-Darmstadt und bei Rhein *Siehe* Elisabeth (Heilige)

F

Fabius, Laurent 26, 277, 279, 291
Fischer, Fritz 60
Ford, Henry 190
Fradkow, Michail 167, 168
Franziskus I. (Papst) 248, 269
Fridman, Michail 130, 138
Friedrich Wilhelm Viktor Albert von Preußen *Siehe* Wilhelm II
Fritsche, Klaus-Peter 240
Fücks, Ralf 201

G

Gaddafi, Muammar al- 49, 233
Gaddy, Clifford 305
Gapon, Georgi 312

Gates, Bill 190
Gauck, Joachim 37, 229, 230, 231, 261
Geletej, Waleri 302
Genscher, Hans-Dietrich 53, 184
Gerassimow, Waleri 296
Gergijew, Waleri 203, 204, 205, 206, 207
Gloster, Elizabeth 118, 119, 134, 135, 178, 179, 180, 181
Gorbatschow, Michail 19, 94, 95, 120, 124, 125, 185, 316
Gref, German 93, 165, 166, 167, 168, 172, 173, 193, 194
Grin, Alexander 311
Gundjajew, Wladimir *Siehe* Kyrill I. (Patriarch der russisch-orthodoxen Kirche)
Gussinski, Wladimir 138, 139, 169, 170, 172

H
Herzog, Roman 316
Heusgen, Christoph 43, 56, 272
Hill, Fiona 305
Hitler, Adolf 33, 121, 206
Hoffman, David 170
Hollande, François 231, 241, 277, 279, 280, 291, 297, 305, 309, 318, 319
Honecker, Erich 124

I
Ilves, Toomas 217
Iwan IV., gen. der Schreckliche (russ. Zar) 92
Iwanow, Sergej 46, 162, 163

J
Jakowlew, Wladimir 136
Janukowytsch, Wiktor 64, 253, 260, 261, 264, 265, 266, 267, 268, 269, 270, 271, 272, 276, 277, 278, 279, 280, 282, 283, 284, 285, 291, 292, 293, 296
Jarosch, Dmitri 293
Jazenjuk, Arseni 255, 272, 273, 274, 279, 280, 283, 297, 298, 301, 302, 303
Jelisaweta Fjodorowna *Siehe* Elisabeth (Heilige)
Jelzina, Tatiana *Siehe* Dyachenko, Tatiana
Jelzin, Boris 12, 22, 51, 62, 90, 92, 94, 95, 97, 116, 117, 126, 127, 128, 131, 132, 133, 135, 137, 138, 139, 140, 141, 142, 144, 145, 146, 147, 148, 149, 150, 151, 153, 156, 157, 159, 160, 161, 164, 167, 170, 178, 184, 186, 189
Jerofejew, Wiktor 72, 76
Jinping, Xi *Siehe* Xi, Jinping
Johannes (Archimandrit der russisch-orthodoxen Kirche) 89
Johnson, Lyndon B. 53
Jumaschew, Juri 161
Jumaschew, Walentin 127, 128, 143, 144, 145, 147, 150
Juschtschenko, Wiktor 263, 264, 265, 274

K
Kabajewa, Alina 13
Kaczyński, Lech 217
Kant, Immanuel 89
Karasin, Grigori 319
Kasjanow, Michail 166, 167, 168

Katharina, gen. die Große (russ. Zarin) 63
Kauder, Volker 240
Kennedy, John F. 286, 287
Kerry, John 318, 319
Ki-moon, Ban *Siehe* Ban, Ki-moon
King, Billie Jean 231
Kirijenko, Sergej 148
Kissinger, Henry 23, 54, 191, 273
Klitschko, Vitali 255, 272, 273, 279, 283, 297
Kohl, Helmut 67, 139, 240
Kolesnikow, Dmitri 175
Kornelius, Stefan 40, 41
Krawtschuk, Leonid 51
Krestiankin, Iwan *Siehe* Johannes (Archimandrit der russisch-orthodoxen Kirche)
Kudrin, Alexej 65, 66, 72, 73, 76, 137, 165, 166, 167, 168, 172, 173, 194, 199, 312, 313
Kurkow, Andrej 254, 275
Kutschma, Leonid 264, 304
Kyrill (Erzbischof der russisch-orthodoxen Auslandskirche von San Francisco und Westamerika) 82
Kyrill I. (Patriarch der russisch-orthodoxen Kirche) 111, 112

L

Laurus (Metropolit der russisch-orthodoxen Auslandskirche) 81, 82, 83
Lawrow, Sergei 26, 46, 102, 103, 231, 232, 277, 278, 282
Lebedew, Platon 199
Lenin (Wladimir Uljanov) 33, 34, 79, 89
Leyen, Ursula von der 306
Lübberding, Frank 316
Lukaschenka, Aljaksandr 257
Lukin, Wladimir 100, 112, 278, 280, 282, 285, 288

M

Malaschenko, Igor 139
Mark (Erzbischof der russisch-orthodoxen Auslandskirche von Berlin, Deutschland und Großbritannien) 82, 84
Marx, Karl 89, 127
McCain, John 208, 209, 249, 272, 273, 306
McFaul, Michael 103
Medwedewa, Swetlana 70, 71
Medwedew, Dmitri 27, 64, 65, 66, 67, 70, 71, 74, 98, 167, 215, 216, 217, 218, 222, 238, 241
Merkel, Angela 15, 21, 22, 26, 35, 36, 37, 38, 39, 40, 41, 42, 43, 56, 59, 60, 62, 100, 106, 108, 109, 201, 218, 219, 220, 221, 231, 235, 237, 239, 240, 248, 260, 261, 270, 271, 272, 273, 277, 278, 279, 280, 290, 291, 297, 305, 306, 307, 309, 318, 319
Michail (Heiliger) 81
Miles, Richard 212
Modi, Narendra 26
Molotow, Wjatscheslaw 43
Mukherjee, Pranab 34
Murphy, Philip 55

N

Nabiullina, Elwira 166
Nasarbajew, Nursultan 257
Nawalny, Alexej 78, 113

Nemzov, Boris 78
Nikolaus II. (russ. Zar) 312
Nuland, Victoria 104, 273, 274, 306, 319

O

Obama, Barack 12, 13, 21, 22, 27, 29, 30, 41, 54, 201, 219, 223, 231, 232, 233, 234, 235, 236, 237, 239, 240, 241, 242, 244, 245, 246, 247, 248, 249, 250, 251, 279, 284, 286, 290, 291, 302, 304, 318, 319, 320
Obama, Michelle 231
Owen, David 191

P

Paet, Urmas 292
Papier, Hans-Jürgen 261
Parasjuk, Wolodymyr 283
Parubij, Andrij 255, 281, 284, 293
Patarkazischwili, Badri 133, 134
Paul, Ron 264
Peskow, Dmitri 11, 12, 27, 30, 72, 96, 97, 98, 99
Peter III. (russ. Zar) 63
Peter Fjodorowitsch *Siehe* Peter III
Petuchow, Wladimir 188
Pfeiffer, Dan 29
Plotnizki, Igor 304
Poroschenko, Petro 26, 29, 30, 225, 264, 296, 297, 298, 299, 300, 301, 302, 303, 305, 309, 310, 314
Potanin, Wladimir 138, 141
Powell, Colin 213
Primakow, Jewgeni 148
Prochorow, Michail 76

Pussy Riot 110, 111, 112, 113, 183
Putina, Jekaterina 21, 44, 121, 125, 308, 314
Putina, Ljudmila 70, 110, 121, 125, 196, 314
Putina, Maria 21, 44, 121, 125, 308, 314
Putina, Marija Iwanowna 80, 81, 121, 122, 125
Putin, Wladimir Spiridonowitsch 34, 80, 81, 121, 122, 125

R

Rachlin, Anatoli 242, 243
Rahr, Alexander 184
Raymond, Lee 193, 196, 197, 198
Reagan, Ronald 15, 104, 105, 192
Rice, Condoleezza 192, 213, 220, 224
Ridiger, Alexej *Siehe* Alexej II
Rockefeller, John D. 186, 190
Rockefeller, William 186, 190
Romanow, Konstantin 244
Romanow, Nikolaj *Siehe* Nikolaus II
Romanow, Sergej 81, 85
Rosenberg, Steve 65
Rothschild, Jacob 191
Rousseff, Dilma 26

S

Saakaschwili, Micheil 208, 210, 211, 212, 213, 214, 215, 216, 217, 218, 224, 225, 287
Sacharow, Andrej 101, 123
Sachartschenko, Alexander 304
Sachartschenko, Witali 292
Saddam Hussein 40, 49
Sarkozy, Nicolas 216, 257

Schetyna, Grzegorz 37
Schewardnadse, Eduard 53, 210, 212, 214, 224
Schewkunow, Georgy *Siehe* Tichon (Abt des Klosters Sretenski in Moskau)
Schkurla, Wassili *Siehe* Laurus (Metropolit der russisch-orthodoxen Auslandskirche)
Schmidt, Helmut 56
Schmidt, Juri 200
Schoigu, Sergej 76, 96, 97, 159, 252, 285, 296
Schostakowitsch, Dmitri 205, 206
Schpigun, Gennadi 155
Schröder, Gerhard 39, 44, 62, 68, 82, 213, 240, 316
Schulenburg, Friedrich-Werner Graf von der 43
Schuschkewitsch, Stanislau 51
Schuwalow, Igor 46
Sellström, Åke 247
Serdjukow, Anatoli 65
Sergejew, Igor 176
Sergius I. (Patriarch der russisch-orthodoxen Kirche) 83
Sikorski, Radosław 277, 291
Şimşek, Mehmet 238
Sisi, Abdel Fattah al- 34
Sjuganow, Gennadi 76, 137, 138, 139, 140, 141, 160
Snowden, Edward 96, 238, 239, 241, 242
Sobtschak, Anatoli 120, 121, 125, 126, 136
Solschenizyn, Alexander 94, 95, 199

Sophie von Anhalt-Zerbst *Siehe* Katharina, gen. die Große (russ Zarin)
Soros, George 101, 190, 191, 211, 212, 265
Stalin, Josef 34, 62, 88, 89, 98, 112, 123, 156, 207
Steingart, Gabor 32
Steinmeier, Frank-Walter 17, 18, 26, 55, 59, 215, 219, 252, 271, 277, 279, 282, 291
Stepaschin, Sergej 149, 150, 164
Stiglitz, Joseph 132, 153
Stragorodski, Iwan *Siehe* Sergius I. (Patriarch der russisch-orthodoxen Kirche)
Summers, Lawrence 132
Surabow, Michail 304

T

Tagliavini, Heidi 214, 304
Tefft, John F. 224
Tichon (Abt des Klosters Sretenski in Moskau) 83, 87, 88, 89, 90, 91, 92, 110
Tjahnybok, Oleh 255, 272, 279
Tolokonnikowa, Nadeschda 111, 112
Tolstoi, Lew 89
Trotzki, Lew 89
Tschirschky, Heinrich von 60
Tschischow, Wladimir 301
Tschubais, Anatoli 137, 139, 141, 144, 187
Turtschynow, Oleksandr 298
Tymoschenko, Julija 261, 262, 263, 264, 265, 266, 271, 272, 284, 297

U
Udalzow, Sergei 78
Uschakow, Juri 27, 218, 242, 301

V
Verdi, Giuseppe 248
Verheugen, Günter 266, 268
Vershbow, Alexander 195
Vogel, Hans-Jochen 316
Vollmer, Antje 316
Voscherau, Henning 44, 121

W
Washington, George 241
Weinstein, Allen 105
Wersilow, Pjotr 111
Westerbeke, Fred 31
Westerwelle, Guido 55, 107, 108, 271, 272, 273
Wilhelm II. (dt. Kaiser) 81
Wladimir (russ. Fürst) 91
Woolsey, James 104, 265
Wowereit, Klaus 110

X
Xi, Jinping 26, 34

Z
Zatlers, Valdis 217
Zuma, Jacob 26, 34, 245